新編真訳 五輪書

―兵法二天一流真諦―

原著／宮本武蔵
編・訳／宮田和宏

文芸社

流祖・新免武蔵藤原玄信先師の御魂に捧ぐ

はしがき

本書『新編・真訳　五輪書―兵法二天一流真諦―』は、兵法二天一流《へいほうにてんいちりゅう》開祖・新免武蔵藤原玄信《しんめんむさしふじわらのげんしん》が著した畢生《ひっせい》の兵法書《へいほうしょ》『五輪書《ごりんのしょ》』を、兵法二天一流第十一代継承者である筆者が、兵法二天一流伝承者の立場から新たに編纂し直し、現代語訳と解説を施《ほどこ》したものです。

『五輪書』は、日本はおろか世界各国の多くの人々に愛読されています。それは、流祖・宮本武蔵玄信が生涯を懸けて極めた剣術を通して得た〈世界《せかい》の理《り》〉（二天記《にてんき》）の本質《ほんしつ》が非常《ひじょう》に読みやすい平明《へいめい》な文章《ぶんしょう》で諄々《じゅんじゅん》と説かれてあり、それが読む人の琴線《きんせん》に触れて読み継がれているからであると思います。

しかし一方で、文章が読みやすい割には内容が解《わか》りづらいという意見があります。

これは、具体的に高度な剣術技法に関することを詳述しているので、剣術の実体験のない現代人において、そのパフォーマンスをイメージすることができないという点があります。しかしこれは、日本人以上に日本の剣術を知らない欧米人が英訳版『五輪書』に親しんでいる現実を考えると、逆に私たち日本人が行間《ぎょうかん》を読むことができなくなっている、つまり、読み取る力が弱くなってきているともいえます。そうは言うものの、たしかに現代の竹刀剣道とは違う真剣勝負の剣術における技法・戦法が古文で書かれているため、解《わか》りづらいという気持ちもわかります。

それと、もう一点、解《わか》りづらく感じる理由として、『五輪書』を最後まで完成させることなく下書きを完成した段階で流祖が逝去《せいきょ》されたため、流祖による内容の充分な見直しがされないまま二代目・寺《てら》尾孫之丞《おまごのじょう》勝信《かつのぶ》に相伝され、そして現代まで流祖が書き残された文章がそのまま伝承されているため、その文章に内容の重複や錯綜《さくそう》が見受けられます。その内容の重複や錯綜が、先の実戦剣術を具体的にイメージできないことと相《あい》まって、現代人をして『五輪書』の内容を整理してつかむことを難しくしているのだと思います。これが解りづらいと感じる一番の原因でしょう。

本書『新編・真訳　五輪書―兵法二天一流真諦―』は、原典『五輪書』の内容をより多くの方々に理解していただこうと、この二点の問題を克服すべく新たな編纂と現代語訳及び解説を試みたものです。

それと、もう一つ本書執筆の理由があります。

平成十四年秋に『宮本武蔵　実戦・二天一流兵法―「二天一流兵法書」に学ぶ―』を文芸社より上梓いたしましたが、その「あとがき」に次のように認《したた》めました。

「『五輪書』の原文は非常に味わい深い文体で、パワーがあります。本編では、重要な文章や特に味わっていただきたい文章を原文で紹介するに留めました。また、いつか機会があれば、ぜひとも原文対訳付き解説書なども作ってみたいと思っております」（五三四頁）

ところが平成十七年春に、魚住孝至《うおずみたかし》校注による『定本　五輪書』（新人物往来社）が刊行されました。本書は『五輪書』細川家本を底本にして、楠木家旧蔵本・九州大学蔵本・丸岡家本・狩野文庫本を厳密に校合した初の完全校訂本です。その他、山岡鉄舟旧蔵本『兵法三十五箇条』や我が派の〝聖典〟ともいえる『五方之太刀道序《ごほうのたちのみちのじょ》』原本をも翻刻されており、本書はまさに刊行本『五輪書』の決定版といえるものです。今後原典『五輪書』を読むにあたっては、この『定本　五輪書』を当たればよい、とまで推奨できる優れた本です。この『定本　五輪書』には筆者も感動しました。まさに筆者が将来作りたいものと夢見た本が『定本　五輪書』であったのです。

では、そこまで優れた原典『五輪書』の刊行本が出版された今、兵法二天一流を伝承している筆者がやるべきことは何か？　それがこの『五輪書』の新たな編纂と、その現代語訳及び解説であったのです。

まず現代語訳について、本書の現代語訳は単なる直訳ではなく、現代の私たちが原典『五輪書』の内容を理解できるように、原文に忠実にと心掛けながら、かつ、それとは逆にかなり思い切った意訳を行っています。なぜなら、『五輪書』は近世の古典であるため中世以前の古典より読みやすく、よって、逆に直訳しただけでは原文とさほど変わりなく、それでは訳する意味がありません。そこで、宮本武蔵玄信が言わんとした真意が汲み取れるように、原文の風格を損《そこ》なうことなく、かつ、その論理性の高みを醸《かも》し出すべく現代語訳を心掛けました。原文の行間《ぎょうかん》に隠された論理の重層構造と格調高さを、訳文として表現しようと試みております。

そしてさらに、より流祖の真意が読者に伝わるように、簡単な解説を行っています。これは、「流祖の真意を伝える」という意味で〝兵法二天一流の伝承者による兵法二天一流の立場からの解説〟です。普通一般に普及されている解説書は、兵法二天一流を御存じない学者・知識人が書いていますので、やはりどうしても精神論・抽象論になってしまいます。『五輪書』は「兵法書」であり、実践の書です。リアリティのある生々《なまなま》しい実戦の技術論から、読む者が〈世界の理〉の本質を読み取ることが必要なのです。よって、その本質をつかみ得るように、流祖はこう伝えたかったのだ、ここはこう読み取るべきなのだという点を中心に解説を施《ほどこ》しております。そしてこれが、流祖の意図を汲んで読み解くことこそが、まさに『五輪書』を〝人生における指針の書〟として読むための極意でもあるのです。

なお、二天一流兵法全般について『五輪書』を中心に詳しく解説したものが、前著『宮本武蔵　実戦・二天一流兵法─「二天一流兵法書」に学ぶ─』（文芸社）です。本書と併せてお読みいただければ、より一層、宮本武蔵玄信の伝えたかった『五輪書』の真意がご理解いただけるものと確信します。

次に、本書の編纂方針について説明いたします。

本書は『五輪書』だけでなく、我が派の〝聖典〟である『五方之太刀道序』の本文を『二天一流《にてんいちりゅう》兵法序論《へいほうじょろん》』として巻頭に収めました。『二天一流兵法序論』は、『五輪書』全五巻の内容がわずか五百五十六文字にまとめられた、いわば〝『五輪書』のエッセンス〟というべきものです。この『二天一流兵法序論』が、本書『新編・真訳　五輪書─兵法二天一流真諦─』全編の「序文」としての役割も果たしております。

本書の中心となる『五輪書』については、「火の巻《かのまき》」と「風の巻《ふうのまき》」において、その条目の順番を大きく入れ替えています。また、各条目のグループごとに章立てし、見出しを付しました。これによって、兵法二天一流の技法・戦法の体系がよく理解できるものと思います。ただし、原典の順番を入れ替えたことにより、原典本来の順番がわからなくなるということがないように、各条目の見出しに続けて

（第〇条）として原典本来の条目番号を示しております。また、原典の各条目の見出しは、すべてその頭に「一」と付されている「一つ書き」でありますが、本書では、「一つ書き」ではなく、各章ごとに一・二・三……と順に番号を振っております。

また、『兵法三十五箇条』にあって『五輪書』にない教えも、それぞれ該当する各章の中に本文として組み込み、現代語訳と解説を施しています。そして、『五輪書』『兵法三十五箇条』共にある教えでも、記載の違いやニュアンスに違いがある点について、その違いに触れて言及しております。

よって、**本書は『五輪書』『五方之太刀道序』『兵法三十五箇条』という「兵法《へいほう》二《に》天一流《てんいちりゅう》三兵書《さんへいしょ》」すべてを、兵法の体系としてすべて網羅している**ことになります。

前著『宮本武蔵　実戦・二天一流兵法―「二天一流兵法書」に学ぶ―』は、〝二天一流兵法の参考書〟として書いたものです。本書『新編・真訳　五輪書―兵法二天一流真諦―』は、前著第3編「『二天一流兵法書』を読む」（一八三～四六七頁）をさらに専門的に詳細に説いた、いわば〝新しい兵法二天一流の教科書〟として「流祖・新免武蔵玄信ならば、このように兵法書を集大成されたのではないか」という想いを持って、流祖に成り代わって編纂した**新しい「二天一流兵法書」**なのです。

本書は流祖・宮本武蔵玄信が遺された「兵法二天一流三兵書」を兵法二天一流の観点から現代語訳として示し、その読み方を解説した〝人生における指針の書〟であるともいえるでしょう。

本書によって、より多くの方々に二天一流兵法の神髄をご理解いただき、活用いただければ幸いです。

細川家伝統兵法二天一流第十一代　宮田和宏政心

【凡　例】

一．本書は、兵法二天一流《へいほうにてんいちりゅう》流祖・新免《しんめん》武蔵《むさし》藤原《ふじわらの》玄信《げんしん》が著《あらわ》した『五輪書《ごりんのしょ》』『五方之太刀道序《ごほうのたちのみちのじょ》』『兵法三十五箇条《へいほうさんじゅうごかじょう》』（これを「兵法二天一流三兵書《へいほうにてんいちりゅうさんへいしょ》」という）を新たに編纂し、現代語訳と解説を施したものです。

二．兵法二天一流では「新免武蔵藤原玄信」を流祖の正称としますが、本書本文においては「宮本武蔵玄信」で通すこととします。

三．本書に引用した『五輪書』『兵法三十五箇条』の原文は、魚住孝至校注『定本　五輪書』（新人物往来社）を底本としています。

四．『五方之太刀道序』は、細川家伝統兵法二天一流（山東派《さんとうは》系）に伝わる書き下しによるものです。

五．原典引用の「兵法二天一流三兵書」の原文及び書き下し文を≪　≫で示しています。但し、原文の意味を理解しやすいように、仮名及び漢字のルビを多く振っています。

六．兵法二天一流独自の概念及び武道・武術における重要な概念を〈　〉で示しています。

七．兵法二天一流独自の剣技・戦術・戦法の名称を［　］で示しています。

八．重要な事項は、特に**太文字**で示しています。

九．巻末に、原典と参照できるよう〈付録1〉「『兵法二天一流三兵書』原典条目一覧表」、〈付録2〉「二刀一流『兵法書付』条目一覧表」、〈付録3〉「円明流『兵道鏡』（三十六箇条本）条目一覧表」を付けています。

目次

二天一流兵法序論

『**二天一流兵法序論**《にてんいちりゅうへいほうじょろん》』とは、筆者が継承している**兵法二天一流における秘伝書**で、流儀伝書としての正式名称を『**五方之太刀道序**《ごほうのたちのみちのじょ》』といいます。

本書はわずか五百五十六文字の四六駢儷調《しろくべんれいちょう》の漢文で書かれたもので、古語・故事を縦横に駆使して**兵法二天一流の根本理念**を高らかに謳《うた》い上げています。

本文は序文のみで、数行空《あ》かして《五方之太刀道《ごほうのたちのみち》》という見出しのみで文章が終わっているところから『五方之太刀道序』という題名で、代々、我が派における継承者の証《あかし》として伝承されてきました。

しかし、この序文のなかに宮本武蔵玄信の指導理念や二刀兵法の真義、〈一分《いちぶん》の兵法《へいほう》〉をもって〈大《だい》分《ぶん》の兵法《へいほう》〉に到る考え方、それに修行者・指導者の心得が端的に説かれてあり、まさしく『**五輪書**《ごりんのしょ》』**のエッセンス**とでもいえるものです。その内容の中身から題名を勘案しますと、『二天一流兵法序論』という名称の方が的《まと》を射ているといえるでしょう。

ここでは『二天一流兵法序論』の本文を、その論旨に従って七段落に分けました。

『五輪書』を現代語訳し、新たに編集し直した本書の冒頭に、この『二天一流兵法序論』を原文・書き下し文・現代語訳にて紹介いたします。

六百巻にもおよぶ膨大な般若経典の教えをわずか二百六十余文字に凝縮した『般若心経』のごとく、**兵法二天一流の教えを五百五十六文字の一巻にまとめた、我が流派における〝聖典〟**ともいえる『二天一流兵法序論』を、ぜひ声に出して味わってください。

五方之太刀道序

兵法之為道　偶敵相撃利得于己　則三軍之場又可移　何有町畦　而非面決戦勝定慮前　有所待哉　其道可迪　而不可離　其法可準　而不可膠也　秘而不蔵弁而屡明　攻堅後節　洪鐘有撞　唯入堂奥而獲

本朝中古渉芸　唱此法者有数十家　為其道　恃強而擅疎暴　守柔而嗜細利　或偏于長　好于短也　構刀法訖出数種　為表為奥　嗚呼道無二致　何貤謬哉　鬻邪貪名之儔　舞法衒術　眩曜世人　勝其狭少則所謂　有術勝無術　片善勝無善　足云道耶　無所一取

吾儕　潜精鋭思　陳于茲　而初融会矣

夫武夫　行座常佩二刀　願其用之便利　故道根二刀　二曜麗天　法樹五用　五緯拱極　所以斡転乎歳運衡拒乎突起也　為構要有五法　時措有義　必非有操刀為表奥　若夫一旦有故　則長短并挺　短非必長　短而往敵　而短必亡　則徒手搏之　勝利無往不在吾也　至及尋不足　而寸有余　強可弛而弱有設　皆欲不偏好時執其中　而中者天下之正道也　我道斯規焉

或有間曰　拒庸有知与否乎　趙括蹶秦　留侯佐漢　有知無知相較　則何有魚目之唐突隋珠　抑古将有曰　剣一人敵　而学撃万　又隘局也　達己目之　万陣勝北　完城陥潰　顕然相形　猶示其掌　咨疇其為小又大也

凡習者淳々然誘能　有旁達　非易而詰　其求之釈回趨正　日練月鍛　励己積功　則神而符会　目撃可存　周旋刑道　服闇不愆　他期無有噬臍　而後能為

儻有手技卓絶騁百巧之変者　其技惟谷　伝人則猶拾瀋也　独吾道得心応手　而必有為百世師　亜此

之後有云道　必従吾道也　道同一軌何多哉　縦夫厭舊吐新　舎夷路踰曲径也　天鑑非誇而大　此道可云如茲　唯有誠心与直道耳　因為之序

五方《ごほう》之《の》太刀《たち》道《のみち》序《のじょ》（書き下し文）

兵法《へいほう》の道《みち》たる、たまたま敵《てき》と相撃《あいう》つ利《り》を己《おのれ》に得《う》。すなわち、三軍《さんぐん》の場《ば》にもまた移《うつ》すべし。なんぞ町《てい》畦《けい》あらんや。しこうして、決戦《けっせん》に面《めん》ずるにあらずして、勝《か》ちを慮前《りょぜん》に定《さだ》む。待《ま》つところあらんや。その道《みち》を迪《ふ》むべし。しこうして、離《はな》るべからず。その法《ほう》に準《じゅん》ずべし。しこうして、謬《あや》まるべからざるなり。秘《ひ》して蔵《かく》さず、弁《べん》じてしばしば明《あき》らかなり。堅《けん》を攻《せ》め、節《せつ》を後《あと》にす。洪鐘《こうしょう》、撞《つ》くことあるは、ただ堂奥《どうおう》に入《はい》りてのみ獲《う》。

本朝《ほんちょう》、中古《ちゅうこ》、芸《げい》に渉《わた》りて、この法《ほう》を唱《とな》うる者《もの》、数十家《すうじっけ》あり。その道《みち》たるや、強《つよ》きを恃《たの》みて粗暴《そぼう》をほしいままにし、柔《じゅう》を守《まも》りて細利《さいり》をたしなむ。あるいは長《なが》きに偏《へん》し、短《みじか》きを好《この》むなり。刀法《とうほう》を構《かま》ゆるに数種出《すうしゅいず》るにいたり、表《おもて》となし奥《おく》となす。ああ、道《みち》に二無《にな》きを。なんぞ詭謬《しびょう》なるかな。邪《じゃ》をひさぎ名《な》を貪《むさぼ》るのともがら、法《ほう》を舞《ま》い、術《じゅつ》を衒《てら》い、世人《せじん》を眩曜《げんよう》す。その狭少《きょうしょう》に勝《か》ち、すなわち、いわゆる、有《ゆう》術《じゅつ》、無術《むじゅつ》に勝《か》ち、片善《へんぜん》、無善《むぜん》に勝《か》つ。道《みち》と云《い》うに足《た》らんや。一取《いっしゅ》する所《ところ》なし。

吾《わ》がともがら、潜精鋭思《せんせいえいし》ここに陳《の》ぶ。しこうして、初《はじ》めて融会《ゆうかい》す。

それ武夫《もののふ》は、行座《ぎょうざ》、常《つね》に二刀《にとう》を佩《お》び、その用《よう》の便利《べんり》を願《ねが》う。ゆえに道根《どうこん》二刀《にとう》、二曜麗天《にようれいてん》。法《ほう》を五用《ごよう》に樹《た》て、五緯《ごい》に拱極《きょうきょく》す。歳運《さいうん》の斡転《あってん》して、突起《とっき》に衝拒《しょうきょ》する所以《ゆえん》なり。構《かま》えて為《な》すに、五法《ごほう》あるを要《よう》す。時《とき》に、措《お》くの義《ぎ》あり。必《かなら》ず操刀《そうとう》は、表奥《おもておく》のために有《あ》るにあらず。もしそれ一旦《いったん》こと有《あ》りて、すなわち長短並《ちょうたんなら》び抜《ぬ》く。短《たん》にして必《かな》ず長《ちょう》あらざれば、短《たん》にして敵《てき》に往《ゆ》く。しこうして、短必《たんかなら》ずなくんば、すなわち徒手《としゅ》にてこれを搏《う》つ。勝利往《しょうりゆ》くとして、吾《われ》に在《あ》らざること無《な》きなり。しかるに、尋《たず》ぬるに足《た》らずして、寸《すん》に余《あま》りあらんや。強《つよ》きは弛《ゆる》むべくして、弱《よわ》きは設《もう》くることあり。みな偏好《へんこう》せずして、時《とき》にその中《ちゅう》を執《と》らんと欲《ほっ》す。しこうして、中《ちゅう》は天下《てんか》の正道《せいどう》なり。わが道《みち》、この規《き》なり。

ある人《ひと》、間有《かんあ》りていわく、いずくんぞ知《ち》と否《いな》と有《あ》らんやと。趙括《ちょうかつ》、秦《しん》に蹶《けつ》し、留侯《りゅうこう》、漢《かん》を佐《たす》く。有《う》知無知《ちむち》あい較《くら》ぶれば、すなわち、なんぞ魚目《ぎょもく》の隋珠《ずいしゅ》に唐突《とうとつ》あらんや。そもそも、古将《こしょう》の言《い》えることあり。剣《けん》は一人《いちにん》の敵《てき》、しこうして、万《まん》を撃《う》つことを学《まな》ばんと。また隘局《あいきょく》なり。己《おのれ》に達《たっ》してこれを見《み》れば、万陣《ばんじん》の勝北《しょうはい》、完城《かんじょう》の陥潰《かんつい》、顕然相形《けんぜんそうぎょう》、なお、その掌《たなごころ》に示《しめ》すがごとし。ああ誰《たれ》か、その小《しょう》、また大《だい》となさんや。

およそ習《なら》う者《もの》は、諄々然《じゅんじゅんぜん》としてよく誘《さそ》いて、あまねく達《たっ》することあり。易《やす》くして諳《さと》すにあらず。その、これを求《もと》むるに、回《かい》を釈《と》き正《せい》に趨《おもむ》き、日練月鍛《にちれんげったん》、己《おのれ》に勤《はげ》み、功《こう》を積《つ》み、則神《そくしん》して符会《ふえ》す。日撃《もくげき》して存《そん》すべし。周旋《しゅうせん》して道《みち》に刑《のっと》り、闇《やみ》に服《ふく》して愆《あやま》らず。ほか、臍《ほぞ》を噬《か》むこと、あるなきを期《き》す。しこうして後《のち》、よく得《う》。

もし、手技卓絶《しゅぎたくぜつ》して、百巧《ひゃっこう》の変《へん》に騁《は》する者《もの》ありて、その技《わざ》、これ谷《きわ》まれりとも、人《ひと》に伝《つた》ゆるは、すなわち、なお藩《はん》に拾《ひろ》うがごときなり。独《ひと》りわが道《みち》を心得《こころえ》て、手《て》を応《から》し、しこうして、必《かなら》ず百世《ひゃくせい》の師《し》たることあり。これを亜《つ》ぐの後《のち》、道《みち》を云《い》うことありても、必《かなら》ずわが道《みち》に従《したが》うなり。道《みち》は同一《どういつ》、軌《き》、何《なん》ぞ多《おお》からんや。たとえ、それ舊《ふる》きを厭《いと》いて新《あたら》しきを吐《は》くも、夷路《いろ》を舎《す》て、曲径《きょっけい》を踰《こ》ゆるなり。天鑑《てんかん》、誇《ほこ》るにあらずして大《だい》。この道《みち》、云《い》うべきこと、かくの如《ごと》し。ただ誠心《せいしん》と直道《じきどう》あるのみ。よって、これを序《じょ》となす。

五方《ごほう》之太刀《のたち》の道《みち》の序《じょ》（現代語訳）

兵法の道について説く。我《われ》は剣術における数多くの実戦を経《へ》て、幸いにして必ず敵に勝つ道理、すなわち〈一分《いちぶん》の兵法《へいほう》〉を極めることができた。この道理をまた三軍の場、すなわち〈大分《だいぶん》の兵《へい》法《ほう》〉の理に移し替えてみるのである。兵法の道理に照らし合わせてみれば、何の違いがあろうか。しかも、これを得道《とくどう》すれば、決戦の場に直面する以前において、帷幕《いばく》の内に策を錬り、戦う前にして、すでに勝利を手中に収めることができるのである。しかし、兵法を学ぶ心得として、我《われ》からただ単に学ぼうという受け身的な心構えでは会得することはできぬ。兵法の道とは、自《みずか》らの足で踏みしめて歩むものなのだ。その上でもって、我《われ》の教えから離れてもならぬ。我が兵法の理に従って鍛錬していくことである。しかしながら、またそれに固執してもならぬものである。よって、初めは兵法の理を口授《くじゅ》することなく、それを剣術の技でもって示すのである。その技を鍛錬して、自《みずか》ら剣技を弁《わきま》えていくにしたがって、自《おのず》から徐々に兵法の理が明らかになってゆくのである。難しい剣理は時節を待ち、理解できる理から一歩一歩鍛錬によって極めていくことである。寺院の大鐘を撞《つ》くには、ただその堂奥に入る以外にできはしないのだ。

ところで、我が日本において、中世以来、兵法を唱《とな》える者として数十家あるが、その説くところの道たるや、強力《ごうりき》をたのんで粗暴をほしいままにし、柔弱な教えを守って、細かい利ばかり嗜《たしな》んでいる始末である。またあるいは、長い刀を使うことばかりに偏《かたよ》り、あるいは、短い刀のみを好む流派もある。刀法における構として、ことさら多くの構をこしらえ、「表《おもて》」とか「奥伝《おくでん》」となんやらに分けている。ああ、兵法の道に「表」「奥」というような二つの道など無きものを！　なんと誤りに誤りを重ねていることであろうか。邪《よこしま》な教えを売り物とし、高名を貪《むさぼ》る輩《やから》においては、兵法の技を舞のように扱い、術技を衒《てら》って、世の中の人々を欺《あざむ》き惑《まど》わせているのである。このような兵法では、ただ単に自分より弱い者にしか勝てないであろう。すなわち、いわゆる技を有している者が技なき者に勝つだけであり、少しばかりの道理を得た者が得道《とくどう》しておらぬ者に勝つだけに過ぎないのである。これで道と言えるであろうか。学んで一つも得るところがないではないか。

我が門弟たちよ、これより我《われ》が長年深く探求し、工夫・鍛錬したところの兵法の理を述べよう。これによって初めて、我が兵法の道を理解することができるであろう。

そもそも、武士たる者は行座《ぎょうざ》常に二刀を帯び、よって二刀の有効な用法を会得したいものと願っている。ゆえに、兵法の道の根本は〈二刀〉であり、二刀とは、あたかも天に輝く太陽と月、すなわち〈二天《にてん》〉のごとくである。この二天の刀法を、五方《ごほう》から成る運用として樹立した。それは、ちょうど木《もく》・火《か》・土《ど》・金《ごん》・水《すい》の五星が北極星の周《まわ》りを循環しているのと同じであり、その五星の循環に、流星のごとき秩序に反して突出した星が衝《つ》き当たるや、それがたちまち粉砕されるがごとく、宇宙の運動法則に則《のっと》った五方の太刀筋は、秩序に反して突起した刀法を衝拒《しょうきょ》するものである。よって、二刀における刀法は〈五法《ごほう》〉という五つの構と太刀筋を要するだけで良いのだ。構というのは、〝機に臨むために、しばらくその位置に措く〟というほどのものである。正当なる刀法、すなわち兵法としての剣術に「表」とか「奥伝」などの別け隔《へだ》てや秘事《ひじ》があってはならない。兵法としての剣術とは、もし一旦、危急存亡の秋《とき》を迎えるや、すなわち大小二刀を並び抜いて戦うものであり、小太刀しかなく、太刀を得ることができない場合は、小太刀のみで敵に立ち向かい、さらに、その小太刀すらない場合においては、徒手《としゅ》にて敵を討ち取るごときものをいうのである。これが、我が兵法二天一流であり、この道をよくよく鍛錬すれば、勝利を得ないということは決してないのだ。しかるに、兵法の理を極め得ずに、得物《えもの》たる太刀の長さに拘泥《こうでい》すると、強者は太刀の長さに安心して心が弛緩《しかん》し、弱者は太刀の長さを利して守りに徹しようとしてしまうものである。我が兵法においては、何事にもよらず、みな偏向《へんこう》することなく、その時々に応じて対応しうる〈中立《ちゅうりつ》の位《くらい》〉をとる。〈中立の位〉は天下の正道である。我が兵法二天一流の道は、これに則《のっと》っているのである。

　このように説くと、あるいは「兵法の道理を知ることと知らざることに何の違いがあるというのか?」という疑問を抱く者も出てくるであろう。中華戦国時代における趙括《ちょうかつ》将軍の兵法は、机《き》上《じょう》の空論《くうろん》ゆえに秦《しん》に滅ぼされ、一方、名軍師たる張良《ちょうりょう》は劉邦《りゅうほう》を補佐して漢《かん》を建国し、留侯《りゅうこう》に封ぜられた。智将と愚将の戦績を尋ね、相較べてみれば、すなわち、隋侯《ずいこう》が大蛇から戴いたという伝説のある至極の宝玉と魚の目玉を較べるようなもので、まったく比較にならぬほど、その差が歴然としているものである。漢の高祖・劉邦に敗れた項羽《こうう》将軍は「剣は一人の敵、学ぶに足らず。万人の敵を倒すことを学ばん」と言ったと『史記』にあるが、そもそも、これが狭い料簡であるのだ。剣術に通達した我《われ》から合戦を見れば、万兵が固める堅陣の勝敗も、鉄壁の守りを誇る城塞を攻略することも、同じ道理であることがはっきりと顕《あらわ》れ、それはあたかも、我が掌《たなごころ》を示すがごときものである。よいか、我が門弟たちよ、〈一分の兵法〉は〈大分の兵法〉に通底しているものなのだ。

およそ、我が兵法二天一流を習う者は、我《われ》が諄々然《じゅんじゅんぜん》と教え導くことによって、あまねく通達することであろう。むろん、簡単に通達できるというわけではない。兵法を極めんとするには、邪《よこしま》で偏《かたよ》った、いわゆる「兵法の病《へいほうのやまい》」とはいかなるものかを認識し、兵法の直道《じきどう》を歩まんという志《こころざし》を立ててよく努《つと》め、日夜、鍛錬に怠りなく、己《おのれ》自身を自ら励まし、兵法の直道《じきどう》を鍛錬に鍛錬を重ねて、鍛錬を積み重ねていけば、やがて神妙なる兵法の道理と合致するようになるのである。すると、兵法の道理が見えてくる。そうなれば、常住座臥《じょうじゅうざが》、すべて兵法の道理に適《かな》うようになり、未知なる事柄においても、対応を誤ることもない。そうなれば、あとで後悔するようなこともなく、かつ、用心を怠《おこた》ることもない。このような鍛錬を経《へ》た後にこそ、兵法に通達したと言えるのである。

しかしながら、もし剣技が卓絶して、千変万化《せんぺんばんか》・縦横無尽《じゅうおうむじん》に技を駆使することができるようになり、剣術を極め得たとしても、それをまた人に伝えるということは、すなわち、あたかも汁を手で拾うようなものである。ただ独《ひと》り、我《われ》のみ兵法の道に通達し、その鍛錬方法を体得したので、必ずや我《われ》は、後世「百世の師」と仰がれることであろう。我が兵法二天一流を継ぐ者たちよ、これを継承した後に、我が兵法の道を伝えるにおいては、必ず我が教えに従って教え導いてゆくことである。兵法の道は一筋であり、他にいくつもの道があるというものではないのだ。たとえ我《われ》の教えを古いものだとみなして新流派を興《おこ》しても、それはあたかも平坦な道を避けて、わざわざ曲がりくねった道を選んで踏み越えて行くようなものである。天に鑑《かんが》みて説く。これは、我《われ》を誇っているのではない。天に輝く太陽が自《みずか》ら誇ることなく雄大であるごとく、我が教えは天理の大道であるのだ。兵法の道とは、かくのごときものなのであり、ただ〈誠心《せいしん》〉と〈直道《じきどう》〉あるのみである。以上をもって序論とする。

（解　説）

『二天一流兵法序論』は、流祖・新免武蔵藤原玄信が兵法二天一流の理念を、わずか五百五十六文字の漢文体で認《したた》めたものです。

その成立は、巻末が《五方之太刀道》でプッツリと切れ、署名すら記されておらず、正確なところはわかりません。ただ、第二代・寺尾求馬助信行《てらおもとめのすけのぶゆき》がこれを『兵法三十九箇条』と共に相伝しており、また、その内容から見て『兵法三十九箇条』と『五輪書』執筆の間、すなわち寛永十九年（一六四二）前後に書かれたものと推察します。

本書は、《五方之太刀道》という見出しで終わっていることから『**五方之太刀道序**』という名称で呼びならわされ、**兵法二天一流の継承者の証**《あかし》として代々伝承されてきました。また、寺尾求馬助信行が『兵法三十九箇条』と共に相伝を受けたところから、後に『兵法三十五箇条』の序文として、その巻頭に記されて伝授されたものもあります。宮本武蔵遺蹟顕彰会が編纂した『宮本武蔵』（明治四十二年刊行）に、次のように紹介されています。

「又、武蔵の高弟たりし寺尾氏には、同じく自筆の兵法序論一巻を伝へたり。世にはこの序論を、三十五箇条の序として同巻にしたるものあれど、これは別物のやうなり」（九二頁）。

さて、『二天一流兵法序論』の原文は、《本朝《ほんちょう》中古《ちゅうこ》涉芸《げいにわたりて》》のところから段落が分けられているのみですが、本書では、文意に従って七段落に分けています。

その内容をまとめてみますと、

第一段落は、**〈一分《いちぶん》の兵法〉**から**〈大分《だいぶん》の兵法〉**にいたる、**兵法二天一流の鍛錬方針**。

第二段落は、**偏《かたよ》った認識に陥《おちい》っている他流派に対する批判**。

第三段落は、本論への導入。

第四段落は、**〈二刀論〉を中心とした〈一分の兵法〉論**。

第五段落は、**〈一分の兵法〉を実践することを通して智恵を磨くことを諭《さと》した〈大分の兵法〉論**。

第六段落は、**兵法二天一流修行者に対する鍛錬指針。**

第七段落は、**兵法二天一流継承者に対する、後進への指導理念。**

この中でもっとも重要なテーマは、第四段落の〈**二刀論**〉であるのは論を待ちませんが、全体として宮本武蔵玄信の兵法観・二天一流兵法の根本理念が見事にまとめられています。

本書は**兵法二天一流のエッセンス**といえる内容を有しており、まさしく「兵法序論」であるといえます。そして、この序論において主張された理念を詳しく具体的に論じたのが『五輪書』であるのです。

これから『五輪書』に入っていくのですが、その前に『二天一流兵法序論』を音読し、『五輪書』を読み終えた後にまた声を出して読む、ということを繰り返していけば、二天一流兵学・兵術の具体的説明とあいまって二天一流兵法の根本理念が自《みずか》らの魂《たましい》に深く浸透して、自分自身のものになってゆくのです。

よって、本書の内容における詳しい解説は『五輪書』と重複するところがありますので、これ以上の説明は避けますが、一つだけここで強調しておきたい点があります。

それは、**兵法二天一流における宇宙観**です。

《ゆえに道根二刀《どうこんにとう》、二曜麗天《にようれいてん》。法《ほう》を五用《ごよう》に樹《た》て、五緯《ごい》に拱極《きょうきょく》す。歳運《さいうん》の斡転《あってん》して、突起《とっき》に衝拒《しょうきょ》する所以《ゆえん》なり。構《かま》えて為《な》すに、五法《ごほう》あるを要《よう》す》

流祖・宮本武蔵玄信は、兵法たる二刀一流剣術をこのように捉えていたのでした。すなわち、武器である刀・脇差を太陽と月たる〈二天〉に擬《ぎ》し、その二刀の太刀筋を木・火・土・金・水の五星の軌道循環に基づく〈五法〉にあるとしました。

兵法を自己の中心に置き、その六十有余年の生涯の中で、ありとあらゆる一流の経験を積み、諸芸諸能はおろか、あらゆる学問を極めんとした宮本武蔵玄信は、おそらく当時の天文学・暦学をも学んだことと思います。そこから会得した宇宙観は現代から見るときわめて素朴で、よって観念論であることは論を待たないのですが、剣術の根元・本質を追究する中で、このような宇宙観にまでたどりついた、その方向性は評価に値します。すなわち、自《みずか》らの兵法に世界観を構築しているのですから。およそ、どのような分野であれ、それぞれにおいてしっかとした世界観を持っていなければなりません。また、そのたどり着いた本質が軌道循環による生々流転《せいせいるてん》であるとしたところにも素晴らしいものがあります。そこに、運動の一般性たる弁証法性に対する認識の萌芽《ほうが》がうかがえるのです。

そのうえに、この**二曜・五星の宇宙の循環法則が、すなわち兵法二天一流の剣理である**とする、その壮大さにも刮目《かつもく》しなければなりません。宮本武蔵玄信は、広大な天を仰《あお》ぎ、北極星を中心として数えきれぬほどの数多くの星が循環している法則性と森羅万象《しんらばんしょう》、世の中のあらゆるものに法則性があることに深い感動と驚きを持って感得されたことと推察します。この感得した〈世界の理〉(『二天記』)を〈二刀〉という剣の理法として創始されたのが兵法二天一流であるのです。

それは、江戸時代初期という時代的制約もあり、きわめて素朴で観念論的ではあるのですが、宮本武蔵玄信が己《おの》が〝魂《たましい》〟とする〈二刀〉を極めんとする過程の中で世界観を求めんとして歩んだ、その方向性は正しいのです。

何ごとにおいても、それを極めんとすれば、私たちがこの世で生きている限り、その土台・根元として、人間とは何ぞや？　世界とは何ぞや？　そして、宇宙とは何ぞや？　という世界観にまで発展しなければならぬものです。

この『二天一流兵法序論』を通して、兵法二天一流流祖・宮本武蔵玄信のこの壮大な世界観の構築に、ぜひ目を向けていただきたいものです。

五輪書《ごりんのしょ》

『五輪書』とは

『五輪書《ごりんのしょ》』とは、流祖・新免武蔵藤原玄信《しんめんむさしふじわらのげんしん》が生涯をかけて極めた**兵法二天一流の集大成**として著された、畢生《ひっせい》の兵法書です。

『五輪書』の序文にあるとおり、宮本武蔵玄信は、熊本県郊外の岩殿山《いわとのやま》にある、古来より深い信仰を集めている岩戸観音《いわとかんのん》を祀《まつ》った霊巌洞《れいがんどう》に籠もり、この畢生の兵法書を著すべく精進潔斎して、寛永二十年（一六四三）十月十日の寅の一点（午前四時頃）、心気にみちみちた境地と気迫でもって本書を書き始めました。

『二天一流兵法序論』を読んで理解されたごとく、宮本武蔵玄信は兵法二天一流を、宇宙の循環法則に則《のっと》った兵法であると認識しています。よって、我が兵法の集大成となる本書において、その構成を仏教における宇宙観である「五大五輪」になぞらえ、**「地《ち》・水《すい》・火《か》・風《ふう》・空《くう》」の五巻**に分けています。

「五大五輪」とは、この世界・宇宙はすべて地・水・火・風・空の五大要素によって構成され、それが循環し合っているのだ、とする思想・世界観です。よって、私たち人間を含む自然界のあらゆるものも、この五つの要素の恩恵を受けながら生々流転《せいせいるてん》を続けているのだという考えです。また、「五輪」を人体に当てはめますと、頭・首・胴・手・足の五体を指します。

『五輪書』は、このような世界観に基づくところの宇宙の循環法則を具現《ぐげん》した構成となっていますが、その内容は、兵法書でありますので、全巻、兵法に関する・兵法の実利に基づいた、具体性に満ちた内容で凝縮されています。

『五輪書』は、宮本武蔵玄信が最晩年に自《みずか》らの病《やまい》をおして書き綴られたものですが、正保二年（一六四五）四月に倒れ、下書きのままで清書を断念します。死期を悟った武蔵は、翌月の五月十二日に形見分けを行い、寺尾孫之丞勝信《てらおまごのじょうかつのぶ》に『五輪書』の下書きを、その弟、寺尾求馬助信行《てらおもとめのすけのぶゆき》に『五方之太刀道序』『兵法三十九箇条』を授与し、二人に兵法二天一流を相伝しました。そして、その一週間後の正保二年五月十九日に逝去《せいきょ》されたのです。

『五輪書』の成立過程

流祖・宮本武蔵玄信は、弱冠二十三歳にして、すでに兵法書をものにしていました。それは『**兵道鏡**《へいどうきょう》』と題する二十八箇条から成る**円明流**《えんみょうりゅう》の秘伝書です。『兵道鏡』は、その後、二巻三十六箇条本として増補改訂され、上巻二十二箇条のみが『円明流剣法書《えんみょうりゅうけんぽうしょ》』という題名で流布されてもいます。

しかし、その後、武蔵三十代から四十代にかけての円明流から**二刀一流**への過渡期においては兵法書を著しておらず、次に書き上げられたのは、**兵法二天一流**を大成した晩年の熊本時代の寛永十八年（一六四一）、武蔵五十八歳の時においてでした。

（なお、このたび寛永十五年十一月に著された武蔵の伝書が発見され、魚住孝至著『宮本武蔵　日本人の道』（ぺりかん社）にて初めて翻刻《ほんこく》されました。これを『**兵法書付**《へいほうかきつけ》』といいます。このように、今後の研究・調査により、武蔵三十代・四十代に著した兵法書が発見されるかもしれません。可能性は薄いですが、なきにしもあらず、と言えましょう。）

肥後熊本藩に客分として招かれた宮本武蔵玄信は、藩主・細川越中守忠利《ほそかわえっちゅうのかみただとし》から兵法書の執筆を命じられ、それによって完成したのが『**兵法三十五箇条**《へいほうさんじゅうごかじょう》』です。

宮本武蔵玄信は、藩主にこの兵法書を上呈するにあたり、まず三十九箇条から成る兵法書を書き上げました。これは、外題《げだい》を『二刀一流剣術書』、内題《ないだい》を『二天一流兵法書』と題するもので、通称『**兵法三十九箇条**《へいほうさんじゅうきゅうかじょう》』と呼ばれるものです。『兵法三十九箇条』には、兵法二天一流の基本である「五方《ごほう》の構《かまえ》」や実戦における「多敵の位《たてきのくらい》」〈場の次第〉などが詳説されてあり、兵法二天一流における基本伝書としての体裁を備えています。

しかし、一国の藩主たる細川忠利に献上するうえにおいては、このような〈一分の兵法〉における具体的実戦上の解説は不要であると判断し、それらを削除して、改めて清書し直し上呈したのが、先に述べた『兵法三十五箇条』です。

これら『兵法三十五箇条』『兵法三十九箇条』は、たしかに兵法二天一流の基本伝書としての体裁は整ってはいるものの、やはり柳生新陰流の免許皆伝者として〝心法《しんぽう》〟を重視する藩主・細川忠利の命《めい》ということもあって、藩主の意向に即して〝心法〟の解説に重点を置き過ぎたきらいがあります。また、藩主を意識し過ぎているためか、青年時代に著した『兵道鏡』に較べて表現に硬さが見受けられます。もちろん、内容については『兵道鏡』と較べようもないほど高度な中身になっているのは当然ですが、武蔵自身にとっても不満であったに違いありません。

そこで再び新たな兵法書の執筆に取り掛かり、その過程で著されたのが、本書で『二天一流兵法序論』として紹介した『**五方之太刀道序**《ごほうのたちのみちのじょ》』であるのです。しかし、これは序文のみで執筆が中断されます。

そして、自《みずか》らの天命を悟った宮本武蔵玄信が寛永二十年（一六四三）十月十日、生涯を懸けた畢生の兵法書として執筆に着手したのが、この『**五輪書**《ごりんのしょ》』なのです。

なお、『五輪書』の題名は、自ら名付けたものではありません。この兵法書が、地・水・火・風・空の五巻に分けられていたことから、後世においてそう呼びならわされたものです。

このような経緯をもって、死ぬ間際まで書き続けられた『五輪書』は、流祖・宮本武蔵玄信の生《なま》の人生観・兵法観がヒシヒシと伝わってくる名著です。

『五輪書』の構成

『五輪書』五巻の構成について、簡単に説明いたします。

第一巻「**地の巻**《ちのまき》」は、全巻にわたって宮本武蔵玄信の兵法観が述べられています。

宮本武蔵玄信は、兵法を〈**大分の兵法**《だいぶんのへいほう》〉と〈**一分の兵法**《いちぶんのへいほう》〉とに大別しています。〈**大分の兵法**〉は、

具体的な軍事・用兵の法から、抽象的概念としては武士道まで広く包含する兵法で、**〈一分の兵法〉と は、各々《おのおの》の武士が各自でたしなみ極めるべき兵法**のことです。剣術・槍術・薙刀術などの武術はすべて〈一分の兵法〉であり、その代表たるものが剣術であると宮本武蔵玄信は主張しています。

当時は剣術のみをもって「兵法」という風潮がありました、それを否定する武蔵は、〈一分の兵法〉たる己《おの》が剣術を**「二刀一流《にとういちりゅう》」**と称しました。そして、二刀一流の剣術を鍛錬することによって〈一分の兵法〉を極め、それを我が智恵の働きによって〈大分の兵法〉にまで拡大深化していくことが、真の兵法の鍛錬であると説きます。

兵法二天一流とは、〈大分の兵法〉と〈一分の兵法〉を統一したところの兵法であるのです。

「地の巻」は、その〈大分の兵法〉と〈一分の兵法〉の概念を、八箇条に分けて論じたものです。その構成は、まず兵法を大きく捉え、〈大分の兵法〉を大工になぞらえて説き（第一～三条）、その後に『五輪書』全巻の構成を述べています（第四条）。それから次の〈一分の兵法〉論では、「二刀一流」の流名の由来から、〈兵法〉の意義、剣術に限らず武具の利を知ることの重要性と、兵法の実践にとってもっとも重要な〈拍子《ひょうし》〉について説いています（第五～八条）。

「地の巻」は、**「二天一流兵学総論」**というべき巻といえます。

第二巻**「水《すい》の巻《まき》」**は、〈一分の兵法〉たる二刀一流剣術の技法を、詳しく解説したものです。三十六箇条から成り、兵法における心持ちから足遣《あしづか》いにいたるまでの基本事項の心得から、二刀一流剣術の各種技法について、具体的に細かく親切に説明されています。剣技における説明においては、戦いの状況、敵の心理や拍子までを考慮しており、具体性に富んだ見事な解説です。六十余度の真剣勝負を勝ち抜いた実践者の、真の強みというものを、そこに感じ取ることができます。

「水の巻」は、**「二天一流兵術技法編」**という巻です。

本書『新編・真訳　五輪書』では、この三十六箇条に『兵法三十五箇条』の四箇条を加え「基本事項」「〈五法《ごほう》〉―［五方《ごほう》の構《かまえ》］と［五《いつ》つの表《おもて》］―」「打撃法《だげき》」「入身法《いりみ》」「刺撃法《しげき》」「受け返し技」「多敵《たてき》対処技法」「口伝《くでん》」の八章に分けています。

第三巻**「火《か》の巻《まき》」**は、〈一分の兵法〉たる二刀一流剣術でもって戦う際における戦術・戦法を〈大分の兵法〉の理にまで拡大し、それぞれにおいて具体的に説明しています。

「火の巻」における戦術・戦法は、あくまでも〈一分の兵法〉である剣術の理から導き出されたものであるので、〈大分の兵法〉においても、どうしても一国対一国、一軍対一軍における戦闘、遭遇戦《そうぐうせん》・局地戦といった内容として表れています。よって〝軍事・用兵の法〟としては物足りなさを感じるかもしれません。

しかし、戦いというものは、昔も今も、洋の東西を問わず、その本質レベルにおいて、一対一の勝負と国家間の戦争との間に共通したものが見出せます。その本質を直観したからこそ、宮本武蔵玄信は〈一分の兵法〉の利でもって〈大分の兵法〉を説くのです。

よって**「火の巻」に説かれている戦術・戦法の主体は、あくまでも古今無双の剣聖・宮本武蔵玄信が極めた〈一分の兵法〉、すなわち剣術であることを念頭に置いて、そのうえでもって〈大分の兵法〉**

に敷衍《ふえん》して読むことが肝要となります。

「火の巻」は、宮本武蔵玄信自身が気にしているとおり、戦術・戦法がきれいに分類・整理されておらず、内容にも重複や錯綜が見受けられます。よって本書では「火の巻」二十七箇条をいったん分解し、それに『兵法三十五箇条』にある四箇条を加え「地の利の活用」「〈三先《さんせん》〉―先を取る―」「機《き》を知《し》る」「制敵《せいてき》法」「心理作戦」「転心《てんしん》法」「強敵対処法」「弱敵対処法」「終局対処法」「掛《か》け声《ごえ》」「口伝《くでん》」の十一章に整理し直しています。

「火の巻」は、**「二天一流兵術戦法編」**というべき巻です。

第四巻**「風《ふう》の巻《まき》」**では、九箇条にわたって他流派における問題点を批判することによって、兵法二天一流の考え方や特長を強く主張しています。

兵法二天一流における考え方として、二刀論＝長短論（第一条・第三条）・強弱論（第二条）・拍子論（第八条）・指導論＝奥義論（第九条）を展開し、また、二刀一流剣術の特長として、［五方の構］と［五つの表］（第四条）・〈有構無構《うこうむこう》〉（第五条）・〈観見《かんけん》二つの目〉（第六条）・〈陰陽《いんよう》二つの足〉（第七条）を挙げています。

〈五法〉〈有構無構〉〈観見二つの目〉〈陰陽二つの足〉は、二刀一流剣術の基本として「水の巻」にも詳しく述べているのですが、他流派との比較において我が流派の特長を改めて認識させることが、この「風の巻」の真のねらいです。

ここで一つ、強く念を押しておきたいことがあります。それは、よくこの「風の巻」の内容をはき違えて「武蔵は他流を認めず、二天一流でなければ駄目だという」（『武蔵　武人画家と剣豪の世界展』図録六三頁）と解釈している人がいますが、宮本武蔵玄信は何も他流派を認めていないわけではなく、他流派の偏《かたよ》った考え方・認識を否定しているのです。それは「風の巻」跋文《ばつぶん》をよく読めば解《わか》るところです。また、「五輪書を読んでいて少し気になることがある。それは、自分の兵法を誇るため、他流を大いにけなしていることである」（是本信義著『時代劇・剣術のことが語れる本』一〇四頁・アスカ）という見解もよく耳にします。これも、よく「風の巻」本文及び跋文を読み込めば宮本武蔵玄信の真意が理解できると思いますが、〝批判する〟ことと〝けなす〟ことは違います。宮本武蔵玄信がこの「風の巻」において批判している内容は武道・武術の本質を貫《つらぬ》く問題点について、武道・武術の本質でもって真《ま》っ向《こう》から他流派における本質から外れた見解に対して批判を加えているものです。

この「風の巻」を読んでみますと、**いかに宮本武蔵玄信が弁証法的で立体的な認識と思考法を有していたか**がわかります。すなわち、長刀や短刀のみに偏向《へんこう》することを批判し、強弱や速さというものが相対的なものであることを諭し、〈構有《かまえあ》りて構無《かまえな》し〉に基づく、術技に精通した自然体を最上のものとすることなどを、諄々《じゅんじゅん》とこの「風の巻」で説いているのです。私たちが日頃陥《おちい》るところの偏《かたよ》った認識を戒《いまし》め、**物事を絶対的なものとして見ず、相対的・運動的に捉えるといった〝弁証法的なものの見方・考え方〟**を九箇条にわたって強調しています。『二天一流兵法序論』において**《みな偏好《へんこう》せずして、時《とき》にその中《ちゅう》を執《と》らんと欲《ほっ》す。しこうして、中《ちゅう》は天下《てんか》の正道《せいどう》なり。わが道《みち》、この規《き》なり》**と説いた〈中立《ちゅうりつ》の位《くらい》〉の考え方を、他流批判を通して具体的に諭《さと》しているのです。

「風の巻」は、**「二天一流兵学各論」**といった内容であるのです。

本書では、この九箇条を内容別に編成し直し、「二刀論（長短論）」「兵法勝負における技法の原理」「二刀一流兵法の特長」「指導論（奥義《おうぎ》論）」の四章に章立てし直しております。

最後の第五巻**「空《くう》の巻《まき》」**は、流祖・新免武蔵藤原玄信が到達した心法《しんぽう》の極致《きょくち》たる**〈万理一空《ばんりいっくう》〉**の境地への道程を、四百七十五文字の文章で端的に述べたものです。

前著『宮本武蔵　実戦・二天一流兵法』（文芸社）において、筆者はこの「空の巻」を宮本武蔵玄信が著したものではなく、『五輪書』の下書きを相伝した第二代・寺尾孫之丞勝信が流祖の意を汲んで書き記したものであると紹介しています（拙著一五四～一五七頁）が、本書「空の巻」も、まぎれもなく宮本武蔵玄信本人が著したものである、とここに筆者の考えを訂正いたします。なぜ「空の巻」が武蔵本人が著したものであるのかといいますと、「空の巻」に付されている寺尾孫之丞勝信の奥書に《空の巻は玄信公《げんしんこう》、永々《ながなが》の病気につき、所存の程あらわされず候《そうろう》》とあるのを、以前はこれを「空の巻」を宮本武蔵玄信が著さなかったと解釈していたのですが、実はこの《所存の程》というのは、「地の巻」第四条「此《この》兵法の書、五巻に仕立《したつ》る事」に書かれた、剣術に直接関わるところの《おのづから打《うち》、おのづからあたる《当》》《空《くう》の道《みち》》のことであり、この剣術に直接関わる《空の道》について《所存の程》が著されていない、と解釈するのが正しい読み方であると認識するにいたりました。このように解釈しますと、たしかに「空の巻」に説かれているものは、〈空〉の概念と、武士としての〈空〉の捉え方・接し方についてであって、「地の巻」にて紹介している《おのづから打《うち》、おのづからあたる《当》》

《空の道》について、まったく言及《げんきゅう》されていないことがわかります。二代目を継いだ寺尾孫之丞勝信にとっては、剣術に直接関わる〈空〉について、その詳細を問いただしたく思ったことでしょう。寺尾孫之丞の身になって、そう捉えますと、たしかに《所存の程あらわされず》であるのです。よって、そこから「空の巻」はたしかに宮本武蔵玄信本人が著したものである、と認識した次第です。

「空の巻」は、寺尾孫之丞勝信も述べているように、たしかに直接、剣術に関わる境地を書いたものではありません。しかし、そこには**事物・事象をすべて二重化して捉える宮本武蔵玄信の認識**でもって、この〈空〉の概念も二重化され、その二重の〈空〉観でもって、武士たる者のあり方をしっかりと指し示されているのです。そこに、単なる兵法、単なる剣術としてではなく、広く普遍的な人間の生き方の指針として読める深さと広がりが生じているのです。

「空の巻」は、**「二天一流兵法哲学」**であるといえるのです。

『五輪書』の読み方

以上『五輪書』の構成を簡単に説明してまいりましたが、その構成が現代兵法に合致することに驚きを覚えます。

現代兵法は、「兵学」と「兵術」から成り立っています。**兵学とは、戦いにおける理論と哲学に関する学問**で、**兵術というのは、その兵学で学んだ理論を実戦で実行する上での戦略・戦術などの技術**です。

『五輪書』をこの現代兵法にあてはめてみますと、兵学における理論が「地の巻」「風の巻」、哲学が「空の巻」、兵術に当たるのが「水の巻」「火の巻」となり、現代兵法の体系に合致します。

現に、寺尾孫之丞勝信の系統を継ぐ筑前黒田藩における兵法二天一流では、この『五輪書』を、まず兵術編である「水の巻」「火の巻」を伝授し、その後に兵学編たる「地の巻」「風の巻」を相伝して、最後に兵法哲学たる「空の巻」をもって免許皆伝としていました。

しかし、『五輪書』を実際に読んでみれば解《わか》るのですが、その内容は「相伝書」といった類《たぐい》ではなく、**真に兵法二天一流を学ぼうとする修行者のために書かれたテキスト**であるのです。そして、その五巻は分割されるものでなく、**『五輪書』全巻で兵法二天一流すべての体系を成している**のです。

よって「空の巻」も、ただ単に流祖の到達した境地が説かれているものではありません。最終的な境地でありながら、そこへ到《いた》るための道程《どうてい》の書でもあるのです。

『五輪書』全巻を読み通し、個々の目的に従って各巻を繙《ひもと》きながら実践する。そして、実践による経験を通して、また各巻を繙《ひもと》き、全巻を読み通す。このように、実践を通しながら『五輪書』を繰り返し読み込んでいかないと、『五輪書』に通底する〈世界の理〉（『二天記』）は見えてこないでしょう。

『五輪書』は兵法二天一流を学ぶ者のために書かれた兵法書でありながら、その通底する〈世界の理〉によって兵法二天一流を離れ、多くの人々に愛読されています。剣術においては、あらゆる流派・武術に有効な剣理が示されています。そして、これは武術に限らず、あらゆる分野の方々においても、各自が持つ目的意識でもってこれを繙《ひもと》けば、〈世界の理〉の本質に導かれ、必ず何ものかを学び取ることができるものです。

本書を手にした読者が、これをきっかけとして大いなる志《こころざし》と高い目的意識を持って原典『五輪書』に当たり、熟読されることを強く望んでおります。

地の巻（二天一流兵学総論　八箇条）

序文

我が兵法《へいほう》の道《みち》を**「二天一流《にてんいちりゅう》」**と号し、数年にわたって鍛錬してきたことを、ここに初めて書物に著さんものと思い、時に寛永二十年（一六四三）十月上旬の頃、九州肥後の国（熊本県）にそびえる岩殿山《いわとのやま》に登り、天道《てんどう》と観世音《かんぜおん》を礼拝《らいはい》し、仏前に向かう我《われ》は、生国は播磨（兵庫県）の武士、**新免武蔵守藤原玄信**《しんめんむさしのかみふじわらのげんしん》と申す、年積もって六十歳を迎えた者である。

我《われ》は幼少の頃より兵法の道を極めることを志し、十三歳にして初めての勝負を行った。その相手は新当流《しんとうりゅう》・有馬喜兵衛という兵法者で、それに打ち勝って後、十六歳にして但馬《たじま》の国の秋山という強力《ごうりき》の兵法者に打ち勝った。二十一歳にして京都に上り、天下の兵法者と立ち合って数度の勝負を決したが、勝利を得ないということは無かった。その後、諸国隅々をまわり、数多くの流派の兵法者と立ち合って六十余度にいたるまで勝負を行ったのであるが、一度も勝利を失うことはなかった。それは、齢《よわい》十三から二十八・九歳までのことである。

しかし、三十歳を超えるにいたり、自分の勝利してきた道を省《かえり》みて、兵法における至極《しごく》の域《いき》にまで達して勝ったのではないことを悟ったのである。それは、生まれつきの才能に恵まれて、兵法の技を器用にこなし、それが偶然に天理に適《かな》って負けなかったものか。または他流の兵法に、我《われ》よりも不足なる所があったがために、勝ちを拾ってきたものか……。

この反省をもって、その後なおも深い道理を得んものと探求し、〈朝鍛夕錬《ちょうたんせきれん》〉すなわち朝に夕に、昼夜を問わず鍛錬に励み、自《おの》ずから兵法の道の神髄を会得したと確信した時、すでに我《われ》は五十歳を迎えていたのである。兵法の道理を極め得て以来、探求するべき道もなく光陰を送っている。むしろ、**兵法の道理を適用して諸芸・諸能の道をなしているゆえに、万事において我《われ》に師匠を必要としなくなった**ことである。

よって今、この兵法書を著すに際しても、仏法や儒教の古語を借りることもなく、軍記・軍法における古い故事や戦法を引用したりすることもせず、我が兵法二天一流の見解と〈**実《まこと》の道《みち》**〉たる実利にかなった真の道理を著すことを、天道と観世音を鑑《かがみ》として誓い、十月十日の払暁《ふつぎょう》、寅の一点（早朝四時頃〝夜〟から〝朝〟へと移る間境《まざかい》としての一時点）に筆を執《と》って書き始めるものである。

（解　説）

「地《ち》の巻《まき》」における巻頭は、この力強い『五輪書』序文で飾られています。

序文では、**『五輪書』執筆の動機と、その執筆方針**が述べられています。

宮本武蔵玄信は、兵法の神髄を会得して以来、兵法の道理に従って諸事ものごとをこなしており、よって『五輪書』においても**《万事におゐて我《われ》に師匠なし》**の精神で、当時の知識人における智《ち》の拠《よ》り所《どころ》である仏教・儒教・軍記・軍法さえも用いず、まったくの武蔵自身のオリジナルでもって書き表すことを宣言しています。

ここが、先の故事・古語をふんだんに引用した『二天一流兵法序論』と大きく違うところです。このような執筆方針をとる背景として、宮本武蔵玄信は、自分が歩んできた剣に生命を懸けた六十年の生涯を振り返って、宮本武蔵玄信自身の生き様《いざま》そのものに兵法の神髄を会得する必然性があったと直観し、よってまず我が生涯の歩みを端的に認《したた》めているのです。

宮本武蔵玄信の真の見事さは、二十代における六十余度の真剣勝負すべてに勝ったことにあるのではありません。それは実に、三十歳を超えて自らの剣業《けんぎょう》を反省し、以降、兵法の真理を会得せんものと、新たな、そして、これこそ本当の剣の修行に打ち込んでいったことにこそあります。その反省と、その反省に基づくその後の修行の実践が、武蔵を五十歳にして、その神髄に到らしめたのであり、その実践を通して会得した兵法の道理を認《したた》めたものが、この『五輪書』であるのです。そしてこの序文は、『五輪書』を読む者をして、**武蔵自身が歩んだ道をそれぞれに実践していくことなしには兵法の神髄を極めることが不可能であることを認識し、武蔵自身の生涯から学んで実践する**ことを期待しての序文であるのです。

前　文

―― そもそも〈**兵法**《へいほう》〉というのは、武家の法である。武将たる者は、とりわけこの法に精通し、兵 ――

卒たる者もまた同様に、この道を深く知るべきである。しかしながら、今の世の中に、兵法の道をしっかりと弁《わきま》えている武士はいないものである。

兵法を、まず**〈道《みち》〉**という観点から見てみよう。〈道〉として世に広く知られているものとして、仏法として人を救う道、また儒道として文道《ぶんどう》を正《ただ》し、医者といって諸病を治す道、あるいは歌道者として和歌の道を教え、あるいは数寄者《すきしゃ》と称される茶人、それに弓法者、その他、諸芸・諸能にいたるまで、思い思いに稽古しているが、それは各自が心からその道に親しんでいるからこそである。ところが、兵法の道にいたっては、それに心傾《こころかたむ》ける者が少ないものである。まず武士たる者は**「文武二道《ぶんぶにどう》」**といって、文武二つの道をたしなむことこそが武士の道である。たとえ、この道に関して不器用であったとしても、武士たる者はそれぞれの分《ぶ》に応じて兵法の鍛錬に励まなければならぬのである。

たいていの武士の胸の内を推量してみると、「武士はただ〝死ぬ〟という道をたしなむ事を覚悟する」という程度の覚悟でしかない。しかし、〝死ぬ覚悟〟というものは、武士ばかりに限ったものではない。僧侶はもちろんのこと、女性でも、また百姓・町人にいたるまで、義理を知り、恥を覚えておりさえすれば、自分の死に場所を覚悟することはできるのであり、その覚悟になんら差別はないものである。

武士たる者が**〈道〉として兵法を行う**ということは、何事においても他人より優れていることを根本とし、あるいは一対一の斬り合いに勝ち、あるいは多人数の合戦に勝ち、主君のため、我が身のため、名を上げ身を立てんという心意気、これこそが兵法の徳でもって成り立つものである。

また、世の中に「兵法の道を習ったとしても、実戦において役に立たないものだ」と思っている風潮がある。その点については、いつ何時《なんどき》にても役に立つように稽古させ、実戦のみならず万事にいたって役に立つように教えよう。これが、兵法の〈**実**《まこと》**の道**《みち》〉であるからである。

（解　説）

「**地**《ち》**の巻**《まき》」は、宮本武蔵玄信の兵法観、すなわち〈大分《だいぶん》の兵法《へいほう》〉〈一分《いちぶん》の兵法《へいほう》〉に対する概念を説く、いわゆる「**二天一流兵学総論**」です。

この前文において、まず宮本武蔵玄信は、兵法を単なるテクニックと捉えず、〈**道**《みち》〉として兵法を捉え、それを《万事に至り役にたつ》ものとして鍛錬することを強調しています。

ここでは、まず〈**道**《みち》〉ということを押さえておく必要があります。

宮本武蔵玄信は、この世の中に多く行われている道のなかで、本来、当時における四民のリーダーたる武士が、本来自《みずか》ら率先してたしなむべきであるはずの兵法を鍛錬していないことに、強い批判を浴びせています。

この武士が兵法を鍛錬しない理由として、武蔵は「武士はただ死ぬ覚悟ができてさえいれば良い」という、安直《あんちょく》で観念的な認識が武士の間に充満しているからだと分析しています。

この「死ぬ覚悟」とは、なにも武士の専売特許ではない。義理と廉恥心《れんちしん》さえ持ち得ておれば、自らの死に場所を思い定めることなど、常に〝死〟を観念している僧侶はもちろん、女性・百姓・町人にいたるまで、当然にできることなのだと、宮本武蔵玄信は主張しているのです。そして、言外に「武士はただ死ぬ覚悟・死ぬ覚悟とお題目のように唱えるだけでは、実際に死に直面した際に、死ぬ覚悟を持った百姓・町人のように見事な死に花を咲かすことすらできないぞ」とたしなめているのです。

それは、戦国の気風が強く残っている近世の時代に生きた僧侶において、宗教の本分である〝死〟を直視する鍛錬を観念的に修行しているので死ぬ覚悟を持つのは当然のことながら、女性ならば女性として、百姓・町人においては自分の職分のうえにおいて強い誇りを持ち、百姓ならば田畑を耕すことを実践し、町人ならば物を作り商《あきな》うことを実践することによって、その実践の中から義理を重んずる心、恥を知る心を培《つちか》ってゆくものであるので、いったん自分の誇り、すなわち自分の身分や職分に対する誇りが傷つけられれば、その義理と廉恥心によって、たちまちのうちに〝死ぬ覚悟〟に至ることができる気風があったのです。近世当時の日本人は、それだけのプライドを持っていたわけなのです。

その根底にあるのは〝**実践**〟の一事に尽きます。

よって、**実践を伴わない観念だけの覚悟であれば、それは真の覚悟などではなく、いざという時、そのような覚悟などできはしない**ものです。

では、武士たる者が真の〝死ぬ覚悟〟を覚悟するにはどうすればよいのか。

それが、**兵法を〈道〉として鍛錬する**ことにあるのです。

〈道〉を極めんと歩んで、その本質をつかめば、その本質はすべてのことに通底しています。だからこそ、宮本武蔵玄信は《万事におゐて我《われ》に師匠なし》（序文）と言い切り、それが《万事に至り役にた《立》つようにおし《教》ゆる》のだと、自信を持って断言している所以《ゆえん》なのです。

次の第一条から第三条までは、将卒ともに武士たる者が鍛錬するべき〈道〉たる兵法が如何《いか》なるものであり、どのような姿勢・観点で学び、鍛錬していくべきか、ということを「大工の道」にたとえて説いていきます。

第一章　大分《だいぶん》の兵法《へいほう》

一、〈兵法《へいほう》の道《みち》〉という事《こと》（第一条《だいいちじょう》）

中国・日本において、兵法の道を極めた者を兵法《へいほう》の達人《たつじん》という。武士たる者は、この兵法を学ばぬということがあってはならぬものである。

近代（現代における時代区分では「近世」に当たる）にいたって、「兵法者《ひょうほうしゃ》」と称して世渡りする者が出てきているが、これは剣術一通りだけをこなした者にすぎない。常陸《ひたち》の国（茨城県）鹿島《かしま》・香取《かとり》の神官たちが、「明神《みょうじん》からの伝承である」と称して流派を興《おこ》し、諸国を巡《めぐ》って人々に

伝え出したのは、さほど古いことではなく、たいした伝統などないのである。

昔から「十能《じゅうのう》・七芸《しちげい》」とある中に、兵法を「利方《りかた》」といって、たしかに兵法も芸能の一つではあるのだが、**〈利方《りかた》〉とは〝敵を討ち果たす作法・ふるまい〟である**ゆえに、兵法を剣術のみに限定してはならない。剣術一辺倒《いっぺんとう》で究《きわ》めた剣理などでは、剣術とはいかなるものかを悟ることはできない。もちろん当然のことながら、正当な意味での兵法の理に適《かな》うはずがないのである。

世の中を見てみると、兵法に限らず諸芸を売り物に仕立てて、我が身をさえ売り物であるかのように思い、あらゆる道具においても、その機能より、ただ売れれば良いとばかりに、単なる売り物としてこしらえている風潮があるが、このような心得は、花と実の二つに分けてたとえれば、花よりも実の方が少ないものだといえるであろう。その中でとりわけ兵法の道において、いわゆる色を飾ったり、花を咲かせるように、いかにも優れた術技であるかのようにひけらかし、あるいは第一道場・第二道場などといった道場経営に走ってこの道を教え・習って利益を得ようと考えている者がいるが、それらは俗に言う「生兵法《なまびょうほう》は大けがのもと」が真理であることをわかってはいないのだ。

さて、およそ人が世を渡るにおいて、「士農工商《しのうこうしょう》」という四つの職分の道がある。

一つには「農《のう》」たる農業の道。農民はいろいろな農具を備え、四季の移り変わりを心得て、休む暇《いとま》もなく従事して歳月を送ること、これが農業の道である。

二つには「商《しょう》」たる商《あき》ないの道。例えば、酒を造る者は、それを造るための道具を求め、造った酒の出来の良し悪しにおける売値によって利潤を得て生活を送っている。このように、いずれも商いの道とは、それぞれにおいて稼《かせ》いだ、その利益によって生計を立てている。これが商《しょう》の道である。

三つには「士《し》」たる武士の道。武士においては、剣・鑓《やり》・薙刀《なぎなた》などの道さまざまの武具をこしらえ、武具それぞれの性能と活用法をよく鍛錬してわきまえることこそ武士の道であるといえるであろう。しかるに、武具をもたしなむことなく、その武具それぞれの効用をも体得していないとは、武士たる者の「武家《ぶけ》」という職分として、いささか日常の心掛けに欠けているのではあるまいか。

四つには「工《こう》」たる職人の道。例えば、大工の道においては、種々様々《しゅじゅさまざま》の道具を巧みにこしらえ、その道具をそれぞれよく使い覚え、墨縄《すみなわ》と曲尺《かねじゃく》をもって設計図どおりに仕立て上げ、休む暇《いとま》もなくその技術をもって生計を立てているのである。

これが「士農工商」という職分、四つの道である。

ここで兵法を、大工の道にたとえて説いてみたい。大工にたとえるのは、〈家《いえ》〉ということに関連させてのことである。公家《くげ》・武家《ぶけ》・〝源平藤橘《げんぺいとうきつ》〟の四家《しけ》、家が滅びる・家系が続くということや、その流《りゅう》・その風《ふう》・その家《いえ》などということから、〈家〉という観点から兵法を大工の道にたとえてみるのだ。大工とは「大《おお》きに工《たく》む」と書くのだが、**兵法の道もまた「大きなる工み」である**によって、大工になぞって説くのである。

兵法を学ばんと思うならば、この書をよく読み、よく考えて、師は針、弟子は糸となって、たえず稽古に励むべきである。

〈解　説〉

宮本武蔵玄信は、この第一条「**兵法の道と云事《いうこと》**」で明確に兵法とは剣術のみではないと言い切っています。

現代では「兵法《へいほう》」というと軍隊の運用・戦略に関する方法として捉えられていますが、近世当時の日本における「兵法《ひょうほう》」とは、もっぱら武術のことを指し、それが宮本武蔵玄信が生きた戦国末期から江戸時代初期にかけて、特に剣術のみを指すようになっていったのでした。そして宮本武蔵玄信は、その風潮を批判しているのです。

兵法者・宮本武蔵玄信は、剣術のみを極め得ても、剣術の神髄を極めることはできないと諭《さと》します。なぜならば、剣術の世界だけに固執しているとなれば、それは剣術におけるテクニックのみしか認識しえないからです。剣術が剣術であるということを認識すること、すなわち「剣術とは何か」という剣術の全体像を認識するには、剣術のみならず、武術全体を捉《とら》えた上で剣術を眺《なが》めてみない限りは無理なのです。なぜなら、その**武術全般の全体像を捉えることによって、初めて剣術と剣術以外のものの違いが浮き彫りとなり、よって、そこから剣術の特殊性と剣術を含む武術一般の共通性を認識することができる**ものだからなのです。その認識作業を、広く世界全体に行き渡らせて極め得たものが、宮本武蔵玄信の〈兵法《へいほう》〉であり、それを極めんと鍛錬することが〈兵法《へいほう》の道《みち》〉であるのです。

さて、先に〈道〉という概念を説いた宮本武蔵玄信は、ここで〈家《いえ》〉の概念を新しく挙げています。

宮本武蔵玄信は、「士農工商」を職分として捉え、それぞれの生業《なりわい》の意義を説く中で、武士総体の職務怠慢ともいうべき態度を、農・工・商に較べて、多少皮肉を込めて批判しています。よって、わざわざ《武家》と書き、兵法における〈家〉の概念（例えば、兵法を専門として一家を成した者を「兵法家」と称すように）と繋げて考えるべきことを暗に示唆しているのです。

〈家《いえ》〉とは生活を営む基本です。それを営む生活空間であると共に、その家族・一家そのものを指すこともあります。家が長く保ち栄えるのも、家そのものが立派にかつ頑丈に建てられ、そこに住む家族がよくその家を維持し、家を繁栄に向かわせるべく努力するにあります。家を造り、維持し、発展させるには、家を建て修理する大工と、そこに住む者の維持管理と発展をめざす努力が必要なのです。これを最大に大きく捉えれば、それが国家となります。また、家にそれぞれ「家風《かふう》」があるように、それぞれの家・国家においても、その特徴というものがあるものです。このような〈家〉の概念が、兵法の道と合致していると直観した宮本武蔵玄信は、兵法の道を大工の道にたとえて説こうとしているわけです。

しかし、この〈家〉の概念は、なにも兵法に限ったことではありません。「武家」とあるように公家もあり、農家も商家もあるわけです。よって、本書を広く捉えれば、〈家〉の概念で説かれたこの『五輪書』はたしかに兵法書ではあるのですが、兵法としての個々の具体を捨象して本質をつかんで読めば、すべての職分において学び取るものを得ることができるのです。『五輪書』には、そういう懐《ふところ》の深さが秘められています。

ここでは、兵法を単なるテクニックとして捉えず、武家全体としてたしなむべき道として兵法を捉え、それが〈家〉を構築していくのだという宮本武蔵玄信の考えを、しっかりと押さえておいていただきたいと思います。

二、兵法の道、大工にたとえたる事（第二条）

〈兵法の道〉を大工にたとえると、大将とは大工の棟梁として**天下を治める法をわきまえ、国家の法律を制定し、さらに、その家の家風たる規律・規準を設け、わきまえ、遵守すること、これが〝棟梁の道〟である。**

例えば、大工の棟梁は堂塔《どうとう》伽藍《がらん》の設計・寸法を覚え、宮殿楼閣《きゅうでんろうかく》の絵図面を知り、人々を使って、その家々の建物を建設していくことなど、大工の棟梁も武家の棟梁も、その本質は同じである。

家を建てる際において、まず材木をその木質に応じて使い分ける「木配り《きくば》」を行う。まっすぐで節もなく、見栄《みば》えの良いのを表の柱に、多少の節があってもまっすぐで頑丈なのを裏の柱として使い、たとえ少し弱くとも、節がなくて外見の美しい木材を、それぞれ敷居《しきい》・鴨居《かもい》・戸《と》・障子《しょうじ》として使い、節があっても歪《ゆが》みがあっても、頑丈な木材であれば、その家の要所要所を見分け

て充分に検討し、使いこなして建てたとなれば、その家は立派なうえに頑丈で、長く崩れることもないであろう。また、材木の中においても、節も多く歪んで弱いものについては、足場の足がかりとして使い、後には薪《たきぎ》として利用すればよい。

棟梁において大工を使うということとは、大工の人物・技量の上中下を知り、それに応じて、上位の者は床の間《とこのま》、中位の者は戸・障子、下位の者には敷居・鴨居・天井などと、それぞれの能力に合わせて使いこなし、技量のない者には根太《ねだ》（床板を支える横木）を張らせ、さらに悪い者にはくさび（V字形の木片）を削らせるなどして、部下の人物・能力を見分けて使えば、仕事がはかどって手際良くいくものである。

はかどって手際良くいくには、物事に細心の注意を払い、信賞必罰を明確にする事・基本と応用の働きをもって、その使いどころをよく知る事・気の上中下（現代でいう「バイオリズム」のようなもの）を知る事・勇気をあたえ、やる気を起こさせる事・無理なことや限界を知る事、これらの事項が、棟梁の心得として絶対欠かせないものである。

兵法の道理もまた、かくのごとくである。

〈解　説〉

兵法の道を大工の道にたとえて、この第二条**「兵法の道、大工にたとへたる事」**では将たる者の心得、次の第三条においては士卒たる者の心得を、宮本武蔵玄信は説いています。

しかし、なぜここにおいて大工なのかという疑問が、いまだあろうかと思います。それは戦闘において、にわかに砦などを築いたりすることが日常茶飯事であった戦国時代の武士にとって、建築・土木の知識や技術は必須の修得事項だったのです。織田信長における安土城、豊臣秀吉の大坂城や徳川家康の江戸城などというものを考えても理解できるように、戦国武将にとって築城術というものは常識だったのです。

よって当然、兵法者たる宮本武蔵玄信も「新免流築城術」の継承者として、そのような築城術を心得ていたものでした。宮本武蔵玄信は、明石藩の客臣で当地に滞在していた際に、藩主・本多忠政より明石城下の町割りを命ぜられ、明石の都市計画に参画した経験を持ち合わせています。

兵法を大工になぞらえるのも、宮本武蔵玄信にしてみれば当然ともいえるわけです。また、その経験に基づく具体性が、単なるたとえで終わらせない説得力を有し、それを高めています。

さて、宮本武蔵玄信は**武家の棟梁も大工の棟梁も、その本質は同じである**と説きます。すなわち、ここで見たごとく、大工が自《みずか》ら設計図を描き、木材を適材適所に配置し、部下である大工の人物や技量を見分けて、その能力に見合った仕事に就《つ》かせて采配することが、すなわち、武家の棟梁が天下国家を治める法令を立案し、領土内における城郭の場所や城下町の配置、商家や農村の縄張りを行い、士卒を無駄なく、能率良く配備し従事させることと合致するのだと説いているのです。

「武家の棟梁」とは、宮本武蔵玄信が『五輪書』を執筆した当時では、日本の武家の頂点に立った徳川宗家なのですが、熊本を治める肥後藩においては細川家、また、兵法二天一流における棟梁としては、当然、宮本武蔵玄信その人となります。また、各家々の主《あるじ》たる者も、その家の棟梁であるわけです。

棟梁とは、自《みずか》らの頭で設計図を描き出し、それに基づいて組織を整え、人材を能力に応じてうまく使って采配するリーダーです。よくよく読み込んで、リーダーシップとはいかなるものかを学び取っていく必要があります。《木配り》は〝気配り〟に通じます。

人材を活用するにも、技量・能力だけでなく、その人物の人柄や性格などから総合的に判断して用いなければなりません。「棟梁において大工を使うということとは、大工の人物・技量の上中下を知り、それに応じて、上位の者は床の間……」（原文《統梁《とうりょう》におゐて大工をつか使ふ事、其《その》上中下を知り、或《あるい》はとこ床まわり……」）とあるように、上位の者に床周りを任せるのは、技量だけでなく、人物そのものを信頼しているからに他なりません。なぜなら、当時における床の間のある座敷など、その家における機密事項のようなものであり、防衛上において他者に知られてはならない場所であり、そこを任されるのですから、当然に腕も立ち、信任も厚い大工でなければなりませんでした。それが上位の大工なのです。

最後の、棟梁における心得の条々も深く心に刻んで、リーダーたる資格を備えた人間になるよう自《みずか》らを鍛えることが肝要です。このような**将帥《しょうすい》の心得を鍛える場こそが兵法の鍛錬**であり、よって「地の巻」前文において《将たるもの者は、とりわき此《この》法をおこな行》うことが肝要であると、宮本武蔵玄信は強く主張しているのです。

三、兵法の道、士卒《しそつ》たる者の事（第三条）

士卒たる者は、大工とその本質が同じである。大工は自分自身で大工道具を研《と》ぎ、責金《せめがね》・責木《せめぎ》などの道具をこしらえて、大工箱に入れて何時でも使えるようにしておき、棟梁の命令を受けて、柱・虹梁《こうりょう》（柱と柱の間に渡した虹のような反りのある梁《はり》）をも手斧《ちょうな》で削り、床・棚をもカンナにて削り、透かし物や彫り物をもして、よく寸法を正確に量り、隅々まで手がけ、長廊下までも手際よく仕上げること、これが大工の法である。

大工の技術をしっかりと修得し、物差しを測る術《すべ》をよく心得れば、後には棟梁となることができる。

大工としていざという時の用意のため、よく切れる道具を持ち、暇あるごとにそれを研いでおくことが肝心である。御厨子《みずし》・書棚・机卓、さらには行灯《あんどん》・まな板・鍋のふたまでも精巧に作る技術を持っていること、これが大工としての第一義である。士卒たる者も、かくのごとくである。

大工の心得として、制作物がいびつでない事・角《かど》の継ぎ目をぴったりと合わせる事・鉋でもってよく削る事・こすりすぎたり、磨きすぎたりしない事・後《のち》に歪《ゆが》みが生じない事が肝要である。

この〈兵法の道〉を学ばんと思うならば、ここに書き表した一つ一つを心の底にたたき込み、しっかりと吟味するべきものである。

（解　説）

前の第二条にて将たる者の心得を大工の棟梁にたとえた宮本武蔵玄信は、この第三条で、その部下たる士卒を大工になぞらえて、その心得を説いています。

この第三条も、前条と同じく大工における実際の働きとその心得を説き、士卒に対しての具体的な教えを述べていません。「この兵法の道を学ばんと思うならば、ここに書き表した一つ一つを心の底にたたき込み、しっかりと吟味するべきものである」（原文《此《この》道をまな《学》ばんと思はゞ、書顕《かきあらわ》す所の一こと〱に心を入《いれ》て、よく吟味有《ある》べきもの也》）とあるのみです。よって、この『五輪書』を読んで直接に〈大分の兵法〉における将帥《しょうすい》・士卒《しそつ》の心得を学ぼうと繙《ひもと》いた場合、何か肩すかしを食わされた思いがして、拍子抜けした気分を味わわされる読者もいると思います。

しかし、実は**この大工をもってのたとえのみに終始し、将帥・士卒の心得を具体的に説かなかったところにこそ意義があり、そこが宮本武蔵玄信ならではの考え方である**ともいえます。

それは、この『五輪書』を読む者をして、直接書物からその心得を知識として得よう、頭だけで理解しようとする知識偏重の態度を否定し、実際に現場で働く大工という、武士とは違う職分の働きを観察することによって、その観察の中から武士と大工との働きの本質を自《みずか》らつかみ取らせることをねらいとしているのです。

すなわち、宮本武蔵玄信はありとあらゆる分野、ありとあらゆる職業を観察し、時には自ら実践して、そこからそれぞれの特質を分析すると共に、すべてに通底する本質をつかみ取ってきました。そして、このような実践を経ることによって、兵法の本質をもつかみ取ることができたわけです。よって、宮本武蔵玄信は兵法二天一流を学ぶ者みなすべてに、武蔵みずからと同じ実践をさせんがために、大工を一つの例として具体的に取り上げてみせているのです。おそらく、当時において、武蔵は実際に大工仕事の現場などを弟子たちに観察させ、あるいは実践させていたに違いありません。

このような**実践・観察を通して本質を見抜く眼を鍛えることによって、互いに違う分野のものから共に通底する本質を導き出し、また、一見同じように見えるものから異なるものを取り出し、微細な事象を広く大きく発展させる認識力を養っていく**のです。

『五輪書』は、全体を通して、すべてこのような認識力をもって読もうとする自らの目的意識をもって読み込む必要があります。

よって、読者みずからもさまざまに心を巡《めぐ》らせて、この第二条・第三条を読んでいただきたいと思います。

宮本武蔵玄信は、自らの兵法の一大特長である〈大分の兵法〉の考え方について、大工のたとえを持ち出したのみで、なんら具体的に自らの論理を示していません。しかし、『五輪書』全体を精読すれば、到る所に自らの兵法観を開陳《かいちん》しています。それを見つけ出し、論理を導き出すのも、読者みずからの論理能力であり、論理能力を高めるためにも、このような実践を行う必要があるといえるでしょう。

さて、ここでは大工を通して士卒の心得を説いています。

具体的実戦をつかさどる士卒において、もっとも重要なことは何か。それは、**自ら用いる武器に精通し、何時でも実戦に使えるように準備しておく**こと。そのために、常に武器をメンテナンスするよう諭《さと》しています。そして何よりも、**その武器類を思いのままに使いこなす〈技〉が大事である**というのです。しかもこれは、偏《かたよ》った技の修得ではなく、すべてにわたって精通しておくことを要求しています。その〈技〉が〈兵法〉なのです。**士卒はなお一層、兵法の術技を極めることが肝要だ**と、宮本武蔵玄信はここで主張しているわけです。

そこまでの見事な〈技〉を極めたうえで、自らの頭で作戦立案・戦略発想、はては軍隊の指揮や国家経営戦略までも設計図として見事に描ききるようになれば、後には棟梁への道が開けてくるというのです。

宮本武蔵玄信の〈大分の兵法〉とは、武士の法であり、武士の道であり、そして国家を支える土台であり、その国家を支える将師・士卒それぞれの役割に応じての根本をなすものであるのです。

第二章　『五輪書』の構成

一、この兵法の書、五巻に仕立てる事（第四条）

我が兵法を五つの道に分かち、一巻ごとに、そのそれぞれの道理を知らしめんがために、「**地・**

水・火・風・空」の五巻として書き表すことにする。

この**「地《ち》の巻」**においては、**兵法の道のあらまし**と我が**兵法二天一流の見解**を述べている。剣術一通りのみであっては、真の兵法の道を得道《とくどう》することはできない。大所高所から個々の細かい所を知り、浅い見解から深い道理にいたる兵法の大道を歩むための地固めをすることをもって、最初の巻を「地の巻」と名付けるものである。

第二巻**「水《すい》の巻」**。水の性質を我が兵法の拠《よ》り所《どころ》として捉え、我が心を〝水〟となすのである。水というものは、器《うつわ》が四角であろうと丸くあろうと、その形状に従って形を変え、一滴《いってき》ともなれば滄海《そうかい》ともなる。水には、深く青々とした「碧潭《へきたん》」という色合いがある。その水の清らかなる心でもって兵法二天一流のことを、この巻に書き表すのである。剣術一通りの道理を確かなものとし、一人の敵に対して、思いのままに勝つことができるようになれば、世界中のすべての者に勝つことができるというものだ。「人に勝つ」という心構えは、千万の敵に対しても同様である。将たる者の兵法とは、このように小さな道理から大きな道理を見出し、深く認識して実践することであり、それはあたかも一尺の原型をもとにして大きな大仏を建立するのと同じである。このようなことは、細やかに書き分けることはできない。**一事を知って万事を悟ること**が兵法の道理なのである。かくのごとき**二刀一流剣術の理合**を、この「水の巻」に書き表すのである。

第三巻**「火《か》の巻」**。この巻では「戦い」のことについて書き記す。火は大きくも小さくもなり、非常に激しく変化する性質があるところから、それにたとえて合戦《かっせん》のことを書くのである。合戦の道は、一対一の戦いも、万人と万人との戦いも同じ道理である。心を大きく広く持って、それからまたさらに、心を小さくなしていって、よく吟味検討してみるがよい。大軍の初動《しょどう》は確認しやすいが、個人の勝負においてはその判断が難しいものである。なぜならば、大人数における行動は、即座に全軍に伝達できないが、それに対して個人の場合は、心一つで一瞬のうちに心変わりができるため、その一瞬の戦機《せんき》を知ることが難しいのである。このことをよく吟味してみることだ。この「火の巻」では、変化が激しく一瞬を争う勝負のことについて詳しく述べている。日々鍛錬して充分に習熟し、実戦においても日常のごとき心境で動揺がない、いわゆる〝平常心〟であること、これが兵法において肝要であるのだ。それ故に、**実戦・勝負における戦術・戦法**を、この「火の巻」に書き表すものである。

第四巻**「風《ふう》の巻」**。この巻を「風の巻」として記す内容は、我が兵法二天一流のことについてではない。世の中の兵法各流派のことを書き載せるのである。「風《ふう》」というのは、昔の風・今の風・その家々の風というように、世間の兵法各流派の流風の内容をしっかりと書き表すのだ。よって、これをもって「風」というのである。**他流派のことを知らずして自《みずか》らの流派を弁えることはできない**。いろいろな道・さまざまな事を行うなかに、「外道《げどう》」という真理から外れた道があるものだ。日頃からその道を励んでいようとも、心が本来の道から外れてしまえば、自分では良い道を歩んでいるように思っていても、論理的な正しい見解から判断すると、それはやはり真実の道ではない。〈実《まこと》の道《みち》〉を極める道を歩まなければ、初めは少しの歪《ゆが》みのつもりであっても、後には大きく歪んだものになってしまうものだ。物事において、余りあるものは足らざることと同じである。そのことをよく吟味するべきである。他流の兵法を見て、兵法が剣術のみのことを指すのだと世間の人々が思ってしまうのは、もっともなことであろう。しかし、我が**二天一流兵法は、兵学・兵術たる理論を有した格別の兵法である**のだ。それに対して、世間一般の兵法を知らしめんために「風の巻」として、他流派のことを書き表すものである。

第五巻**「空《くう》の巻」**。この巻を「空」と書き表すこと、**〈空《くう》〉というからには、何をもって「奥」といい、何をもって「口」という別《わ》け隔《へだ》てがあろうか**。道理を得ては道理を離れ、兵法の道に自《おの》ずから自由を得て、知らぬ間のうちに並はずれた技量を会得し、鍛錬を経るなかで拍子を覚え、自《おの》ずから打ち、自《おの》ずから当たるようになる。これらは皆**〈空《くう》の道《みち》〉**である。**自《おの》ずと〈実《まこと》の道《みち》〉に悟入《ごにゅう》する道程**を、「空の巻」として書き留めるものである。

〈解　説〉

この第四条**「此《この》兵法の書、五巻に仕立《したつ》る事」**は、読んでのとおり『五輪書』における五巻のあらましについて説明したものです。

宮本武蔵玄信は、兵法二天一流を宇宙の循環法則に則《のっと》って構成したのと同様に、この〈大分の兵法〉〈一分の兵法〉を書き表した畢生の兵法書の構成に対しても、その宇宙の循環法則に準じた構成を施《ほどこ》しています。同時に、兵法二天一流が宇宙の循環法則に則っているからこそ、仏教における「五大五輪」の宇宙観に合致したのだともいえます。

しかし、**兵法は生命のやりとりにおける実戦の法則であるため**、その具体的な個々の内容に宗教的な観念論が入り込む余地はありません。あくまでも実利に徹した〝実践の書〟であり、〝実戦の書〟であるのです。

読者の中には『五輪書』という深遠そうな題名に惹《ひ》かれて、剣聖・宮本武蔵玄信が剣において悟得した崇高・高邁な境地が直截《ちょくせつ》に書かれてあるのではないかと期待し、繙《ひもと》かれる方も多くいるのではないかと思います。しかし、そういう期待でもって読みますと、剣の実戦におけるあまりの生々《なまなま》しさに、また、あまりにも当たり前のことが当たり前に書かれていることにがっかりするかもしれません。

しかし、**本当に深遠なるものは、日常における当たり前のことの実践を、ただただ極めることのみによって、眼前に現れる**ものなのです。自《みずか》らが〈道《みち》〉として極めようと選んだものを、ただひたすらにたゆまず〈道〉として日々歩むこと、これが道を極めるただ一つの道であるといえるでしょう。『五輪書』は、その実践の道標《みちしるべ》なのです。

ちなみに、ここで宮本武蔵玄信はただ《地・水・火・風・空として、五巻に書顕《かきあらわ》すなり》と述べて『五輪書』とは称していません。実は、**『五輪書』とは後世に名付けられた書名であり、武蔵自身が称したものではない**のです。『五輪書』を相伝した寺《てら》尾《お》孫《まご》之《の》丞《じょう》勝信《かつのぶ》の正統たる福岡藩伝二天一流では、本書を『五輪書』と呼んだことはなく、『五巻《ごかん》の兵書《へいしょ》』と呼んでいました。熊本において、本書が「五大五輪」になぞらえて編成されていることから、いつの間にか『五輪書』と言い習わすようになったのですが、伝書によっては本書を単に『二天一流兵書《にてんいちりゅうへいしょ》』『二天一流兵法書《にてんいちりゅうへいほうしょ》』などと題しているものもあります。

それにしても『五輪書』とは、後世の人は良いタイトルを付けたものです。

その具体的実践を記した本文から、「五大五輪」の深遠なる宇宙法則を読み取るのは、読者の充分なる熟読と、それに伴う実践にかかっているといえるのです。

第三章　一分《いちぶん》の兵法《へいほう》

一、この一流、「二刀《にとう》」と名付ける事（第五条）

〈二刀《にとう》〉を称えるのは、武士は将帥・兵卒ともに直接二刀を腰に差すのが務《つと》めであるからである。昔は太刀《たち》・刀《かたな》といい、今《いま》は刀《かたな》・脇差《わきざし》と呼んでいるが、武士たる者がこの両刀を持つことについての理由を、細かく説明する必要はない。我が日本において、知っていようと無かろうと、二刀を腰に帯びることが武士の道であるのだ。この二刀の理法を知らしめんがために「二刀一流《にとういちりゅう》」と称するのである。

鑓《やり》・薙刀《なぎなた》などのものは「外《と》の物《もの》」という、刀・脇差以外の武道具である。

兵法二刀一流の道では、初心者において太刀・刀を両手に持たせて道をしつけることこそ〈実《まこと》

の道《みち》〉である。我が一命をなげうって戦う時は、武器を残さず役に立てたいものである。持っている武器を使いもせず、腰に納めたままで死ぬことほど、不本意な死に方はないであろう。

しかしながら、両手で二刀を扱う場合、いきなり左右ともに自由に扱うことは困難であろう。そこで、まず二刀を鍛錬するのは、太刀を片手で扱《あつか》い慣《な》れることに意義があるものと心得よ。鑓・薙刀などの大きな武器を両手で扱うことはやむを得ぬことだが、刀・脇差においては、いずれも片手で持って扱う武器である。

一刀を両手で持って悪いのは、馬上において無理であり、沼・深田・石原・険《けわ》しい坂道・人込みの中において不利である。左手に弓・鑓、その他いずれの道具を持っている場合、みな片手で太刀を扱わざるを得ないものである故に、両手でもって一刀を構えることは〈実《まこと》の道《みち》〉ではないのである。もしも、片手で打ち殺しがたい場合において、そこで初めて両手で握って打ち留めればよく、別に手間の入ることでもない。

よって、**まず片手で太刀を振り習わせるために、〈二刀《にとう》〉として太刀を片手で振り覚えさせることが、我が道を歩む過程の第一歩である。**

誰でも初めて太刀を持った時は、太刀が重くて振ることができないものであるが、万事にわたって初めて手を染めた折は、例えば、弓も引きにくいものであるし、薙刀も振りにくいものである。しかしいずれも、そのそれぞれの道具に慣れることによって、弓も力強く引くことができるようになるものであり、同様に太刀の場合も振ることを身に付ければ〈**道《みち》の力《ちから》**〉を得て、振りやすくなるものである。〈太刀《たち》の道《みち》〉ということについて、それは速く振ることではない。このことは、第二巻「水の巻」にて知るべきである。

太刀は広い場所において振り、脇差は狭い場所において振ることが、まず刀法としての本来のあり方である。この**兵法二刀一流においては、長い太刀にても勝ち、短い脇差においても勝つ。ゆえによって、太刀の長さに定めはない**。いずれにおいても勝利を得る心、これが兵法二刀一流の道であるのだ。

一刀だけで戦うより、**二刀でもって戦うに有利な点は、多勢を敵にまわして一人で戦う時や、また、立《た》て籠《こも》った敵を相手にする場合などに利がある**ものだ。このようなことは、今ここで詳しく書き記す必要もない。一事を知って万事を悟るべきである。兵法の道を体得すれば、一つとして不明な点などなくなってしまうものである。よくよく吟味するべきである。

〈解　説〉

この第五条「**此《この》一流、二刀と名付《なづく》る事**」から〈一分《いちぶん》の兵法《へいほう》〉についての見解を説いているのですが、まず一番初めに解説するのは、何といっても〈一分の兵法〉の表芸《おもてげい》たる剣術である我が流派「兵法二刀一流」の流名の由来について述べるのが順当であるといえるでしょう。

このように〈一分の兵法〉たる剣術としての流派名は「**二刀一流**」といいます。

「**二天一流**」とは、**二刀一流剣術を鍛錬することによって〈一分の兵法〉〈大分の兵法〉を極める道**として表明した流派名なのです。

宮本武蔵玄信は《二天一流》と《二刀一流》を、このように使い分けています。よって、本書においても〈大分・一分の兵法〉を併《あわ》せ持った見解、並びに我が流派一般を指す場合には「兵法二天一流」（二天一流兵法）を、剣術に限っての技法・戦法、並びに〈一分の兵法〉としての見解においては「兵法二刀一流」（二刀一流剣術）の名称を使い分けています。

さて、ここで流祖・宮本武蔵玄信が「二刀一流」を提唱するのは、武士はみな大小二刀を腰に差しているのだから、武士として《一命を捨《すて》る時は、道具を残さず役にたてたきもの》とするのが第一点。刀・脇差ともに片手で扱うべき武器であるので、《太刀を片手にとり《取》なら《習》はせんため》に鍛錬することが第二点。《太刀はひろ《広》き所にてふり《振》、脇差はせば《狭》き所にてふる《振》事、先《まず》道の本意》であるので、二刀を鍛錬することによって《長きにても勝《かち》、短《みじ》かきにても勝《かつ》》技と精神を養うことが第三点。そして、大勢の敵や立て籠った敵を相手にする場合、実際に二刀を用いるのが有利であるという、以上四点の理由を挙げています。

その中で特に二点目の《太刀を片手にとり《取》なら《習》はせんため》という理由が『五輪書』において、もっとも説明が長く、『兵法三十五箇条』にいたっては、さらに《左の手にさして心なし。太刀を片手にて取《とり》なら《習》はせん為《ため》なり》（第一条「此《この》道、二刀と名付《なづくる》事」）と言い切っていることから、宮本武蔵玄信の二刀流の本質は「片手剣法」にありという見解が、現代において主流を占めています。

しかしこれは、当時における観念的な〝臨戦態勢〟を統治の土台とする武家政権の世の中において、その剣術の〝即戦性〟すなわち、習えばすぐに役に立つ、ということをアピールする必要があったからに他なりません。なぜならば、常に腰間に二刀をたばさむ武士において、いつ何時《なんどき》斬り合いになっても不思議ではない日常であり（もっとも、だからこそ江戸時代において、幕府は「元和偃武《げんなえんぶ》」の理念のもと、柳生新陰流の「無刀《むとう》」を理想として、武器の使用を禁じる方向に歴史は流れていったのですが）、よって、すぐ実戦に役に立つ剣術であることが求められていたのでした。ましてや、一般に兵法は実戦の役に立たないと思われていた風潮があります。そのために、宮本武蔵玄信も『五輪書』前文に「また、世の中に『兵法の道を習ったとしても、実戦において役に立たないものだ』と思っている風潮がある。その点については、いつ何時《なんどき》にても役に立つように稽古させ、実戦のみならず万事にいたって役に立つように教えよう。これが、兵法の〈実《まこと》の道《みち》〉であるからである」（原文《世の中に、兵法の道をならひ《習》ても、実《まこと》の時の役にはたつ《立》まじきと思ふ心あるべし。其《その》儀にをゐては、何時にても役にたつ《立》やうに稽古し、万事に至り役にたつ《立》やうにおしゆる事、是《これ》兵法の〈実《まこと》の道《みち》〉也》）と主張し、本条において「両手で二刀を扱う場合、いきなり左右ともに自由に扱うことは困難であろう。そこで、まず二刀を鍛錬するのは、太刀を片手で扱い慣れることに意義があるものと心得よ」（原文《両手に物を持《もつ》事、左右共に自由には叶《かない》がたし。太刀を片手にとり《取》ならは《習》せんため也》）と妥協せざるを得なかったのです。この妥協せざるを得ない背景については、前著『宮本武蔵　実戦・二天一流兵法』に別の観点から述べています（「『片手剣法論』の真意」二二八〜二三一頁）ので、ご参照いただければ幸いです。

　さて、では兵法二刀一流における宮本武蔵玄信の真意は何か。それは「我が一命をなげうって戦う時は、武器を残さず役に立てたいものである。持っている武器を使いもせず、腰に納めたままで死ぬことほど、不本意な死に方はないであろう」（原文《一命を捨《すて》る時は、道具を残さず役にたて《立》たきもの也。道具を役にたて《立》ず、腰に納めて死する事、本意《ほい》に有《ある》べからず》）ということにあり、その詳細は『二天一流兵法序論』における、

《それ武夫《もののふ》は、行座《ぎょうざ》、常《つね》に二刀《にとう》を佩《お》び、その用《よう》の便利《べんり》を願《ねが》う。ゆえに道根二刀《どうこんにとう》、二曜麗天《にようれいてん》。法《ほう》を五用《ごよう》に樹《た》て、五緯《ごい》に拱極《きょうきょく》す。歳運《さいうん》の斡転《あってん》して、突起《とっき》に衝拒《しょうきょ》する所以《ゆえん》なり。構《かま》えて為《な》すに、五法《ごほう》あるを要《よう》す。時《とき》に、措《お》くの義《ぎ》あり。必《かなら》ず操刀《そうとう》は、表奥《おもておく》のために有《あ》るにあらず。もしそれ一旦《いったん》こと有《あ》りて、すなわち長短並《ちょうたんなら》び抜《ぬ》く。短《たん》にして必《かな》ず長《ちょう》あらざれば、短《たん》にして敵《てき》に往《ゆ》く。しこうして、短必《たんかなら》ずなくんば、すなわち徒手《としゅ》にてこれを搏《う》つ。勝利往《しょうりゆ》くとして、吾《われ》に在《あ》らざること無《な》きなり》

　という主張にあります。

　すなわち、武士は常に二刀を帯びていることから、この二刀をフルに活用する刀法を工夫鍛錬するものである。よって、道の根本は〈二刀〉であり、その刀法は太陽と月の二天のごとく麗《うるわ》しく、その太刀筋は五星の軌道循環のごとく理法に適《かな》っている。そして、いったん危急存亡の秋《とき》を迎えるや、大小二刀を並び抜いて戦うのだ。そしてもし、太刀がなければ脇差で、脇差さえもなければ徒手空拳の無刀にてでも戦い得る絶対不敗の道を学ぶのが兵法二刀一流であるのだと、宮本武蔵玄信は強く主張しているのです。

これが〈二刀〉の真義です。「片手剣法」は二義的な、即戦性の問題に対応した意義でしかありません。

実際、たしかにこの左右同時に二刀を操《あやつ》る二刀一流剣術は特殊であり、修得に非常なる困難を極めます。しかし、この**困難なる鍛錬の中にこそ〈道〉の本質が隠されている**のです。宮本武蔵玄信の剣技の卓越性もさることながら、『五輪書』にうかがえるこの論理性は、ひとえに二刀一流剣術の鍛錬を二刀一流剣術の真義に基づいて鍛錬したからこそ修得できたものであるのです。**二刀一流剣術を単なる「片手剣法」だと認識して鍛錬するのでは、とても流祖がめざした境地にいたることはできない！**と断言しておきます。

『二天一流兵法序論』にあるような、二刀でも・一刀でも・小太刀でも・はては無刀においても勝てるようになるには、初心の段階から「絶対にこの二刀の技によって勝てるようになるのだ！」という強い信念で鍛錬を重ねることが肝心です。そこを、最初から「片手剣法だから、別段、二刀でなくても良いのだ」などという軽い気持ちで二刀を稽古しても、絶対に二刀を駆使するようになれるわけがなく、その軽い気持ち・甘い認識によって、それがそのまま稽古に反映し、結局、一刀ですらも強くなれないという厳しい現実を、その修業者自身に結果として突きつけることになるのです。

兵法二天一流とは、あくまでも**〈二刀流《にとうりゅう》〉**であり、**二刀を駆使し得るべく技化《ぎか》することによって、二刀はおろか一刀・小太刀、はては無刀にても勝利を得ることを本質とする**のだ、ということを肚《はら》にしっかりと据えて鍛錬することが肝要です。

さて、それにしても**《二刀《にとう》と云《いい》出す所、武士は将卒ともにぢき《直》に二刀を腰に付《つく》る役《やく》也》**というスタンスは、非常に科学的です。宮本武蔵玄信は、数多くの真剣勝負とその後の研鑽を通して、このような科学的な捉え方を身に付けた、当時において、かなりきわだった認識の持ち主であったことが、この『五輪書』を読んでうかがえます。そして、そこが見事なのです。

なぜなら、この『五輪書』における本条において、『二天一流兵法序論』のように観念的な宇宙観を明記したとなると、実践を貫《つらぬ》くべき兵法の世界に観念論を取り込むことになってしまいます。観念的な世界観を持ち込まず、このようにありのままの事実を認識する科学的な捉え方でもって兵法二天一流が、そして『五輪書』が構成されているからこそ、現代においても〝兵法書〟として立派に活用できるのです。

さて、ここにおける〈科学〉とは、次のとおりです。

「科学とは〈事実〉をありのままに見、かかる事実を構成する、かかる事実をつらぬく〈論理〉を導き出してき、それを本質にまで高めることによって体系化された認識である。それはあくまでも〈事実〉、すなわち客観的な世界が対象的な出発点である」（南郷継正監修『空手道綱要』一八二頁・三一新書）

このように、宮本武蔵玄信は事実をありのままに見ることを出発点としているところが、もちろん素朴《そぼく》ではあるものの科学的態度といえるのであり、これはまさに〝兵法〟という実践を通して培《つちか》った思考方法であるのです。よって私たちは、そこからこれを対象をありのままに見る流祖の科学的思考方法として目的意識的にそれを実践し、それを〈科学〉へと発展させていく必要があり、それが今後の兵法二天一流を受け継ぐ私たちの使命であるのだと考えています。

二、「兵法《へいほう》」、二つの字の利を知る事（第六条）

兵法《へいほう》の道《みち》において、太刀の操法を会得した者のことを「兵法者《ひょうほうしゃ》」と、一般に称している。

武芸それぞれの道に上達して、弓をよく射れば「射手《いて》」といい、鉄砲を極めれば「鉄砲撃《てっぽうう》ち」といい、鑓《やり》を使い得ては「鑓遣《やりつか》い」といい、薙刀《なぎなた》に覚《おぼ》えがあれば「薙刀遣《なぎなたつか》い」というのであるが、それならば、太刀の道に覚えがある者を「太刀遣《たちつか》い」「脇差遣《わきざしつか》い」とでも言って良さそうなものである。

弓・鉄砲・鑓・薙刀、これらはみな武家の道具であるので、いずれも兵法の道に変わりはない。しかしながら、**太刀を用いる道を特に「兵法《ひょうほう》」と称する**のは、それなりの道理がある。太刀の威徳でもって世を治め、身を修めるのである故に、太刀こそが兵法の根元であるからだ。それは、

太刀の威徳を得道すれば、必ず一人でもって十人に勝つことができる。一人でもって十人に勝つことができるならば、百人でもって千人に勝ち、千人でもって万人に勝つ。したがって、我が二天一流兵法の道において、一人の戦いも万人の合戦も同じ道理であって、**武士の法を残らず〈兵《へい》法《ほう》〉という**のである。

〈**道**《みち》〉という観点から見て、儒者・仏者・茶人・礼法家・能楽者、これらの道は武士道にはない。

しかし、我が道にはないという事であろうとも、道それぞれを広く知れば、我が道に通じる本質を見出すものである。よって、いずれの道も、人間として歩む道として、それぞれにおいて我が歩む道をよく磨き抜くことが肝要なのである。

（解　説）

この第六条「**兵法《へいほう》、二つの字の利を知る事**」は、「地の巻」前文・第一条における〈大分の兵法〉に対応するものとして、〈一分の兵法〉の観点から、兵法とは何かということを捉え返しています。

当時の我が日本において、「兵法」とは軍事・用兵の法としてよりも、武術、特に剣術として捉えられていました。ここでは、ではなぜ剣術のみを特に「兵法《ひょうほう》」と認識するようになったのか、という問題提起から筆を起こしています。

宮本武蔵玄信は、これを《太刀の徳》に求めています。

すなわち、この《太刀の徳》によって、《世を治《おさめ》、身をおさむる《修》》ことができるので、太刀の道を極める剣術こそが兵法の根元であるというのです。

これを「霊剣思想《れいけんしそう》」といいます。この思想は我が国古来からの考え方であって、日本最古の古典『古事記』にも、この思想をうかがうことができます。よって、我が国では古くから刀剣を神社・仏閣に奉納する伝統があり、近世武士道において、刀を「武士の魂」とみなすまでに昇華しました。

明治の近代以降、日本刀を日常的に差すことができなくなってしまったため、現代日本人にとって、この「霊剣思想」など、まったくピンとこなくて、むしろ忌避《きひ》する気持ちが大であるかもしれません。しかし、この「霊剣思想」こそが、太古から江戸時代まで連綿と流れる〝日本人の心〟としてあったのは、まぎれもない事実であり、宮本武蔵玄信もこの思想を持っていたということを素直に納得することが『五輪書』を読み進めるうえで重要です。また、この「霊剣思想」が当時の為政者・武門において、〝責任〟というものを具体的に重く受け止める精神的な土台を創ることとなりました。そうであったからこそ、自《みずか》らの責任でもって従容《しょうよう》として切腹する、いさぎよい「武士の覚悟」が生まれたのです。「太刀の威徳でもって世を治め、身を修めるのである故に、太刀こそが兵法の根元である」（原文《太刀の徳よりして、世を治《おさめ》、身をおさむる《修》ことなれば、太刀は兵法のおこる所也》）という武蔵の主張も、まぎれもない事実であるのです。

しかし一方で、ここで「霊剣思想」を持ち出したことにより、観念論になってしまったことは否《いな》めません。よって、今後、我が兵法二天一流の伝統を受け継ぐ者は、流祖・宮本武蔵玄信の「霊剣思想」を認めつつ、それをありのままに単純に納得するのではなく、何が《太刀の徳》であり、何が《太刀の徳よりして、世を治《おさめ》、身をおさむる《修》》ということなのかを、日本史や古典の中から学び、それを唯物論的認識論として再措定する必要があるのです。

さて、これは今後の課題として、話を先へ進めます。

このように宮本武蔵玄信は、剣術が兵法の根元であり、《太刀の徳を得ては、一人して十人にかならず《必》勝《かつ》》ことから、二天一流兵法において〈一分の兵法〉も〈大分の兵法〉も本質的に同じであり、よって《武士の法を残らず兵法と云《いう》》のだと主張しています。したがって、〈大分の兵法〉〈一分の兵法〉**によって成り立つ兵法二天一流とは、〈一分の兵法〉の表芸たる剣術をその根幹とし、その剣術こそが、すなわち「二刀一流」である**のです。

宮本武蔵玄信の二刀一流剣術は、一対一の戦いのみではありません。一対多数の敵を常に視野に入れています。よって、その鍛錬としてももっとも有効な方法が〈二刀〉であり、この二刀一流剣術を極めれば、一人で十人の敵に勝つことができるのだと豪語しています。この〈一分の兵法〉たる二刀一流剣術を武士一人一人が鍛錬すれば、《一人にして十人に勝《かつ》なれば、百人して千人に勝《かち》、千人にして万人に勝《かつ》》兵卒《へいそつ》としての〈大分の兵法〉となります。

〈大分の兵法〉にとって重要なのは練兵《れんぺい》であり、兵を鍛えるための教育を武蔵は重視していました。そして、その教育と実地の鍛錬でもって三軍を指揮する将帥《しょうすい》すらも育て上げようと意図し、よって、弟子たちに〈一分の兵法〉の鍛錬でもって〈大分の兵法〉の将帥たらんことを志せと、『五輪書』の中で強く主張を繰り返しているのです。

このように、宮本武蔵玄信が提唱する〈大分の兵法〉とは、いわば〈一分の兵法〉が量的に転化したものに過ぎません。よって、そのために「火の巻」において展開される〈大分の兵法〉における戦術・戦法も一般的で、やや抽象的なきらいがあります。しかし、この点においても、**『五輪書』は、古今無双の剣聖・宮本武蔵玄信が、二刀一流剣術から導き出した〈一分の兵法〉でもって〈大分の兵法〉へと広く展開したものであるのだ**と認識し、あくまでも〈一分の兵法〉の観点を中心に置いて読み進み、内容をよく吟味すれば、自《おの》ずと〈大分の兵法〉も理解できるようになるものです。そうすれば、〈大分の兵法〉〈一分の兵法〉共に、その本質が同じであることを認識することができ、真の兵法としての活用ができるようになるのです。

さて、最後のまとめもまた「地の巻」第一条における**〈道〉**の概念と対応しています。ここでは、武士道と対比して、儒学・仏教・茶道・礼法・能楽などの道は武士道にはないが、**〈道〉として、それぞれ何か一つの道を極めんと磨きながら、他の道を深く尋ねてみると、共通したものが見えてくる。これが〝本質〟であり、〈道〉というものなのだ。よって、人それぞれに思い定めた、ただ一筋の道を「人の道」として己《おのれ》自身を磨いて行け**と、宮本武蔵玄信は強く諭《さと》しているのです。そして、これが宮本武蔵玄信自身が実際に歩んだ道でもあったのです。

まさしく「人間論」に裏打ちされた**〝人間主体〟の〈道〉**であります。

宮本武蔵玄信の観点からすれば、ありとあらゆる分野において、すべてが〈道〉となり、〈道〉において、それに貴賤上下の差別なく、すべて等しく価値のあるものであるとみなしていました。では、そのそれぞれ歩む分野を、どうすれば〈道〉となし得ることができるのか。それが人間の〝主体性〟すなわち〝意志〟であるのです。

そこまで説きますと、ならば反社会的な行為も〈道〉と捉えれば、それは価値あるものなのか、という疑問が起こるのではないかと思います。これは当然「否《いな》」です。そこのところの見解については「空の巻」に説かれています。

『五輪書』を読めば、宮本武蔵玄信が、いかに剣を〈道〉として真摯《しんし》に一筋の道として歩み、そして昇《のぼ》っていったのかをうかがい知ることができます。そして、『五輪書』を読む者、すなわち兵法二天一流を学ぶ弟子たちに、一筋に剣の道に励めと、優しく力強く語りかけています。

『五輪書』は〝兵法書〟です。兵法を〈道〉として歩む道標《みちしるべ》です。しかし、兵法しか〈道〉として認めないというような偏狭《へんきょう》な認識ではなく、幾筋《いくすじ》もの〈道〉があることを認めています。しかし、その中の一つを〈道〉として選べば、あとは、その一筋の道をたゆまなく歩むこと、**この一筋の道を一筋に、信念を持って生涯歩み続けることこそが〈道〉である**ことを説いています。それを〈道〉と成すか成さぬか、それは自身の主体的な志と、その実践を生涯かけて貫き通せるかどうかにかかっているのです。

なお、宮本武蔵玄信の武士道観については、拙著『宮本武蔵　実戦・二天一流兵法』第3編第1章第1節「宮本武蔵の『大分の兵法』」（一九九～二一三頁）にて詳しく説明しておりますので、ご参照いただければ幸いです。

三、兵法に、武具の利を知るという事（第七条）

武道具《いくさどうぐ》の特徴をわきまえることについて、いずれの武器においても、折に触れ、時に従い、実際に扱って、その得失《とくしつ》を知っておくと、それらの武器に立ち向かうことができるものである。

脇差は、座敷のような狭い場所、または敵の身際《みぎわ》に寄った際に有利である。**太刀**は、どのよう

な場所においても、たいてい使うことができて便利である。

薙刀《なぎなた》は、戦場においては、**鑓**《やり》より不利な点がある。それは、鑓の方が先手《せんて》を取りやすく、それに対して、薙刀は後手《ごて》を踏んでしまうからだ。同じ程度の技量では、鑓の方がやや有利なものである。鑓・薙刀も、状況によって、また、狭い場所において不利な面がある。立《た》て籠《こも》った者を取り押さえることなどにも不向きである。これらは、ただ戦場にての合戦《かっせん》用の武器であり、合戦の場においては必須不可欠の武器である。しかしながら、これを座敷のような狭い場所で技を覚えると、細々《こまごま》とした技前ばかりに意識が働くようになるものである。鑓術・薙刀術も、合戦に用いる技であるという〈実《まこと》の道《みち》〉を忘れてしまっては、実戦の役に立ちがたいであろう。

弓は、合戦の場における駆け引きにも用い、鑓隊の脇から、その他物際《ものぎわ》からと、素早くその場の戦法に適合させることができるので、野戦《やせん》などにおいて、とりわけ良い武器である。しかし、城攻めなどや、また、敵との間合《まあい》が二十間《けん》（三十六メートル余り）を超えては、あまり使い道がない。当世においては、弓術は言うまでもなく、武芸全般にわたって華技《かぎ》ばかりが多く、実戦の用をなさないものばかりである。そのような武芸は、肝心な時に役立たないものである。

城郭の中からでは、**鉄砲**に優《まさ》る武器はない。野戦においても、合戦の始まらぬうちは有利な代物《しろもの》である。しかし、合戦が始まってからは、使い勝手が悪いものである。弓の長所の一つとして、放った矢を目で確認できる点が良い。鉄砲の弾丸は、目に見えないのが欠点である。この意味を、よくよく吟味せよ。

馬についていては、力強く耐久性があり、癖のないことが、きわめて大切である。すべての武道具に対して言えることではあるが、馬も普通に幅広く歩き、刀・脇差も大きく斬れ、鑓・薙刀も大きく刃筋が通り、弓・鉄砲も頑丈で壊れにくいものを持つべきである。

武器をはじめ、偏向《へんこう》するということがあってはならない。余ることは足らぬと同じことである。武道具は、他人のまねをせずに、自分の身体に合った、手になじむ物を持つべきである。将卒ともに、武器に好き嫌いがあってはならない。工夫することが肝要である。

（解　説）

二刀一流兵法において、一対多数の敵を想定しているのと同じく、敵が用いる武器に対しても、太刀ばかりに限定しているわけではありません。当然のこととして、異種武器に対する対策を練っておく必要があります。そのためには、その武器を実際に扱ってみることが第一であり、また、それなくして対策を練ることはできません。よって、この第七条**「兵法に、武具の利《とくしつ》を知《しる》と云《いう》事」**では、それぞれの武具の特徴を述べ、〈一分の兵法〉として太刀以外の各種武器の得失を説明しているのです。

また、〈大分の兵法〉の観点からみても、武士たる者は一兵士として（よって〈大分の兵法〉でありながら、個人としては〈一分の兵法〉となります）、戦場において、弓・鑓・薙刀、その他あらゆる武器を、その作戦や戦況に応じて使い切らねばなりません。そういう意味からも、各種武器を実際に手にとって、その得失を知悉《ちしつ》しておくことが肝要であったのです。

本条は、もう現代においては古くさい内容であり、具体的実戦において直接的には役に立たないものです。しかしこの中から、**一つの物に偏向《へんこう》せず、あらゆる物事に精通しておくことの重要性**を学び取ることができるのではないでしょうか。

また、二刀一流剣術の観点からいえば、あくまでも、我が流派の眼でもって異種武器の得失を究めることを学ぶことが重要です。

大事なのは、剣術を極めんとする者は剣術者の立場で、鑓術《そうじゅつ》を極めんとする者は鑓術者の立場で異種武器に対する対策を練《ね》ることです。もっと具体的にいえば、例えば兵法二刀一流の剣術者が鑓術者と戦う場合、どのようにして我が剣術でもって鑓術に立ち向かうかを検討する、ということです。

これは当たり前のことを言っているようですが、頭ではわかっても、実戦にいたっては、なかなかそうはいかず、すぐに方向転換して、先ほどの例でいえば、剣で対応せずに、敵と同じ鑓を取るというような愚を犯しかねないものなのです。

なぜなら、異種武器での戦いにおいては、その武器の違いからくる間合《まあい》の違いが必ず生じ、それが勝敗を決めることにもなりかねないからです。また、武器の操作法の違いによっても、有利不利の差が出てきます。本条において、宮本武蔵玄信が「薙刀《なぎなた》は、戦場においては、鑓《やり》より不利な点がある。それは、鑓の方が先手《せんて》を取りやすく、それに対して、薙刀は後手《ごて》を踏んでしまうからだ。同じ程度の技量では、鑓の方がやや有利なものである」（原文《長刀《なぎなた》は、戦場にては鑓におとる心あり。鑓は先手なり。長刀は後手也。同じ位のまなび《学》にしては、鑓は少《すこし》強し》）と述べているのも、鑓・薙刀ともに同じ長さで、同じ技量であったとしても、薙刀が回転運動で敵を倒す武器であるのに対し、鑓の場合は突きという直線運動で敵を倒すことができるため、武器そのものの得失のみを観た場合、鑓の方が有利であるということを示しているわけです。これは、目標地点に到達するには、迂回して行くより直線コースで行った方が早く着くのと同じ理です。

すなわち、武器だけのみを視野に入れた場合、間合を深くとることができ、早く仕留めやすい武器の方が、戦う際に有利であるということです。

よって、その点のみに注意を向けてしまった者は、すぐにより有利な武器の方に走ってしまいがちになるものです。しかし、このように考えることは、武技鍛錬の重要性と、智恵を働かせて戦術を練るということを忘却してしまいかねません。

二刀一流剣術の技法・戦法でもって、いかに鑓術に勝つか、いかに鎖鎌に勝つか、いかに棒術に勝つか。このように、各種武術と対戦することを想定して技を鍛錬することが肝要なのです。

なぜ、自分の流派の技にこだわらないといけないのか。なぜ、敵と同じ武器を取ってはいけないのか。それは、技を見事に技化しようとする意志をいちじるしく損《そこ》ねるうえに、たとえ実際に敵と同じ武器を取って武器的条件を同じにしても、付け焼き刃の武器の操作しかできないのであれば、やはり同じく敵に討ち取られてしまうからです。大事なのは武技の技量であり、そのためには、それを修得するための鍛錬を積み上げることです。よって、**剣術を鍛錬する時は、剣術の立場から、鑓術を鍛錬する時は鑓術の立場から、薙刀術を鍛錬する時は薙刀術の立場から対異種武器戦を想定し、主体的に**

鍛錬に鍛錬を重ねて、それぞれの個別武術を極めていくしかないわけです。

四、兵法の拍子《ひょうし》の事（第八条）

何事をするにも「拍子《ひょうし》」というものがあるが、とりわけ**〈兵法の拍子〉**というものは、鍛錬することなしには会得することはできないものである。

世間の中で「拍子」をよく認識できるものとして、能楽《のうがく》の舞の拍子・雅楽《ががく》奏者の管弦の拍子など、これらは皆、拍子を合わせることによって成り立つところの、一般的に認識されている「拍子」である。

武芸の道においては、弓を射、鉄砲を放ち、馬に乗ることにいたるまで、このような拍子・調子というものがある。

諸芸・諸能においても、拍子に背くことはあってはならぬものである。

また、〈空《くう》なる事〉においても拍子はある。武士の身の上にして、奉公で立身出世する拍子・失脚する拍子、思いどおりになる拍子・思いどおりにならぬ拍子がある。またあるいは、商《あきな》いの道において、富豪となる拍子、反対に富豪が破産する拍子など、それぞれの道によって拍子の現れ方に相違があるものだ。物事の繁栄する拍子と衰退する拍子を、よくよく分別することである。

〈兵法の拍子〉においても、いろいろな拍子があるものである。まず、組太刀《くみだち》を合わせることによって**〈合う拍子〉**を知り、それから、敵の呼吸を外す**〈違う拍子〉**をわきまえ、太刀行《たちゆ》きの大

小・遅速の拍子の中から**〈当たる拍子〉**を知り、**〈間《ま》の拍子〉**という〝隙《すき》〟を知り、敵の拍子を崩す**〈背《そむ》く拍子〉**を知ることが、兵法の第一義である。この〈背く拍子〉をわきまえ得ずして、兵法をたしかに極めることはできない。なぜならば、兵法の戦いとは、それぞれの敵の拍子を知って、敵の思いも寄らぬ拍子でもって、**〈空《くう》の拍子〉**を発して**〈智恵の拍子〉**により臨機応変に対処して勝つことにあるからである。

よって、**この兵法書はいずれの巻においても、拍子の事をもっぱら書き記しているのだ**といえよう。各巻に書き付けている内容を吟味しながら、よくよく鍛錬するべきである。

〈解　説〉

兵法における**〈拍子《ひょうし》〉**の重要性について、これは柳生新陰流・一刀流など、心ある流派はどの武術に限らず、拍子を非常に重要視しています。

特に兵法二天一流の場合、**〈二刀流《にとうりゅう》〉**という特殊性から、なおさら〈拍子〉というものを重視して鍛錬しました。なぜなら二刀流の場合、片手に太刀を一本ずつ持って扱う必要から、その操作の負担を軽減するために、まずパワーやスピードといったものを否定してかからねばならないからです。よって、敵のパワーやスピードを封じて倒すため、敵の**〈拍子《ひょうし》の間《ま》〉**、すなわち**〝隙《すき》〟**に乗《じょう》じて勝つことが重視され、〈拍子〉の鍛錬を行ったのです。

このように、兵法二天一流において拍子は術技的に最重要視されるものですが、これは何も兵法のみに限ったものではありません。能楽・管弦は《ろく《陸》なる拍子》の道であり、弓・鉄砲・馬術におけるタイミングといった拍子も、いわゆる《あふ《合》拍子》です。諸芸・諸能の道においても《拍子をそむ《背》く事は有《ある》べからず》と、タイミングとしての《あふ《合》拍子》の重要性を喚起しています。そのうえで《空《くう》なる事》、すなわち、この世の中や人生における栄華・衰退も拍子によるものであると指摘しています。

ここで〈空《くう》〉という概念が出てきましたが、これについては、「空の巻」でくわしく説明いたします。よって、現代語訳では〈空なる事〉〈空の拍子〉と括弧書きとし、あえて訳すことはしませんでした。

さて、このようにさまざまなパターンの拍子を取り上げることによって、《道々につけて拍子の相違有事《あること》》を認識させ、それらが現象として現れることは違っても、すべて〈合う拍子〉〈背く拍子〉によるものだと説いています。そして、人生における《さか《栄》ゆる拍子》《おとろ《衰》ふる拍子》も、いわゆる〈合う拍子〉〈背く拍子〉によるものであるのですが、宮本武蔵玄信は、この二つの拍子をよくよく分別せよと説いています。

なぜならば、今まで見てきたように、通常〈合う拍子〉が物事がうまくいく良い拍子で、〈背く拍子〉が悪い拍子であると認識するものなのですが、**兵法とは、〈合う拍子〉よりも、むしろこの〈背く拍子〉の方が大事である**からです。よって、**〈合う拍子〉ばかり一方的に関心を持つのではなく、〈背く拍子〉にも充分に眼を向け、工夫・研究を怠るな、これが失敗を成功へ結び付ける成功への鍵なの**

だと、宮本武蔵玄信は、兵法者の立場から諭《さと》しているのです。武蔵は「この〈背く拍子〉をわきまえ得ずして、兵法をたしかに極めることはできない」（原文《此《この》そむ《背》く拍子をわきまへ得ずしては、兵法たしかならざる事也》）とまで断言しています。この**〈背く拍子〉を、自分の思いどおりに駆使することこそ兵法であるの**です。

兵法二天一流においては、〈合う拍子〉〈違う拍子〉〈大小・遅速の拍子〉〈当たる拍子〉〈間《ま》の拍子《ひょうし》〉〈拍子《ひょうし》の間《ま》〉〈背く拍子〉を鍛錬し、わきまえることによって、実戦において《空《くう》の拍子を智恵の拍子より発して勝《かつ》》道を会得していくのです。**『五輪書』は、これらの〈拍子〉を極める術《すべ》が説かれているのです。**

跋文《ばつぶん》―兵法行道《へいほうぎょうどう》九箇条

右に述べた二天一流兵法の道とは、我《われ》が朝に夕に怠《おこた》ることなく努《つと》め行うことを経て、自《おの》ずから広大なる真理として会得したものを〈大分・一分の兵法〉として世に伝えるものであり、その理を初めて書き表したのが、この「地・水・火・風・空」の五巻なのである。

我が兵法を学ばんと思う者には、〈道《みち》〉として行う法則がある。

第一に、邪《よこしま》なきことを思う事。

第二に、〈道《みち》〉という目的意識を持って鍛錬する事。

第三に、多くの芸能・芸術に触れる事。
第四に、多くの職業・職種の内容を知る事。
第五に、物ごとの利害損得をわきまえる事。
第六に、すべてにわたって鑑識眼《かんしきがん》を養う事。
第七に、目に見えぬ本質を悟って知る事。
第八に、些細《ささい》なことにも注意を怠《おこた》らぬ事。
第九に、役に立たぬことを行わぬ事。
およそ、このような道理を心掛けて〈兵法の道〉を鍛錬するべきである。

この兵法の道に限っては、広い視野に立って真理を見極めることなくして、兵法の達人には成り得ぬものである。

この二天一流兵法を学び体得すれば、一人でもって二十人・三十人の敵に対しても負けるものではない。まず、常に「兵法《へいほう》の気《き》」、すなわち兵法を極めんとする情熱・気力・志を絶やすことなく、正しく道を励むことにより、術技《じゅつぎ》で打ち勝ち、観察眼でも人に優《すぐ》れ、また、鍛錬によって全身が柔らかくなれば、自由自在に動けることによって、身体にても人に優《まさ》り、さらに、心が兵法の道に慣れてゆけば、心でもっても人に勝つ。心・技・体にわたって、かくのごとき境地にまで到っては、どうして人に負けることがあろうか。

また〈大分の兵法〉においては、能力のある良い人材を持つことに優れ、部下をより良く使うことに優れ、国を治め、民を養うことに優れ、世の中の法規・慣習の執行に優れ、いずれの道においても他人に負けない自信を得て、我が身を助け、名誉をあげること、これこそが**〈兵法の道〉**なのである。

（解　説）

「二天一流兵学総論」の締めくくりとして、**「地《ち》の巻」跋文《ばつぶん》**には、二天一流兵法を鍛錬し、実戦する者が、〈道《みち》〉として常日頃から心がけるべき〝行《ぎょう》〟を九箇条に書き示しています。

これが**「兵法行道九箇条《へいほうぎょうどうきゅうかじょう》」**です。

この九箇条の教えを自《みずか》ら主体的に心掛けて、常住坐臥《じょうじゅうざが》、兵法の道として鍛錬せよと、流祖・宮本武蔵玄信は述べています。これを**〈朝鍛夕錬《ちょうたんせきれん》〉**といいます。

この「兵法行道九箇条」はすべて、兵法を〈道《みち》〉として行《ぎょう》ずるにおいて非常に重要な事項ばかりなのですが、特に第一条の**《よこしま《邪》なき事をおも《思》ふ所》**が、もっとも重要です。

「邪《よこしま》なきことを思う所」、このように悪を否定したものを肯定している点に注目しなければなりません。ここは決して、単に悪を否定した「邪なき所」でも、逆に、単なる正を肯定した「正しきことを思う所」でもいけないのです。「邪なきことを思う所」のように、否定の否定の表現でないといけないのです。

なぜなら、兵法とは『孫子《そんし》』が説くごとく「詭道《きどう》」、すなわち〝だまし合い〟に他なりません。『五輪書』においても、「火の巻」で敵をあざむく方法がくわしく論じられています。よって、兵法における実戦においては、通常「邪《よこしま》」であると認識されることを実践することが求められ、また、そうでなければ勝利を得ることはできないものです。「邪」をむげに否定し去ることはできないのです。

しかし、兵法を用いることが、このような「詭道《きどう》」であるからこそ、用いる者は、より徳性人格《とくせいじんかく》を備えた者でなければなりません。なぜなら、これは説明を多く要するまでもなく、「詭道」ばかりを用いた結果がどのような末路《まつろ》をもたらすか、おわかりになることと思います。また現に、歴史上に名を残した名将・知将はみな、実戦においては兵法を縦横無尽に駆使しながらも、通常の日常生活においては、非常に誠実・正直・実直な者ばかりでもあったという事実があります。

よって、徳性人格を磨くことは人として当然の務めなのですが、**兵法を学ぶ者は、なおのこと徳性人格を磨くことが要求される**のです。

このように**兵法においては、正・邪ともに我が懐《ふところ》に入れ、邪をも用いる正しさを兼ね備えた正しさを持つ必要がある**のです。だからこそ、やはり《よこしま《邪》なき事をおも《思》ふ所》という、悪を否定したところの肯定でもって表現する必要があったのです。

「兵法行道《へいほうぎょうどう》九箇条」は、いずれも深く厳しい難行の実践の道です。しかし、これを実践することなしには、宮本武蔵玄信の兵法の〈実《まこと》の道《みち》〉に到《いた》ることはできません。

『五輪書』には**〈実《まこと》の道《みち》〉**という言葉がよく出てきます。〈実《まこと》の道《みち》〉とは、**〝真理に基づく実利的な実理実践の道〟**です。この跋文に述べられた〈一分の兵法〉〈大分の兵法〉の効用がすべて、一身上にも役に立ち、社会的にも貢献する優れた効果があることを忘れてはならないのです。

〈大分・一分の兵法〉について、跋文の原文には《多分・一分の兵法》とあります。『五輪書』には、《大分の兵法》は他に《多分の兵法》《大きなる兵法》、《一分の兵法》の場合は《小分の兵法》《一身の兵法》《小さき兵法》などと、まちまちに表現されています。本書の現代語訳においては、そこのところを統一して、すべて〈大分の兵法〉〈一分の兵法〉にしております。

なお、この「兵法行道《へいほうぎょうどう》九箇条」が〝兵法を志す者が行《ぎょう》ずる道〟であるのに対し、流祖・宮本武蔵玄信が自らに課した〝独《ひと》り行《ぎょう》ずる道〟として認《したた》めた自戒の書が**「独行道《どくぎょうどう》二十一箇条」**です。兵法者として歩むべき〝公〟的訓示ともいうべき「兵法行道九箇条」と、兵法の求道者《ぐどうしゃ》として生きた宮本武蔵玄信の〝私〟的自戒である「独行道二十一箇条」を対にして研究することが、流祖・宮本武蔵玄信の思想・考え方を研究する上で重要です。次ページに参考として「独行道二十一箇条」を紹介しておきます（「独行道」の詳細については、拙著『宮本武蔵　実戦・二天一流兵法』一五九〜一六四頁を参照のこと）。

（参　考）

独行道《どくぎょうどう》二十一箇条

一．世々の道をそむ《背》くことなし

一．身にたの《楽》しみをたくまず

一．よろず《万》に依怙《えこ》の心なし

一．身をあさ《浅》く思《おもい》、世をふか《深》く思ふ

一．一生の間、よくしん《欲心》思はず

一．我《われ》、事におゐて後悔をせず

一．善悪に他をねたむ心なし

一．いづれの道にもわかれ《別》をかなし《悲》まず

一．自他共に恨みかこつ心なし

一．恋慕《れんぼ》の道、思ひよるこゝろ《心》なし

一．物毎《ものごと》にすきこの《数寄好》む事なし

一．私宅におゐてのぞ《望》む心なし

一．身ひとつに美食をこの《好》まず

一．末々代物《すえずえしろもの》なる古き道具所持せず

一．わが身にいたり物いみ《忌》する事なし

一．兵具は格別、よ《余》の道具たしなまず

一．道におゐてはいと《厭》はず思ふ

一．老身に財宝所領もち《用》ゆる心なし

一．仏神は貴《とうと》し、仏神をたの《頼》まず

一．身を捨《すて》ても名利《みょうり》はすて《捨》ず

一．常に兵法の道をはな《離》れず

水の巻　（二天一流兵術技法編　四十箇条）

前文

兵法《へいほう》二《に》天一流《てんいちりゅう》の神髄は、〃水《みず》〃のありさまを剣術の在《あ》るべき姿のよりどころとして、**〈利方《りかた》の法《ほう》〉**すなわち**〃敵を討ち果たす作法・ふるまい〃**と成すことにある。よって**「水《すい》の巻《まき》」**として、兵法たる二刀一流の太刀筋をここに書き表すものである。

この道ばかりは、いずれも心のままに細《こま》やかに書き分けることはできないものである。しかし、たとえ言葉足らずであろうとも、鍛錬を経《へ》ることによって、理は自《おの》ずから分かるようになることであろう。

本書に書き記した内容について、一言一言、一字一字を充分に思案して読んでほしい。「おおかた、そういうことであろう」というような、いい加減な読み取り方では、道を踏み外すことが多いものである。兵法の理において、一対一の勝負、すなわち〈一分《いちぶん》の兵法《へいほう》〉として説いている所も、万人と万人との合戦、すなわち〈大分《だいぶん》の兵法《へいほう》〉の理として心得て、大きなる視野に立って読むことが肝要である。この道に限って、多少なりとも道を見間違え、道に対して迷いがあると、悪道《あくどう》へと転落してしまうものである。

また、本書ばかりを読むだけでは、兵法の神髄に到達することはできないものである。本書に書かれている事項を、我が身にとっての覚え書きであるのだと心得て、本書を読もうと思うのではなく、また、本書から学ぼうと思うのでもなく、剣の鍛錬の真似事《まねごと》ごときものではなく、すなわちこれが、我が心より見出したる剣理となし得るほどに、常に鍛錬を通して自分自身の身体で味わいながら、よくよく工夫を重ねていただきたい。

〈解　説〉

第二巻**「水《すい》の巻《まき》」**は、**「二天一流兵術技法編」**というべき巻で、具体的には、流祖・宮本武蔵玄信がもっとも得意とした剣術、すなわち二刀一流剣術の技法について、事細かに説かれたものです。

「水の巻」の冒頭に**《兵法二天一流の心》**とあるように、二刀一流剣術は兵法二天一流の根幹でもあります。また、同時に「兵法の理において、一対一の勝負、すなわち〈一分《いちぶん》の兵法《へいほう》〉として説いている所も、万人と万人との合戦、すなわち〈大分《だいぶん》の兵法《へいほう》〉の理として心得て、大きなる視野に立って読むことが肝要である」（原文《兵法の利におゐて、一人と一人との勝負のやうに書付《かきつけ》たる所なりとも、万人と万人との合戦の利に心得、大きに見立つる所肝要也《かんよう》》）とあるように、**二刀一流剣術を鍛錬することが、とりもなおさず〈大分の兵法〉の鍛錬である**との認識のうえに立って稽古することを要求しているのです。

「兵法二天一流」という流派名を、〈一分の兵法〉たる剣術技法を説く「水の巻」の巻頭に挙げているのは、このように、剣術の稽古がすなわち〈大分の兵法〉の鍛錬であることを認識させ、自覚させるためなのです。

この〈大分の兵法〉〈一分の兵法〉に絡《から》めての「二天一流」「二刀一流」の周到な使い分けについては、前著『宮本武蔵　実戦・二天一流兵法』に「『五輪書』における流派名の使い分け」（二三五〜二三八頁）として詳しく説明していますので、ぜひご参照願います。

さて、宮本武蔵玄信は《此《この》道いづれもこまやかに、心の儘《まま》には書分《かきわけ》がたし》と述べています。これは当然のことです。なぜなら、剣技という感性・感覚的な技能を言語で完全に書き表すことなど、とうてい無理であるからです。では、『五輪書』をどのように読むべきか？　その点に関わってのヒントを、我が恩師が論理的に、かつ分かりやすく述べております。

「学的著作というものは、いかに詳しくもいわば一種の地図でしかなく、それだけにいかに地図で槍ヶ岳を諳んじても自らの手と足での登山の経験なしには、地図のポイントの一景の趣すらも感じとれないものである。これと同じくに、哲学の研鑽とは哲学書の学びや研究ではけっしてない。哲学書をいくら研究してみても、それはあたかも登山を実践しないで地図を研究するような愚かさである」（南郷継正著『武道講義第一巻　武道と認識の理論Ⅰ』一〇頁・三一書房）。

兵法二刀一流の剣技をモノにするには、『五輪書』を通して剣理を論理的に認識して把握すると同時に、実際の稽古において、身体を通して感性・感覚的に会得するしか方法がありません。『五輪書』水の巻前文は、そのことについて諄々《じゅんじゅん》と丁寧に説かれているのです。これが剣技上達の秘訣です。上達の第一歩です。この前文には「事理一致」の実践、「理論と実践の統一」の実践方法が滔々《とうとう》と説かれているのです。

我々は**『五輪書』水の巻の「理《り》」と二刀一流剣術の「業《わざ》」の実践を通して、真の「事理一致」を実践し・歩《あゆ》んで、〈道《みち》〉とする**ことが肝要なのです。

第一章　基本事項

一．兵法、心持ちの事（第一条）

兵法の道における心の持ち様《よう》は、平常時における心、すなわち**「平常心《へいじょうしん》」**となんら変わることがあってはならないものである。平常時にも、兵法実践の時においても、心に何の変化もなく、広い心とまっすぐな心でもって、緊張し過ぎることなく、そうかといって少しもたるむこともなく、**心に偏《かたよ》りのないように身体の真《ま》ん中《なか》に据《す》え、その心を静かにゆるがせて、そのゆるぎの刹那《せつな》においてもゆるぎやまぬように、よくよく自分の心を見据えること**である。

身体や身のまわりが静かな時においても、心は静かであってはならず、どんなに急を要する時にも、心は少しも急ぐことなく、心が身体につられることなく、それと共に、身体が心につられることもない。心に用心をして、身体には用心することなく、心の行き渡らぬことがないのと直接に、いささかも過剰な反応をせぬことである。外見上は心弱そうであろうとも、心底《しんてい》には確固たる強い本心《ほんしん》を持ち、その心底を人に見分けられぬようにして、小柄な者・身分の低い者は（単

なる〝知識〟としてではなく）心の底から大きな事象・事物を残らず知り、大柄な者・身分の高い者も同様に心の底から小さな事象・事物をよく認識して、大柄な者・身分の高い者も小柄な者・身分の低い者も、共に**心をまっすぐに、我が身びいきをすることがないよう心を律《りっ》することが肝要**である。

心《こころ》の内《うち》を濁りなく広くなして、その広がりのある心に「智恵」なるものを据えるべきである。**智恵も心も、ひたすら磨き抜くことが第一である。**智恵を研《と》ぎ、世の中の道理に合っているか否《いな》かをわきまえ、物事の善悪を知り、多くの芸能の道を個々に尋ね、世間の人に少しもだまされぬように鍛錬したその暁《あかつき》に**〈兵法の智恵〉**なるものを会得するものである。〈兵法の智恵〉というものは、通常の智恵とは格別に違うものである。

戦闘における場のみならず、すべてにわたって、急で忙しい状態においてさえも、兵法の道理を極めておれば**「不動心《ふどうしん》」**のままでいられるのだ。このことを、よくよく吟味するべきである。

〔解　説〕

この「水の巻」第一条を飾る教えは、**「兵法、心持《こころもち》の事」**という剣の達人における心の持ちようを具体的に説いたものです。

この剣聖が説く心の持ちようとは、端的に言えば**〈平常心《へいじょうしん》〉〈不動心《ふどうしん》〉**のことです。

しかし、この〈平常心〉〈不動心〉というのは、一般に多く誤解されています。では、兵法における

〈平常心〉〈不動心〉とは如何《いか》なるものか？　これにつきましても、すでに我が恩師がわかりやすく見事に説かれています。

「これを論理的にのべるならば極意はあくまでも否定の否定の結果であり、これを公式化すれば、

平常心（＝単なる日常的な生活のレベルの認識）

↓

非常心（＝常に生命懸けを目前においた生活レベルの認識）

↓

平常心（＝否定の否定の結果、ラセン状に昇った日常生活のレベルの認識）

となるべき構造を内にもっているものである」（南郷継正著『武道とは何か』五二頁・三一書房）

これが武道の極意である〈平常心〉に到る過程的構造であり、このように日常生活レベルの非常時にいたるとすぐに動揺してしまう〈平常心〉を否定して〈非常心〉を設定し、〈非常心〉を鍛錬することによって、それが段々と量質転化していき、〈平常心〉と〈非常心〉との相互浸透を経る過程で、やがてその〈非常心〉が日常化されて、非常時においても動揺しない不動の〈平常心〉へと発展する、このような**否定の否定を通したラセン状の立体的な発展の結果によって得た境地が、極意である〈平常心〉であり、その構造には、このような弁証法性を有している**のです。

このように、宮本武蔵玄信が説く**《常の心》《うごき《動》なき心》**とは、剣術を鍛錬する過程において、その否定の否定の結果、〈非常心〉を日常生活レベルにおける認識にまで昇華したところの心の持ちよ

うであり、この「兵法、心持《こころもち》の事」に説かれている内容は、達人たる流祖の心の、すなわち否定の否定を経て到達した〈平常心〉〈不動心〉のありようそのままを、主観的に説かれたものであるのです。

このように宮本武蔵玄信は、達人の最終段階における〈平常心〉〈不動心〉のあり方を示されました。では、兵法二天一流を受け継ぐ私たちが次にせねばならぬことは何か？　それは、ではどのようにしたら、この〈平常心〉〈不動心〉までたどり着くことができるのか、そこに到《いた》る過程を鍛錬を通して究明し、研究していくことが我々の使命であるのです。

二、兵法の身なりの事（第二条）

身体の基本姿勢は、顔はうつむかず、あおむかず、傾《かたむ》かず、歪《ゆが》むことなく、目を乱すことなく、額《ひたい》にしわを寄せずに眉間《みけん》にしわを寄せ、眼球を動かさないようにして、瞬《また》きをせぬようにと思って、少し目をすくめるようにし、うらやかに見えるような顔を心掛けよ。鼻筋をまっすぐに、少し下顎が出る心持ちである。

首は後ろの筋をまっすぐに、うなじに力を入れて、肩より下の全身の感覚を均等に保ち、両肩を下げ、背筋をゆったりとくつろがせてまっすぐに立ち、尻を出さず、膝より足先まで力を入れて、腰が引けぬように腹を張り、「くさびを締める」といって、脇差の鞘に腹をもたせて、帯がくつろがないようにする方法で、脇差をくさびとして帯を締める教えがある。

要するに、兵法における体勢として、**常の身を〈兵法の身〉とし、兵法の身を〈常の身〉とす**

ることが肝要である。このことを、よくよく吟味するべきである。

（解　説）

この**「兵法の身なりの事」**における兵法の基本姿勢も、剣の達人たる宮本武蔵玄信自身の姿勢そのものを手本として論じてあります。すなわち、達人の身体そのままのありようが、そのまま提示されているわけです。

しかし、前条「兵法心持《こころもち》の事」は、心の持ちようという観念的なものでありましたので、その教えをそのまま直接に学ぶことはできず、究極の心のありようを心に留めながら、鍛錬を通してその心を創っていくしかなかったのですが、この「兵法の身なりの事」における教えは、すぐにそのまま学び、その最高の姿勢を鍛錬し、それを自分の風格にまで高める作業を初心のうちから行っていくことが肝要です。

なぜなら、この兵法の基本姿勢は、具体的な身体のあり方を学ぶものですから、**最初から最高のものを創るべく鍛錬する必要がある**のです。

これは、武技においてもそうです。すなわち、**武技は最初から最高の技を学び、鍛錬することが肝要**なのです。

初心者においては、それができないことは当然です。しかし、できないからこそ、身体が〝白紙〟であるからこそ、最初から最高の姿勢を学び、鍛錬することが大事なのです。白紙にエンピツで字を書いて、その字が間違っていたからといって消しゴムでその字を消して、その字がたとえ綺麗《きれい》に消せたとしても、元の字の跡形は紙面にしっかりと残っているものです。

宮本武蔵玄信は、総身を均等に脱力して、そのうえで《ひざ《膝》より足先まで力を入《いれ》て》と、下部構造たる土台がしっかりしていることを強調されています。**片手で一刀を操作する兵法二刀一流において、土台がしっかりしていることは不可欠の要件である**のです。

そして前条における〈平常心〉の論理と同様に、宮本武蔵玄信が示された兵法の基本姿勢を通して**《常の身を兵法の身とし、兵法の身を常の身とする》**すなわち〈平常身《へいじょうしん》〉を心掛けて鍛錬することが肝要です。

では、〈平常心〉の論理における〈非常心〉に該当する〈非常身〉とは何か？　それが二刀一流剣術を鍛錬するうえで培《つちか》う身体なのです。そして、二刀一流剣術の鍛錬を通して培《つちか》った〈不動心〉と〈不動身〉が一体となって相互浸透したところの境地が**〈巌《いわお》の身《み》〉**という兵法二天一流における極意です。**《常住《じょうじゅう》兵法《へいほう》の身《み》、兵法常《へいほうつね》の身《み》》**（『兵法三十五箇条』第四条）、この教えを常に忘れず、日常生活そのものから鍛錬することが肝要なのです。

三、兵法の目付《めつけ》という事（第三条）

兵法における目付《めつけ》とは、大きな視野と広い認識でもって見る、いわゆる「心眼《しんがん》」のことである。

〈観見二《かんけんふた》つの目《め》〉という教えがあり、**〈観《かん》の目《め》〉を強く、〈見《けん》の目《め》〉を弱く、遠い所を間近に捉え、**

近い所を遠方にあるごとく見る目付を兵法の第一義とせよ。敵の太刀筋を認識しながらも、いささかも敵の太刀を見ぬこと、これが兵法において大事なのである。この目付は、〈一分の兵法〉〈大分の兵法〉においても同様である。眼を動かすことなく両脇を見るという目付が肝要である。

兵法における目付は、鍛錬もなく、にわかな時にいきなり実践しようとしてもできるものではない。この書き付けを覚え、常日頃の生活においても、この目付を心掛けて実践し、どのような場合でも、この目付が変わらぬよう、よくよく吟味するべきことである。

（解　説）

前条で《目をみだ《乱》さず、ひたひ《額》にしわをよせず、まゆあい《眉間》にしわをよせて、目の玉うご《動》かざるやうにして、またゝき《瞬》をせぬやうに思ひて、目をすこ《少》しすくめるやうにして、うらやかに見ゆる顔》を説いた宮本武蔵玄信は、次に、その顔・その目付きでどのように見るべきかを述べています。これが第三条「**兵法の目付《めつけ》と云《いう》事**」です。

兵法においては「見て・観て・察する」という「見観察《けんかんさつ》」が重要です。この「見観察」で観る「**心《しん》眼《がん》**」を旨とする兵法二天一流では、**〈観見《かんけん》二つの目〉**という目付《めつけ》を非常に重視し、流派における一大特長としています。

すなわち、**〈見《けん》の目〉**で地形・状況などの客観的情報をキャッチし、**〈観《かん》の目〉**によって、それらを注意してよく観察し、よく調べて、目に見えぬところまでも見抜き・察して、判断するのです。**〈見の**

目〉で現象を捉えると同時に〈観の目〉によって本質を捉え、その本質でもって現象を把握するのです。

兵法二刀一流における目付は、敵の顔を中心に、広く全体に注意して目を付けます。そして、《敵の太刀をしり、聊《いささか》敵の太刀を見ず》《目の玉うごかずして両わき《脇》を見る》ことが肝要なのです。

たしかにこのような目付は、いきなり実践してみようとしても、できるものではありません。よって、〈観見二つの目〉という教えをよく覚え、日常生活においても、この目付を心掛けて行うようにと宮本武蔵玄信は諭《さと》しています。

この日常生活レベルにおける鍛錬化は、なにも目付一つに限らず、ありとあらゆることを鍛錬に繋げ、工夫していくことが、上達するうえでもっとも肝要なことなのです。まさしく《能々《よくよく》吟味あるべきもの也》であるのです。

四、太刀の持ちようの事（第四条）

太刀の持ち方は、親指・人差指を浮かすような心持ちで、中指をしめず・ゆるめず、薬指・小指をしめるように持つことである。手《て》の内《うち》にゆるみがあってはならない。

太刀を持つにしても、ただ単に持つという意識だけでは良くないものである。**〝太刀とは、敵を斬るための武器である〟**ということを認識して太刀をとることである。敵を実際に斬る時も、手の内に変わりなく、手や腕がすくまないように持つことである。敵の太刀を張ったり、受けたり、当てたり、押さえたりすることもあるが、親指と人差指が少しだけ変わる心持ちで、とにもかくにも「斬る」と思って太刀をとることである。試し斬りなどで斬る時の手の内も、兵法の実戦において斬る時の手の内も、〝人を斬る〟という手の内に変わりないのである。

すべてにおいて、太刀にしても、手にしても「居付《いつ》く」ということを嫌うものである。「居付く」とは、「死に手」すなわち動きの取りづらい固まった手の内のことをいう。これに対して、居付かない手を「生き手」というのである。よくよく心得るべきものである。

〈解　説〉

本第四条「**太刀の持《もち》やう《様》の事**」は、太刀をとる際の基本的な持ち方と心得を示しています。

太刀の持ち方は、この教えのとおりなのですが、特に大事なのが「手の内にゆるみがあってはならない」（原文《**手の内には、くつろぎのある事悪《あし》し**》）です。

一刀を片手で操作する二刀一流剣術では、手の内にゆるみがあることは、当然あってはならないことですが、この手の内を創ることは非常に困難を極めます。これは、ただ単にしっかり握るといったレベルのものではなく、**太刀を片手で握るための**〈**技化《ぎか》**〉を必要とします。そして、このような握りができるようになるためには、単に握りに注意するだけでなく、手を含めた腕全体に意識を通すことが肝要です。この具体的な教えが『兵法三十五箇条』第三条「太刀取様之事《たちとりようのこと》」における《**手くび《首》はからむ事なく、ひじ《肘》はのび《伸》すぎず・かゞみ《屈》すぎず、うで《腕》の上筋《うわすじ》弱く・下すじ《筋》強く持つ也**》です。

この太刀の握り一つにしても、常識的に捉えないことが肝心です。

宮本武蔵玄信は、太刀をとる際における重要な心構えを、ここで示されています。**《敵をき《斬》るものなりとおも《思》ひて、太刀をとるべし》**が、それです。

ここを読んで、平和になじんだ現代日本人にとって、あまりの生々《なまなま》しさに「なんて残酷な！」と思う人が多くいることでしょう。また、剣術の究極の境地のみを頭だけで理解している観念論者などは「太刀に対して、敵を斬る道具だとはもってのほか！　太刀は、己《おのれ》の心を磨く神器だということを宮本武蔵は知らないのか。しょせん武蔵は、剣豪にして剣聖にあらず！」などと、物知り顔して憤慨する人もいることでしょう。

しかし、太刀を己《おのれ》の心を磨く神器とするのも、剣術における究極の境地を会得するのも、太刀を用いる剣術の鍛錬を通して会得するものであり、剣術の鍛錬そのものは、誰が何と言おうと、太刀を用いての勝負において敵を斬るための鍛錬なのであり、その鍛錬を行う過程の中で、かつまた別に並行して徳性人格《とくせいじんかく》を磨く中で、その徳性人格と剣技が相互浸透して剣心一体《けんしんいったい》となったのが、剣術における究極の境地、すなわち人を殺《あや》めることを否定した〝活人剣《かつにんけん》〟の境地なのです。よって、剣術を鍛錬する場合、《敵をき《斬》るものなりとおも《思》ひて、太刀をとるべし》という剣術の目的を忘れずに鍛錬することなしには、その究極の境地へたどり着くことはできないのだといえるでしょう。

兵法二天一流においては、何事も「居付《いつ》く」ということを嫌います。《いつ《居付》くはし《死》ぬる手なり。いつ《居付》かざるはい《生》きる手なり》という教えを心に留めて鍛錬していただきたいと思います。

五．足遣《あしづか》いの事（第五条）

足の運びようは、爪先《つまさき》を少し浮かして、踵《かかと》でもって強く踏むことである。足遣いは、場合によって大股に小股に、遅く歩いたり速く歩いたりすることはあるが、**常に歩むがごとく**である。よって「飛び足」「浮き足」「踏み据える足」という、この三つの足遣いを嫌うものである。

この道の大事にいわく、**〈陰陽《いんよう》の足《あし》〉**という、この足遣いが肝心である。〈陰陽の足〉とは、片方の足、一足のみを動かすのではなく、斬る時・引く時・受ける時においても、「陰陽」といって右左・右左と両足を踏む足遣いのことである。くれぐれも、片方の足だけを踏むということがないようにせねばならぬ。よくよく吟味すべきものである。

（解　説）

ここでも宮本武蔵玄信は**《常にあゆむ《歩》がごとし》**という、自然体による歩みを教え諭《さと》しています。

しかし、この当たり前ともとれる、これら基本事項がいかに難しいことか。この**「足づか《遣》ひの事」**においても、まさしく通常の足運び・足遣いであれと述べてあるのですが、あの重い日本刀を二本持って操作しながら歩むことが、いかに至難《しなん》の業《わざ》であるか想像に難くないことと思います。

この《常にあゆむ《歩》がごとし》という教えも、**通常の武術を知らぬ者の歩みから、武術の鍛錬を経《へ》て、武術の鍛錬によって培《つちか》われた歩みが通常の歩みと化した、いわゆる量質転化をとげた究極の歩み**であることに心いたさねばなりません。

〈陰陽二《いんようふた》つの足《あし》〉というのが、兵法二刀一流における〝常の歩み〟を支える教えとなっていますが、これも「居付《いつ》く」ことを嫌ってのことです。

ここに挙《あ》げている「飛び足」「浮き足」「踏み据ゆる足」などについては、なぜこれを嫌うのかを「風の巻」第七条「他流に、足づかひ《遣》有事《ある》」にて具体的に述べ、批判しています。

なお、《足のはこ《運》びやうの事、つま先を少うけ《浮》て、きびすをつよく踏《ふむ》べし》という足運びも、宮本武蔵玄信の足が着地した瞬間、きれいに重心が移動して乗った歩きをした、その現象として現れた形をそのまま表現して説いた、いわゆる〝現象論〟に過ぎません。よって、この歩みを『五輪書』で学ぶためには、この教えを安直《あんちょく》にまねるのではなく、自分で歩いてみて、その歩みの感覚が『五輪書』の教えに合致しているかどうかをチェックするしかありません。下手《へた》にこの究極の歩みをまねたりしますと、かえって脛《すね》を固めて、居付いた歩みを技化してしまうことにもなりかねませんので、充分注意する必要があります。

六．間積《まづ》もりの事（『兵法三十五箇条』第七条）

〈間積《まづ》もり〉について、他流にはいろいろな教えがあるが、兵法に居付《いつ》く心が生じるが故に、今伝えるところの我が兵法二刀一流においては、別に特段の教えはないものである。いずれの道においても、その道に慣れることによって、次第によく会得していくものである。

〈間積もり〉におけるおよその心得としては、**我が太刀が敵に当たる程の間合《まあい》に到っては、敵の**

太刀も我《われ》に当たるものだということを観念することである。敵を斬ろうとすれば、我が身を忘れるものである。よくよく工夫あるべきである。

（解　説）

この**「間積《まづ》もりの事」**は、『五輪書』にはありません。この『兵法三十五箇条』においても《兵法に居付《いつく》心在《ある》によつて、今伝ゆる処《ところ》、別の心あるべからず》と、特段に教えることを否定しています。

これは第一条「兵法、心持《こころもち》の事」における《心に用心をして、身には用心をせず》という教えに通じるものがあり、「敵を斬ろうとすれば、我が身を忘れるものである」（原文**《人を討《うた》んとすれば、我《わが》身《み》を忘るゝ物也》**）という心を重視し、心が〈間積もり〉の教えにとらわれ居付くことを嫌ったことによります。よって、**《我太刀《わがたち》、人にあたる程の時は、人の太刀も我《われ》にあたらんと思ふべし》**という心得を提示するに留《とど》まったのです。

これも、当たり前のことを述べているように思われるかもしれません。しかし、真剣勝負において、このことをしっかりと観念しきることが、勝負に勝つことにおいて肝心なのです。

心形刀流《しんぎょうとうりゅう》の松浦静山《まつらせいざん》は、『常静子剣談《じょうじょうしけんだん》』で次のように述べています。

「剣術の奥義、如何《いか》なるものと思はば、まづ我が平生の刀・脇差のうちを抜きて、向ふに立てて、敵もこれを持て来るよと、ひたと思ひて見るべし」

剣術の鍛錬とは、修行とは、奥義とは、これを観念しきることにあるのです。

しかし、これは〈勝負論〉の見解においては正解であっても、〈上達論〉上においては、何ら答えになっていないといえます。《何《いず》れの道なりとも、其《その》事にな《慣》るれば、能《よく》知る物なり》とあっても、その慣れにいたるまでには、やはり〈間積もり〉は必要なのですから。

では、兵法二天一流には〈間積もり〉の教えはないのか？

実は、兵法二天一流には**〈過《か》・現《げん》・未《み》〉**の口伝《くでん》があります。

兵法二天一流では、太刀の刀身を**〈過去《かこ》・現在《げんざい》・未来《みらい》〉**の三つに分け、切っ先から五寸を〈過去〉、鍔元から五寸を〈未来〉、その中間を〈現在〉＝「物打ち」といって、我が太刀の〈過去〉で敵の〈現在〉に入り込むや、すかさず〈未来〉で打ち込むことを基本としています（〈未来〉で打ち込む気迫でもって、はじめて〈現在〉で打ち込むことができる、という意味の教えで、実体的には我が太刀の〈現在〉で敵を斬ります）。また、実戦においては、退《ひ》く敵に対しては〈未来〉、進みも退きもしない敵に対しては〈現在〉、進み来る敵には〈過去〉で斬れという心得があります。

しかし、これも勝負における〈間積もり〉であることがご理解いただけると思います。

『五輪書』『兵法三十五箇条』も、（もちろん宮本武蔵玄信が〈勝負論〉〈上達論〉を自覚していたわけではありませんが）その教えは〈勝負論〉が主体であり、〈勝負論〉の見地から書かれてあり、したがって〈間積もり〉を文章化することによって、心がその文章にとらわれて、それに居付《いつ》きはまって、勝負において不覚をとることを嫌ったため、その具体的な教えを文章化せず、これを口伝《くでん》としたのです。

なお、武術を鍛錬するうえで、科学的武道論に立脚した〈勝負論〉〈上達論〉をしっかりと認識して鍛錬することは非常に重要なことであり、これについては南郷継正著『武道の理論』『武道への道』（共に三一新書。並びに、現代社刊『南郷継正　武道哲学著作・講義全集』第四巻・第六巻所収）を当たられることを強くお薦めします。

七．兵法、上中下の位を知る事（『兵法三十五箇条』第九条）

兵法において、「身構え」というものがある。

太刀にもいろいろと構を見せ、強そうに見え、太刀行きや動作が速く見える兵法は、「下段」であると知るべきである。

また、兵法が細《こま》やかで術《じゅつ》を衒《てら》い、拍子がよく合っているように見え、その太刀筋にきらびやかさがあって見事に見える兵法、これは「中段」の位の兵法である。

「上段」の位の兵法とは、強からず弱からず、角々《かどかど》しさがなく、速くもなく、見事でもなく、悪くとも見えず、大きくまっすぐに、静かに見える兵法、これが「上段」の位なのである。よくよく吟味あるべきである。

（解　説）

この『兵法三十五箇条』第九条**「兵法、上中下の位を知る事」**は、宮本武蔵玄信が示された剣術の技量における三段階の階梯についての説明です。これによって、宮本武蔵玄信における剣術の技量についての認識、すなわち、敵の剣術の技量をどう見ていたか、その見解をうかがい知ることができます。

《兵法に身構《みがまえ》有り》とあるように、ここでの「上段」「中段」「下段」とは、兵法における身構えの〈位《くらい》〉、いわゆる品位・風格のことであるのです。

さて、宮本武蔵玄信の晩年における兵法の遣《つか》い様《よう》について、『武公伝《ぶこうでん》』に次のように記されています。

「武公《ぶこう》、兵法ツカイしごく静《しずか》にして、譬《たと》えば江口湯谷などの仕舞を見る如《ごと》し」

まさに、この「兵法、上中下を知る事」における**《上段》の位の兵法**であったことをうかがわせます。我々は、このような**《不強不弱《つよからずよわからず》、かどらし《角》からず、はやからず、見事にもなく、悪敷《あしく》も見えず、大《おお》きに直《すぐ》にして静《しずか》に見ゆる兵法》**を理想とし、この究極を目指して鍛錬するべきです。

しかし、これをよくよく読んでみますと、宮本武蔵玄信が説く「下段」の位もかなり強い兵法者であることがわかります。よって、これも〈勝負論〉上における「上中下の位」であり、すなわち、勝負するうえにおいて敵の位を見極める一つの心得としてあるのが、ここの教えであるのです。

したがって、我々の鍛錬途上においては、自分がこの「下段」の位の兵法者の足元にも及ばぬことをしっかりと認識し、まずもって「下段」の位に行きつくことを目指すことが、〈勝負論〉の見地から書かれた『五輪書』『兵法三十五箇条』を〈上達論〉として読む一つのコツであるのです。そして、「上段」の位の兵法を究極の目標とし、「下段」から「中段」へ、「中段」から「上段」へと、一歩一歩、たゆまず鍛錬を続けることが肝要なのです。

「上段」の位を究極の目標に置きながら、あくまでも「下段」から「中段」へ、そしてさらに「中段」から「上段」へと上達していくものであり、その段階を踏んでいかなければ決して「上段」の位に行き着けないものなのだ、ということをしっかりと認識して、《太刀にも色々《いろいろ》構を見せ、強く見え、早く見ゆる兵法》さえできぬ者が、いきなり《不強不弱《つよからずよわからず》、かどらしからず、はやからず、見事にもなく、悪敷《あしく》も見えず、大《おおき》に直《すぐ》にして静《しずか》に見ゆる兵法》などを目指しても、そのようなのは、しょせん〝達人のまねごと〟に過ぎず、達人の雰囲気をまねた自己満足に過ぎぬものなのだ、ということをしっかりと心得て、**一歩一歩着実に鍛錬を積み重ね、技を練り上げていくことが、上達するうえでの重大なる心得であるの**です。

八、兵法の道、見立《みた》て処《どころ》の事（『兵法三十五箇条』第二条）

我が兵法二天一流の道は〈大分の兵法〉〈一分の兵法〉にいたるまで、皆もって同様の理を有しているものである。ここに書き付ける〈一分の兵法〉においても、例えば「心」を〝大将〟とし、「手・足」を〝臣下・郎等《ろうとう》〟と思い、「胴体」を〝歩卒・領民〟となし、国を治め、身を修めること、〈大分・一分〉共に、兵法の道として同じであると心得よ。

兵法の仕立てについて、身体すべてを一同一体となし、余る所なく、足らぬ所なく、強からず、

弱からず、頭より足の裏まで等しく心を配り、いずれか一方に片寄ることのなきように身体を仕立て上げることである。

（解　説）

第一章「基本事項」の締めくくりとして、『兵法三十五箇条』第二条をみることにしましょう。

先の「地の巻」にて〈大分の兵法〉〈一分の兵法〉について説いてきましたが、〈大分・一分の兵法〉の概念の初出が、この『兵法三十五箇条』第二条**「兵法の道、見《み》立処《たてどころ》之《の》事《こと》」**であるのです。ここでは《大分之兵法》《一身之兵法》と記されています。

『兵法三十五箇条』では〈大分の兵法〉における具体的展開はなされていないのですが、『心』を〃大将〃とし、『手・足』を〃臣下・郎等《ろうとう》〃と思い、『胴体』を〃歩卒・領民〃となし、国を治め、身を修めること、〈大分・一分〉共に、兵法の道として同じである」（原文《心を大将とし、手足を臣下・郎《ろう》等《とう》と思ひ、胴体を歩卒・土民となし、国を治め、身を修《おさむ》る事、大小共に、兵法の道におなじ《同》》）と**〈一分の兵法〉における武術的身体創りを〈大分の兵法〉に敷衍《ふえん》して仕立てる**流祖・宮本武蔵玄信の認識を、ここに開陳しています。

この中で、〈一分の兵法〉における《胴体》が〈大分の兵法〉における《歩卒・土民》と同じであることに注目していただきたいと思います。《歩卒・土民》とは、国家の生産・運営の中心をなす人々であり、国を富まし、強力にしていく上で最も働いてもらわなければならぬ人たちです。そして国家を防衛する上で最前線で果敢に戦うのも《歩卒》であり、守らねばならないのが、国の領民たる《土民》であるのです。その《歩卒・土民》が、すなわち〈一分の兵法〉における《胴体》であるというのです。これは何を意味するのかといいますと、〈一分の兵法〉たる二刀一流剣術において、二刀を駆使するのは、手足のみならず、むしろ手足以上に《胴体》を駆使するものであると同時に、敵から斬られぬように守るべきものである、ということです。宮本武蔵玄信が、いかに剣術において手足ならぬ体幹部を駆使していたかを彷彿とさせる文章であるのです。

さて、この「基本事項」に挙げた兵法における心持ちから足遣いまで、それらを鍛錬して如何《いか》なる身体を構築するべきかというと、「身体すべてを一同一体となし、余る所なく、足らぬ所なく、強からず、弱からず、頭より足の裏まで等しく心を配り、いずれか一方に片寄ることのなきように身体を仕立て上げる」（原文**《惣体一同《そうたいいちどう》にして余る所なく、不足なる処なく、不強不弱《つよからずよわからず》、頭より足のうら迄《まで》、ひと《等》しく心をくば《配》り、片つりなき様に仕立る》**）ことにあります。これが身体における**〈中立《ちゅうりつ》の位《くらい》〉**です。

なお、流祖・宮本武蔵玄信は、青年時代に創始した円明流《えんみょうりゅう》において、すでにこれまで挙げた「基本事項」を重視し、その武術的身体運用の基礎鍛錬を**〈前八《まえやつ》〉**と名付けて、円明流の型「表《おもて》」七本を教える前に、弟子たちに鍛錬させていた模様です。円明流の秘伝書である『兵道鏡《へいどうきょう》』に**「前八《まえやつ》之《の》位《くらい》之事《のこと》」**として書き遺されていますので、この「基本事項」の最後に、参考までに「前八《まえやつ》之《の》位《くらい》之《の》事《こと》」の現代語訳を紹介しておきます。**宮本武蔵玄信が〈正中線《せいちゅうせん》〉を如何《いか》に捉えておられたかが解《わか》る非常に**

注目すべき文章であるとともに、この「兵法の道、見立《みた》て処《どころ》の事」と併《あわ》せて「基本事項」を鍛錬する上での指針となる重要な文章であると認識しています。

（参　考）

〈前八《まえやつ》の位《くらい》〉の事（円明流『兵道鏡』三十六箇条本　第七条）

〈**前八**《まえやつ》〉とは、最初にし習うべきものである。およそ、どの道においても人に百癖《ひゃくくせ》あるように、兵法も同様で、そのような癖を取り除き、兵法としての身なりや身体動作を初心の段階から鍛錬し、技化させることが目的である。この〈前八《まえやつ》〉を鍛錬すれば、位《くらい》のある気高《けだか》い姿勢が身に付き、美しい手の動きで、足音を立てず、飛んでも回っても身体にブレがなく、しかも非常に静かなうえにキッカリと精妙で、下半身の動きにどれだけ揺《ゆる》ぎがあっても、上半身にまったくブレがないようになる。この身体及び身体動作の感覚は、例えば、**自分の身体が空から降ろされた縄によって吊り下げられているような感覚**である。このたとえは、格別に趣《おもむき》のある教えである。教外別伝《きょうげべつでん》（注・仏教用語。典籍の教えの他に、以心伝心《いしんでんしん》により伝えることによって、深い教理に直観的方法で悟入に導くこと）する。

第二章〈五法《ごほう》〉—［五方《ごほう》の構《かまえ》］と［五《いつ》つの表《おもて》］—

一．［五方《ごほう》の構《かまえ》］の事（第六条）

［五方《ごほう》の構《かまえ》］とは、**上段《じょうだん》・中段《ちゅうだん》・下段《げだん》・左脇構《ひだりわきがまえ》・右脇構《みぎわきがまえ》**の、この五方からなる構のことである。構を五つに分けているが、すべて敵を斬るためにある。**二刀の構は、この五つより他はない。**よって、**いずれの構であろうとも、構えると思わず「斬る事なり」と思って構えることが肝要である。**大刀・小刀における構は、状況により有利な条件に従えばよい。

上・中・下段は**〈躰《たい》の構《かまえ》〉**である。対して、両脇構は**〈用《ゆう》の構《かまえ》〉**という。この左右両脇の構は、上が詰まり、脇の一方が詰まっているような場所での構である。右脇構をとるか左脇構をとるかは、場所の状況によって判断することである。

この道の大事にいわく、**構の極まりは［中段］と心得るべき**である。中段は、構の中心である。〈大分の兵法〉の観点から見てみよ。中段とは、大将が布陣すべき位置である。この大将の構に続き、あとの四段の構が付き従っているのである。そこを、よくよく吟味すべきである。

〈解　説〉

〈五法《ごほう》〉とは、我が細川家伝統兵法二天一流において、**［五方《ごほう》の構《かまえ》］**と**［五《いつ》つの表《おもて》］**を合わせて称したものです。すなわち、**五つの方向に置いた構と、その構から繰り出す太刀筋**のことを〈五法〉といいます。『二天一流兵法序論』に**《構《かま》えて為《な》すに、五法《ごほう》あるを要《よう》す》**とあります。

この第二章は〈五法〉、すなわち［五方の構］と［五つの表］について説いています。

兵法二天一流は**〈三先五法《さんせんごほう》〉**を特長とします。この流儀の特長たる〈五法〉について解説しているのが、この「五方の構の事」から「有構無構《うこうむこう》のおしへ《教》の事」までの八箇条なのです。〈三先《さんせん》〉については、次の第三巻「火の巻」にて説明しています。

さて、宮本武蔵玄信は〈五法〉のうち、まず［五方の構］について述べています。

［五方の構］は、中段・上段・下段・左脇構・右脇構の、この五つの構のことですが、宮本武蔵玄信は**《構、五つより外はなし》**と言い切っています。通常の凡庸な頭では、二刀流となると、それこそ無数の構をこしらえそうなものですが、流祖は、第四巻「風の巻」にて「他流に、太刀数《たちかず》多き事」「他流に、太刀の構を用《もちい》る事」として、構を多くこしらえ、太刀数を多くみせることは剣の本質から外れているのだと、厳しく批判しています。このように、［五方の構］として「構はこの五つにおいて他はない」としたことこそ、流祖・宮本武蔵玄信が剣術の本質を悟った見事な証《あか》しであるのです。

そして、太刀を構える心得として強調していることは、先の「太刀の持《もち》ようの事」と同じく、「構を五つに分けているが、すべて敵を斬るためにある」（原文《構、五つにわかつといへども、皆人をきらん為《ため》也》」「いずれの構であろうとも、構えると思わず『斬る事なり』と思って構えることが肝要である」（原文《いづれの構なりとも、かま《構》ゆるとおも《思》はず、き《斬》る事なりとおも《思》ふべし》）ということです。**手段である構を目的と間違えて、「斬る」という本来の目的を見失うな**、ということです。これは言うまでもなく、非常に肝心なことです。

さて、この中で、上・中・下段が**〈躰《たい》の構《かまえ》〉**、左脇・右脇構が**〈用《ゆう》の構《かまえ》〉**であるとあります。この〈躰の構〉とは、すなわち構の本体となる基本の構であり、対して〈用の構〉は、場所や状況に応じて用いる構のことです。

その〈躰の構〉のさらなる基本・中心となるのが［中段の構］です。たしかに中段は、［五方の構］の中央に位置する構です。そして中段を中心に、この五方からなる構が縦糸と横糸として繋がり、循環し合って、有機的な太刀筋として機能していくわけです。この太刀筋の基本となるのが［五つの表］であるのです。

二．〈太刀の道〉という事（第七条）

「太刀の道を知る」とはどういうことか。それは、常に差している我が脇差を小指・薬指の指二本で振ったとしても、太刀の道筋をよく体得しているが故《ゆえ》に、自由に振ることができるほどの技量を持ってのうえでのことである。

太刀を速く振ろうとすると、太刀の道筋に逆らうことになって、振りにくくなるものだ。**太刀**

は、振りやすい程度に、静かに振ることである。例えば扇や小刀《こがたな》を使うかのように、速く振ろうと思うことによって太刀の道筋が狂って振りにくくなってしまう。これを「小刀《こがたな》きざみ」といって、それでは太刀で敵を斬ることはできない。

太刀を打ち下ろしては上げやすい軌道に上げ、横に振れば横に戻して、良い軌道へと戻し、**充分に大きく肘を伸ばして強く振る**こと、これが**〈太刀の道〉**というものである。

我が二刀一流兵法の**［五《いつ》つの表《おもて》］**を遣い覚えれば、〈太刀の道〉が定まって、振りよいものである。よくしっかりと鍛錬すべきものである。

（解　説）

［五《いつ》つの表《おもて》］の解説に入る前に、この［表《おもて》］で習い覚える**〈太刀《たち》の道《みち》〉**とは如何《いか》なることかということを、ここで述べています。

一刀を片手で操作する我が二刀一流剣術において、**太刀筋をしっかり通す**ことが強く要求されます。そのために、**パワーやスピードを否定し、拍子に乗って斬ることを鍛錬する**わけです。

現在、兵法二天一流で用いられている稽古用の木刀は流祖・宮本武蔵玄信が作ったものを雛形《ひながた》としたものですが、それは、真剣に似せて非常に身幅《みはば》が薄く、よってその分、非常に軽いわけですが、それを重い太刀のように静かに振って〈太刀の道〉を覚えていくのです。

《常に太刀の道を弁《わきま》へて、重き太刀の様に、太刀を静《しずか》にして、敵に能《よく》あたる様に、鍛錬有《ある》べし》（『兵

法三十五箇条』第十一条「太刀《たち》之道《のみち》の事」）。

宮本武蔵玄信は、**重い太刀を軽く、軽い太刀を重く振る**ように鍛錬させていたのです。

二刀一流剣術は、太刀を片手で操作します。よって、両手で一刀を操作する剣術よりも、はるかに太刀の切《き》り返《かえ》しが自由に利《き》きます。しかも、その切り返しは全身を使っての運動を利用するものなので、片手に対する負担が極度に抑えられ、軽くなるのです。

「我が二刀一流兵法の［五《いつ》つの表《おもて》］を遣い覚えれば、〈太刀の道〉が定まって、振り良いものである。よくしっかりと鍛錬すべきものである」（原文《我《わが》兵法の［五つのおもて《表》］をつか《遣》ひ覚ゆれば、〈太刀の道〉定まりてふり《振》よき所也。能々《よくよく》鍛錬すべし》）と、我が**［五つの表］を鍛錬すれば、太刀筋が定まって振り良くなっていくものだ**と、次に展開する［五つの表］をよく覚え、しっかりと鍛錬することを強く喚起《かんき》しています。

三、［五《いつ》つの表《おもて》］の次第《しだい》、第一の事（第八条）

［五《いつ》つの表《おもて》］における第一の構は**［中段《ちゅうだん》］**である。
太刀先を敵の顔へ付けて、敵との間境《まざかい》に入った時、敵が我が太刀に打ち掛けてくる拍子に合わせて、右へ太刀を外《はず》して乗《の》り、また敵が打ち掛かってくるところを**［切先返し《きっさきがえし》］**で打つ。打ち下ろした太刀をそのままにしておき、また敵が打ち掛かってくるところを下から敵の手を張るのである。これが**第一の表《おもて》［中段《ちゅうだん》］**である。

すべて、この［五つの表］においては、この書き付けばかりで合点《がてん》できるものではない。［五つの表］は、実際に太刀をとって〈太刀の道〉の稽古を行うものである。この五つの太刀筋を鍛錬することによって、我が太刀の道筋を会得し、どのような敵に対しても、その打ってくる太刀筋を察知することができるようになるものである。

そして、**二刀における太刀の構は、この［五方《ごほう》の構《かまえ》］という五つより他は不要である**ということを身体で認識すべく、この［表］を充分に鍛錬していただきたい。

〈解　説〉

ここから**［五《いつ》つの表《おもて》］**の具体的説明に入ります。

［表《おもて》］とは、いわば**「型《かた》」**のようなものだと認識しておいてください。なぜ、このような曖昧《あいまい》な言い方であるかというと、この『五輪書』における説明を読むかぎり、おおよその太刀筋が示してあるのみで、現代における厳密な技の手順が定まった「型」と趣《おもむき》が異なっているからです。

さて、この**『五輪書』においては〈太刀の道〉を身体で覚えることを第一義として［表］の手順を説明しているため**、右手に持つ大刀の太刀筋のみの紹介に止《とど》まっています。よって、この記載のみでは流祖・宮本武蔵玄信が実際に教示した［五つの表］の実際の二刀における太刀筋が解りにくいものとなっています。

そこで『兵法書付《へいほうかきつけ》』『兵法三十九箇条』を参考にして、宮本武蔵玄信が実際に教示したであろう［表］

の太刀筋を、ここで紹介することにします。

まず、敵がまだ遠い間は二刀を下段にひっさげ、敵に近づくにつれて二刀を中段に構えていきます。

二刀における**［中段《ちゅうだん》の構《かまえ》］**は、大小共に太刀をあまり立てることなく、また水平に構えることもなく、大刀の切《き》っ先《さき》を敵の右目に、小刀の切っ先を敵の左目に指すようにして敵の正中線上《せいちゅうせんじょう》に付け、二刀で自分の前に漢字の「八」の字をつくるように、ゆったりと懐《ふところ》深く構えます。そして**敵から見て、大小の二刀の長さが同じかのような錯覚を受けるように構えることが肝要**です。

このように敵から見て同じ長さのように見え、中段に構えた二刀の切っ先を活かして位詰《くらいづ》めに攻めていきますので、敵はたまらず打ち掛かってきます。そこを小刀で受けると同時に、敵の踏み込んだ右足を踏み付けるように大きく左足を踏み込み（［剣を踏む］の教え）ながら大刀を右へ外して敵の顔面に突きかけます。敵は大刀の切っ先にて攻められるため、大刀を払おうと打ち込んだところを、大刀を右回りの［切先返《きっさきがえ》し］で外して、上から敵の手を打ちます。敵が退《ひ》くにしたがって、間合《まあい》をとり二刀を下段に構えます。そしてまた敵が打ち込んできたところを小刀で受け止め、大刀でもって下から敵の左小手《ひだりこて》を張る太刀筋です。なお、張った大刀の切っ先は敵の顔面をも攻めています。

以上が**［五つの表］第一［中段《ちゅうだん》］**の具体的な動きを推察したものです。

さて、本文の後段に［五つの表］の総体的な意義と効用が述べられています。

それは**《此《この》五つの太刀筋にて、わが〈太刀の道〉をも知り、いかやうにも敵の打《う》太刀、し《知》るる所也》**とあるように、この［五つの表］を鍛錬すれば、この五方からなる太刀筋を体得することによって、敵のさまざまな太刀筋に対応できるようになる、ということです。これによって、［五つの表］の稽古において、対手《たいて》（稽古相手・敵）にさまざまな角度から斬ってもらう鍛錬をしていたことがうかがえます。

そしてまた**《是《これ》二刀の太刀の構、五つより外にあらずと知らする所也》**とあるように、この［五つの表］を習い覚えることによって、二刀における構は［五方の構］のみで充分であることを、身体を通して認識するという意義があります。

この［五つの表］における効用と意義を認識したうえで鍛錬することを、宮本武蔵玄信は、深く期待しているのです。

四、［表《おもて》］第二の次第《しだい》の事（第九条）

第二の太刀筋は［上段《じょうだん》］に構え、**敵が打ち掛かってくるところを一気に打つ**のである。敵を打ち外した場合、太刀をそのままに置き、また敵が打ってくるところを下よりすくい上げて打つ。打ち損じて、今一つ打つ場合も同様である。

この［五《いつ》つの表《おもて》］の意義として、さまざまな心持ち・いろいろな拍子を五本の［表《おもて》］を通して兵法二刀一流の鍛錬をすれば〈五方《ごほう》の太刀《たち》の道《みち》〉を細《こま》やかに体得して、いかようにでも勝つことができるようになるものである。このことを、よく認識して稽古すべきである。

（解　説）

［五つの表］における第二の太刀筋は、まず上段に構えます。

二刀における**［上段《じょうだん》の構《かまえ》］**は、**《右の手を耳にくらぶる》**（較）（『兵法三十九箇条』）という教えがあります。大刀を握った右拳《みぎこぶし》が右耳の横にあるように構えるのです。現代の細川家伝統兵法二天一流においては大刀を水平に構え、敵には柄頭《つかがしら》しか見えないように構えて太刀の長さを判《わか》らないようにする、という教えがありますが、おそらく宮本武蔵玄信は、大刀の棟《みね》を右肩にもたせかけるように構えていたと推察します。小刀の方は、差し出すことなく、上・中・下段、どの構に構えるかは敵の構に応じて構えます。

ちなみに、細川家伝統兵法二天一流においては、小刀を中段に構えて差し出しますが、これは我が派で［勢法《せいほう》］と称している組太刀《くみだち》、すなわち「型」において、打太刀《うちだち》（敵）が八相《はっそう》の構をとっているために、それに対応して小太刀を中段に構えているわけです。

さて、敵が打ち掛かるところを、小刀で防御しながら、**大刀を打ち下ろすのではなく、敵の方に向かって打ち込むように、肩胛骨《けんこうこつ》から腕まで充分に伸ばして斬りつけます。**斬りつけた後は、そのまま下段に置きます。次に、敵が打ち掛かるところを、小刀で敵の太刀筋に応じて防御しながら、大刀にて敵の右手を突くように打ち上げ、すかさず［切先返《きっさきがえ》し］で打ち下ろします。この［喝咄切先返《かっとつきっさきがえ》し］を連続して行うこともある、という太刀筋です（［喝咄切先返し］については、第三十一条「喝咄《かっとつ》と云事《いうこと》」の項にて説明します）。

さて、本条でも最後に［五つの表］における鍛錬の意義に触れています。

《此《この》おもて《表》の内におゐては、様々《さまざま》の心持《こころもち》、色々《いろいろ》の拍子《ひょうし》、此《この》おもて《表》のうち《内》をもつて、一流の鍛錬をすれば、五つの太刀の道、こまやかにしつて、いかやうにも勝《かつ》所あり》

この［五つの表］を鍛錬するということは、二刀一流剣術における技法、すなわち、この後に述べる打撃技・入身《いりみ》技・刺撃技・受け返し技などのすべての技法を、敵の心理・拍子を読み取ることと共に鍛錬するものであり、それが、とりもなおさず〈五方の太刀の道〉を体得することになり、これを体得すれば、いかようにでも勝つことができると、自信を持って［五つの表］における鍛錬を奨励しているのです。

［五つの表］は、この五本の太刀筋で、この「水の巻」に解説されているすべての技法を鍛錬することができるものなのです。

五．［表《おもて》］第三の次第《しだい》の事（**第十条**）

第三の構は［**下段《げだん》**］にとり、太刀をひっさげて持つ心持ちで、敵が打ち掛かってくるところを下から手を張るのである。また、手を張るところを、敵がこちらの張ろうとする太刀を打ち落とそうとする場合、〈**越《こ》す拍子《ひょうし》**〉でもって、敵が打ち下ろした後の二《に》の腕《うで》を横に斬るものである。

下段から、敵が打ってくるところを、一気に打ちきってしまうのが根本である。

［**下段《げだん》の構《かまえ》**］は、鍛錬を行うにおいて、進み具合の早い者・遅い者の関係なく、よく用いるもの

である。実際に太刀をとって、充分に鍛錬するべきである。

（解　説）

この［下段の構］は、「宮本武蔵肖像画」における自然体での二刀をダラリとひっさげた姿を思い描いていただければ結構です。あの立ち姿こそ、まさしく真正の《ひつさげたる心》です。下段の構にしても、現代の兵法二天一流において、あまりにも構にこだわりすぎて、変に硬く身構えているものが目に付きます。稽古する場合、何事《なにごと》においても、**意識に意識を重ねて、意識せずとも自然にできるほどにまで鍛錬する**ことが肝要です。

重い日本刀を片手で扱う二刀一流剣術において、この下段の構が最も腕に負担がかからず、よって、最も有効な構だといえます。したがって、当然、稽古・実戦においても頻繁に用いられることになります。また、太刀を打ち下ろした場合、当然、自然と下段になるために、よって、どの構からの太刀筋においても、斬り下ろしてしまえば下段となるわけです。

《下段の構、道をはこ《運》ぶに、はやき時も遅き時も出合《いであ》ふもの也。太刀をとって鍛錬あるべき也》

とは、このことを指し、我が細川家伝統兵法二天一流に伝わる［勢法二刀合口《せいほうにとうあいくち》］は、十四本すべて下段からの技として構成されています。我が派では、下段の構の別名を［無《む》構《がまえ》］、勢法二刀合口を［無《む》構《こう》之《の》構《かまえ》］と称しています。

さて、この第三の表［下段《げだん》］において、〈越《こ》す拍子《ひょうし》〉で二の腕を斬る第一動作が示されていますが、肝心なのは**「下段から、敵が打ってくるところを、一気に打ちきってしまうのが根本である」**（原文**《下段にて、敵の打《うつ》所を一度に打《うち》とむる事也》**）ということです。これが［下段］の太刀筋の根幹であり、神髄であるのです。

このことを踏まえて、改めて**［表］三本目［下段《げだん》］**の太刀筋を見ていきましょう。

下段の構で、敵が打ちかかってくるところを小刀で受け止めながら、大刀で下から手を張ります。この敵の手を張る時の大刀の太刀筋は**《敵の太刀先に手のなきやうに》**（『兵法書付』）せよとあります。これが第一段の［表］です。

次に、第二段として再度下段に構え直し、またこちらが敵の手を張ろうとするところを、今度は敵が太刀筋を変化させて、その張ろうとする大刀を打ち落としにかかります。その打ち落としを〈越《こ》す拍子《ひょうし》〉で外し、すかさず敵の二の腕を横に斬る太刀筋です。

なお**〈越す拍子〉**とは、敵の先《せん》を外す拍子のことをいいます。敵の先を外し、下段からの斬り上げの大刀を横に変化させ二の腕を斬る、まさにダイナミックな太刀筋です。

六．［表《おもて》］第四の次第《しだい》の事（第十一条）

第四の構**［左脇構《ひだりわきがまえ》］**は、太刀を左脇に横に構え、敵の打ち掛かるその手を下より張るのである。下より張る太刀を敵が打ち落とそうとすることを察知した場合においても、手を張る心そのままに〈太刀の道〉に従って我が肩の上へと筋交《すじか》いに斬るのである。

敵がどのように斬ってこようとも、その軌道に変化があるわけではない、このような太刀筋こそを〈太刀の道〉というのである。よって、また敵が打ち掛かっても、左脇構における〈太刀の道〉に従えば勝てるものである。よくよく吟味するべきである。

（解　説）

この **［表］第四の次第［左脇構《ひだりわきがまえ》］** は、『五輪書』における［五つの表］の説明の中でもっとも短い文章なのですが、同時に、宮本武蔵玄信がもっとも、これこそ〈太刀の道〉であると、自信を持っている太刀筋であることが、原典を読んでうかがうことができます。

まずもう一度、太刀筋を確認しておきましょう。

［左脇構《ひだりわきがまえ》］ は、右半身《みぎはんみ》にて大刀を左脇に捨てるように構え、小刀を中段に構えます。その際、左右の腕を深く組み違えぬように、ゆったりと構えることが肝要です。

その左脇の構から、敵が打ち掛かってくるところを小刀で太刀を受け止め、同時に敵の手を大刀で下から張ります。これが第一段です。第二段として再度、左脇に構え、先程《さきほど》と同様に敵の手を張ろうとする大刀を敵が打ち落とそうとするのを、敵の手を下から張る太刀筋（第一段と同じ）で右斜めに斬り上げ、切先を返して左斜めに袈裟《けさ》に斬り下ろす太刀筋です。

この［表］におけるミソは、「下より張る太刀を敵が打ち落とそうとすることを察知した場合においても、手を張る心そのままに〈太刀の道〉に従って我が肩の上へと筋交《すじか》いに斬るのである」（原文《下

よりはる《張》を、敵打《うち》おとさんとするを、手をはる《張》心にて、其儘《そのまま》〈太刀の道〉をうけ、我肩《わが》のうへゝ《上》すじかひ《筋交》にきる《斬》べし》）であり、これこそが〈太刀の道〉であると言っているのです。すなわち、この左脇構からなる刀法の基本は、左下から右上にかけての斜め斬りにあるのですが、当然、敵も、それを見越して、その斬り上げを打ち落とそうと企《たくら》みます。その敵の企《たくら》みを察知したのがこの場合なのですが、しかし、この太刀筋は基本の太刀筋となんら変わることなく、ただ、敵の斬りかかるのに合わせてズバリ！とすくい斬《ぎ》りに斬るのです。その感覚は［横抜《よこぬ》き打《う》ち］に似ているのですが、ここで大事なのは、敵の企《たくら》みを察することにあるのであって、かつ、敵の手を張ろうが、敵の胴を裂こうが、踏み込む間合《まあい》に違いがあるだけであって、太刀筋の基本に変わりはありません。

　このように、**いかに間合《まあい》が変わろうとも、また斬ろうとねらう位置が変わろうとも、太刀筋そのものに変化はない、これが〈太刀の道〉である**のです。特にこの、敵の心理を読む、ということこそが肝要なのです。

七．［表《おもて》］第五の次第《しだい》の事（第十二条）

第五［右脇構《みぎわきがまえ》］の太刀筋は、太刀の構として、我が右の脇に横に構えて、敵が打ち掛かってくるところの状況を見極め、我が太刀を右脇の下から筋交《すじか》えて上段に斬り上げ、上よりまっすぐ斬り下げるものである。これも〈太刀の道〉をよく体得するための太刀筋である。

以上、**これら五本の［表《おもて》］を振り慣れることによって、重い太刀を自由に振ることができるよ**

うになるものである。
この［五《いつ》つの表《おもて》］においては、細《こま》やかに書き記すべきものでもない。我が兵法二刀一流における一通りの太刀筋を会得し、また、おおかたの拍子をも体得し、敵の太刀筋を見極める鍛錬として、まず、この［五つの表］にて絶えず修練に励むことである。敵との実戦においても、この［五つの表］の太刀筋を駆使して、敵の心を察知し、さまざまな拍子をもってすれば、いかようにでも勝つことができるものである。よくよく分別すべきである。

〈解　説〉

［右脇構《みぎわきがまえ》］は、左半身《ひだりはんみ》に構え、太刀を右腰の辺《あた》りに肘を伸ばさぬように構え、小刀を中段に突き出した構です。

この構から、敵が打ちかかるのを小刀で［切先返《きっさきがえ》し］で外し、同時に左半身から右半身へと転身《てんしん》して、大刀を突き出しながら刃が上に向くよう切っ先を返して、真下から真上へ、ちょうど敵の正中線《せいちゅうせん》を斬るように打ちます。『兵法書付』には**《敵の中筋をうつ《打》なり。前ひろ《広》に打心《うつ》なり》**という心得が記されています。斬り上げた大刀は、すかさず［切先返し］にてまっすぐに打ち下ろす太刀筋です。

この最後の表［右脇構《みぎわきがまえ》］にも、まとめとして［五つの表］鍛錬の意義と効用が認《したた》められています。

このまとめにおいては、［五つの表］の意義として、二刀一流剣術における太刀筋をこれによって体得し、戦いにおけるさまざまな拍子を鍛錬して覚え、敵の太刀筋を見極めることを鍛錬するのだと、宮本武蔵玄信は主張しています。

次に、このような［五つの表］を鍛錬することによって得る効用として、実際に敵と戦う際においても、［五つの表］で鍛錬した太刀筋がそのまま実戦に使えるので、その会得した太刀筋を充分に駆使し、敵の心理を見抜き、勝負におけるその時々の状況にもっとも有利な拍子を用いれば、どのようにでも勝つことができるものである、と宮本武蔵玄信は自信を持って［五つの表］の効用を述べているのです。

このように宮本武蔵玄信は、［中段］［上段］、そして、この［右脇構］の最後に**［五つの表］鍛錬の意義と効用**を述べていますが、それをまとめてみますと、

一．二刀における［五方《ごほう》の構《かまえ》］を覚える鍛錬をする。

⇩二刀における構の基本を体得する。

二．［五方の構］からの太刀筋を覚える鍛錬をする。

⇩二刀における構が［五方の構］のみで充分であることを身体で認識する。

三．重い太刀を自由に振ることができるように鍛錬する。

四．さまざまな敵の太刀筋に対応できるように鍛錬する。

五．敵のさまざまな心持ちや拍子を察知して対応できるように鍛錬する。

六．実戦において［五《いつ》つの表《おもて》］の太刀筋を用いて必ず勝てるように鍛錬する。

以上、六つの意義と効用でもって鍛錬するのが［五つの表］であるのです。

この、たった五本ともいえる少ない本数でもって、この『五輪書』水の巻に書き記されたすべての太刀筋を鍛錬し、修得することができるのが、この［五つの表］です。そして、修得せねばならないのです。だからこそ《此《この》五つのおもて《表》におゐて、こまかに書付《かきつく》る事にあらず》であるわけです。

この［五つの表］は単なる「型」ではありません。やはり実戦の〝裏〟に通底する［表《おもて》］であるのです。

八．〈有構無構《うこうむこう》〉の教えの事（第十三条）

〈有構無構《うこうむこう》〉というのは、**太刀を構えるということは、あるべきではない**という教えである。しかしながら、太刀を中段・上段・下段・左脇・右脇の五方に置くこともあるので、これは構えたことにもなる。

太刀は、敵の構や出かた、場所や状況に応じて、五方のいずれに置くにしても、その敵に対してもっとも斬りやすい位置に構えるべきものである。上段も、その時々の状況に応じて、少し構を下げれば中段となり、中段から利に応じて、少し構を上げれば上段となる。下段も戦況により、少し上げれば中段となる。左右両脇の構も、場所や状況に応じて、少し中程《なかほど》へ太刀を移動させれば、中段・下段にも変化するものである。したがって、〈**構有《かまえあ》りて構無《かまえな》し**〉というのである。

まず、**太刀をとっては「いかにしてでも敵を斬る！」という心構えが大事である。**もし、敵の斬ってくる太刀を受ける・張る・当てる・粘《ねば》る・触るという事があろうとも、それらはみな敵を

斬る縁《えん》、すなわち手段・きっかけであると心得よ。受けよう・張ろう・当てよう・粘ろう・触ろうなどと思うことによって、充分に斬ることができなくなってしまうのである。**何事も斬るための手段・きっかけであると思うことが肝要である。**よくよく吟味していただきたい。

〈大分の兵法〉において、「人数立て《にんじゅだ》」という軍勢における配置・布陣というものも、いわば〝構〟である。これもみな合戦《かっせん》に勝つための手段であるのだ。

構えることによって、それに囚《とら》われ、心が居付《いつ》くところに問題があるのである。そこのところを、よくよく工夫するべきである。

〈解　説〉

第二章「五法《ごほう》」のまとめは、**〈有構無構《うこうむこう》〉**の教えです。

〈有構無構〉の教えも、二刀一流剣術における一大特長であり、兵法二天一流の考え方の根幹をなす思想であるとさえいえます。

太刀を構えることの目的は、あくまでも敵を斬ること。この目的のために、その手段の一つとして構はあるにすぎません。

しかし一方で、敵を斬るための太刀筋を体得するには、それを覚えるため、一定の形を必要とするのであり、その形を形たらしめる最初の一歩が、構であるのです。よって、太刀筋を覚えるその初期段階で、すでに構に執着する心が生じやすくもあるのです。

そこで宮本武蔵玄信は、構と太刀筋を一体のものとした〈五法〉として、［五方の構］と、その構から発動する太刀筋として［五つの表］を制定し、構《かまえ》の名称をそのまま［表《おもて》］の名称に用いました。

これはすべて〈有構無構〉の思想からくるもので、**構《かまえ》と［表《おもて》］の名称を同一のものとしたのも〈有構無構〉の教えの具現である**のです。

その流祖の思想と〈五法〉の意図を充分に汲み取り、兵法二刀一流の鍛錬を行うべきであるのです。

第三章　打撃法《だげきほう》

一．敵を打つに、［一拍子《いっぴょうし》の打《うち》］の事（第十四条）

敵を打つ拍子に［一拍子《いっぴょうし》］といって、これは敵と我《われ》とが互いに当たる程の間合《まあい》に入り、敵の心組《こころぐ》みがまだできていないことを咄嗟《とっさ》に察知して、**我が身を動かすことなく、心に何の躊躇《ちゅうちょ》もなく、いかほどにも素早く、一気に打ち込む**拍子である。敵が太刀を引こう・外そう・打とうと思う気持ちが起こらぬ前に打つ拍子、これが［一拍子］という技である。

この拍子をよく習い覚えて、**〈拍子《ひょうし》の間《ま》〉をすかさず打つ**ことを鍛錬すべきである。

（解　説）

第三章は、二刀一流剣術における**「打撃法《だげきほう》」**についての解説です。

打撃法の第一番目は**「一拍子《いっぴょうし》の打《うち》」**という技です。

この技は、敵も我《われ》も互いに斬ることができる程の間合《まあい》（これを「斬《き》り間《ま》」といいます）において、敵がまだどのように戦うか決めかねている心《こころ》の内《うち》を読み取って、一瞬のうちに一気に斬ってしまう技です。

ここは、まず第二十一条「太刀《たち》に替《か》わる身《み》」を先に読んでいただいた方が良いのですが、**「水の巻」における各種技法は「太刀に替わる身」によって斬り間に入った時点・段階における説明である**と心得ておいてください。

よって、この「一拍子の打」では、互いに斬ることができる程の斬り間に入った時点での状態から、説明がされているわけです。したがって《我身《わがみ》もうご《動》かさず》という程の間合《まあい》にすでに入っており、そしてまた、敵が何もわきまえていないうちに斬ってしまわないと、敵に対応する機会を与えてしまうことになりますので《心も付けず、いかにも早く直《すぐ》に打《うつ》》必要があるのです。

しかし、敵のこのような《引かん・はづ《外》さん・う《打》たんと思ふ心のなきうち》というのは、ほんの一瞬のことであり、敵の心はおろか、自分の心さえも、たゆまなく移ろいでいくのです。その一瞬ともいえる心《こころ》の内《うち》の移り変わりの間を〈拍子《ひょうし》の間《ま》〉といい、そこを的確に捉えて素早く打つことを鍛錬するのが、この「一拍子の打」なのです。

二、［二《に》の越《こし》］の拍子の事（第十五条）

［二《に》の越《こし》］の拍子とは、こちらから打ち掛かろうとする際に、敵が早く引いたり、太刀を張り除《の》けようとする気配があれば、**こちらから打つと見せかけ、敵がそれに応じて張ったり、引いたりして、その拍子が外れた瞬間をねらって打つ**、これが［**二《に》の越《こし》の打《うち》**］というものである。

この書き付けを読むばかりでは、とうてい打つコツをつかむことはできない。しかし、直接教えを受ければ、すぐに合点《がてん》することであろう。

〈解　説〉

この二番目の技［**二《に》の越《こし》の打《うち》**］は、前の［一拍子の打］とは反対に、敵がこちらから打ち込む太刀を張り除けたり、体を引いたりして、後《ご》の先《せん》をねらっていることを察知した時に用いる技法です。

「**越《こ》す**」というのは、**敵の先《せん》を外《はず》す**ことをいいます。

よって、**敵がこちらの先《せん》を越《こ》そうとする手の内を読んで、わざと技をしかけ、敵がそれに応じて動いた、その敵の後《ご》の先《せん》を越《こ》す技であるので［二《に》の越《こし》］という**のです。

この拍子は、「この書き付けを読むばかりでは、とうてい打つコツをつかむことはできない」（原文《此《この》書付斗《ばかり》にては、中々打得《なかなかうち》がたかるべし》）とあるように、たしかに一種のコツというものが必要でしょう。このコツを体得するには、やはり直接、太刀をとって自《みずか》ら鍛錬してつかむ以外にないのです。

三、〔無念無相《むねんむそう》の打《うち》〕という事（第十六条）

敵も打ち出そうとし、こちらからも打ち出そうと思う時に、身体も「打つ」という体勢になり、心も「打つ」という気迫でもって、**剣《けん》・腕《わん》共に何時《いつ》とはなしに空《くう》に舞い上がり、体勢の乗った後より加速度をつけて強く打ち込む**、これを〔無念無相《むねんむそう》〕といって一大事《いちだいじ》の打ちである。

この技は、実戦においてよく用いるものである。しっかりと習い、修得すべく鍛錬すべきものである。

（解　説）

この〔**無念無相《むねんむそう》の打《うち》**〕は、敵《てき》・我《われ》互いに打ち出そうとする〈躰々《たいたい》の先《せん》〉（「火の巻」第二条「三つの先と云《い》う事」参照）の場合において、我が身を《打身《うつみ》》になし、心も《うつ《打》心》となすことによって、**身心一致《しんしんいっち》でもって敵に打ち掛かる**ところにポイントがあります。すなわち、この打つ身・打つ心の身心一致ができれば、敵に怯《ひる》みが生じるのです。その怯みを『兵法三十五箇条』（第二十二条）では《敵の気のあひ《間》》といい、そこを《空より後ばやにつよく《強》打《うつ》》のです。**《打身《うつみ》》《うつ《打》心》の身心一致でもって、先に身体が斬り間《きま》に入る際、身体に浮身《うきみ》・沈身《しずみみ》がかかっておれば、自然と太刀が空に上がり、上がった太刀はその太刀の重みと重力加速度で落下し、それが自然なる斬撃の強さとなる**わけです。

この〔無念無相《むねんむそう》の打《うち》〕は、まさに《一大事《いちだいじ》の打《うち》》であることがうなずけます。

四　［流水《りゅうすい》の打《うち》］という事（第十七条）

［**流水《りゅうすい》の打《うち》**］というのは、敵と互角に伯仲《はくちゅう》して競《せ》り合《あ》ううちに、敵が素早く引こう・素早く外そう・早く太刀を張り除《の》けようとした際、にわかに我が身心《しんしん》共に大きな気持ちになって、**太刀を我が身の後方からいかにもゆるゆると、あたかも川の流れが淵《ふち》に淀《よど》むかのごとく、大きく強く打ち込む**技である。

この技を習って体得すれば、たしかに打ちやすいものである。

敵の心理・状況を見分けることが肝要である。

（解　説）

『兵法三十五箇条』（第二十二条）では［**遅《おく》れ拍子《ひょうし》**］と称していたのですが、『五輪書』では［**流水《りゅうすい》の打《うち》**］という風雅な名称に変更されています。

第四の打撃法［流水の打］は敵《てき》・我《われ》互いに競《せ》り合《あ》って、**敵が競り負けて後退・防御に移らんとする拍子をねらって打つ**技です。

交戦中に敵が弱気になって防御にまわろうとする兆《きざ》しを見切って、さらに間合《まあい》を詰めていきます。身体が先に動くので《太刀を我《わが》身のあとより》動かすことになると同時に、敵が位負《くらいま》けしていることにより、大きく伸び伸びと後方から振り上げ、大きく斬ることができます。

しかしそれには**《我《わが》身も心も大きになつて》《敵のくらい《位》を見わく《分》る事》が肝要**です。すなわち、敵の怯《ひる》んだ心理状態に乗じて、自《みずか》らはどこまでも大きな気持ちと伸びやかな身体運用によって斬ることであり、そのためには、**敵の怯みを間違いなく察知することなしには、あまりにも危険な技であるか**らです。

それにしても、この［流水の打］における《いかほどもゆるゆると、よどみのあるやうに、大きにつよく《強》打《うつ》》いう宮本武蔵玄信の身体感覚に心惹《こころひ》かれるものがあります。この一言で［流水の打］の打撃なるものが如何《いか》なるものかをうかがい知ることができ、かつ、この流祖のごとき打撃ができれば《慥《たしか》に打よきもの》であることを彷彿《ほうふつ》とさせる表現であるのです。

五．［縁《えん》の当たり］という事（第十八条）

こちらから打ち出し、敵がそれを打ち止めよう・張り除《の》けようとする際、我《われ》はその打撃の**一太《ひとた》刀《ち》で、頭をも打ち・手をも打ち・足をも打つ**。一つの太刀筋でもっていずれなりとも打つことを**［縁《えん》の打《うち》］**という。この技は、しっかりと打ち合いの稽古の中で修得すべきものである。なぜならば、実戦において何時も使う技であるからである。あらゆる太刀筋を身体を通して分析し、会得していくべき技なのである。

（解　説）

五番目の技**［縁《えん》の当《あ》たり］**は、こちらから打って掛かり、その**打ち込んだ太刀筋一つでもって、敵**

の身体に当たる〝縁《えん》〟を重視した打撃法です。

こちらが打ち込んだ太刀を、敵がたとえ受け止め・張り除《はの》けようとも、それで崩された太刀筋を、身体の運用、具体的には身体滑落《しんたいかつらく》によってよみがえらせ・活《い》かし、敵を斬る技なのです。打撃部位の想定もせず、敵の受け具合・張り具合によって生じた違いによって変わる太刀筋に従って敵を斬る技なので［縁の当たり］というのです。

これが**［縁《えん》の打《うち》］**となると、鍛錬を積むことによって、どの受けや払いによって、どういう［縁の当たり］になるかを身体で認識した境地にまで進みます。［縁の打］とは、すなわち**［縁の当たり］**が**技化されて、［縁の当たり］における打撃箇所を明確に認識しての打ち込みにまで高度に技化されたもの**であるのです。

この［縁の当たり］を［縁の打］にまで昇華させるには、《此《この》打、能々《よくよく》打ならひ、何時も出合打也《いであううちなり》》と心得て、《さいさい《細々》打あ《うち合》ひて分別あるべき事》が肝要です。

六、［石火《せっか》の当《あ》たり］という事（第十九条）

［石火《せっか》の当《あ》たり］とは、敵《てき》・我《われ》互いの太刀が付き合うほどの間合《まあい》において、我が太刀を少しも上げることなく如何《いか》ほどにも強く打つ技である。この技は、**足脚《あし》も強く・身体《み》も強く・手腕《て》も強く、この三所《みところ》をもって素早く打ち込む**のである。

この技は、折に触れて実際の指導を受けずには、このような打ち込みはできぬものである。充

分なる鍛練を積めば、強く当たることができるようになるものである。

（解　説）

この**［石火《せっか》の当《あ》たり］**は全身を用いた、全身運動によって成り立つ最《さい》たる打撃法です。

太刀がくっつき合うほどの間合《まあい》において、我が太刀をまったく上げることなく**《足もつよく、身もつよく、手もつよく、三所をもつてはやく打つ》**のです。まさしく体幹部、特に**肩胛部《けんこうぶ》を強くしなやかに、腕が伸びきるように、足を大きく踏み込んで敵を斬る**宮本武蔵玄信の姿を彷彿《ほうふつ》とさせる文章です。

このように、敵のどの部位を斬るという目標を定めず、火打《ひう》ち石《いし》を打って火花が散るごとく《つよ《強》くあた《当》る》ように斬ることから［石火の当たり］と名付けられたのです。

七．［紅葉《こうよう》の打《うち》］という事（第二十条）

［紅葉《こうよう》の打《うち》］とは、敵の太刀を打ち落とし、その太刀を敵の手から取り放《はな》してしまう技である。

敵が前方に太刀を構え、打とう・張ろう・受けようなどと考えている時、打ち方としては［無《む》念無相《ねんむそう》の打《うち》］（第十六条）あるいは［石火《せっか》の打《うち》］（第十九条）にて**敵の太刀を強く打ち込み、そのまま太刀筋の跡《あと》を粘《ねば》るような感覚で、太刀の重みで切っ先下がりに打ち落としてゆけば、敵の太刀は必ず落ちる**ものである。

この技を鍛錬して会得すれば、敵の太刀を打ち落とすことなど、たやすいものである。よくよく稽古を積むべきである。

（解　説）

打撃法七番目、最後の技は**【紅葉《こうよう》の打《うち》】**です。

この風雅な名称の打ちは、敵の太刀への打ち落としが、あたかも紅葉の葉がハラリと枝から落ちるかのごとくであるところから名付けられたものです。この、**敵の太刀を手から紅葉の葉のごとく打ち落とす拍子が大事**なのです。

敵の太刀を「無念無相《むねんむそう》の打《うち》」もしくは「石火《せっか》の打《うち》」で強く打ち、敵の太刀に当たった瞬間、そのまま《あとをねばる心にて、切先さがりにう《打》つ》感覚と呼吸の体得が肝要なのです。

なお、ここで「石火の当たり」ではなく**【石火《せっか》の打《うち》】**であるのは、この打ちが、敵の太刀という打撃目標があるために「当たり」ではなく「打ち」であるのです。この「打つ」と「当たる」の概念については、後の「打《うつ》とあたる《当》と云《いう》事」（第二十二条）で学ぶことになります。

八．〈太刀《たち》に替《か》わる身《み》〉という事（第二十一条）

〈太刀《たち》に替《か》わる身《み》〉とは、**〈身《み》に替《か》わる太刀《たち》〉**とも言うことができる。

これは、すべて敵を打つ場合において、**太刀と身体とを一致させて打つべからず**、という教えである。敵の打ってくる太刀筋や状況に従って、まず身体を先に〝打《う》つ身《み》〟と成し、その後に太刀を身体に構うことなく打ち込んでいくことである。
もしくは、身体をゆるがすことなく、太刀のみで打ち込むことはあるものだが、多くの場合は、**身体をもって先に打ち込む体勢に持っていき、それから太刀を後より打つ**ものである。よくよく吟味して前記七箇条の打撃法《だげきほう》を修得してもらいたいものである。

〈解　説〉

この**〈太刀《たち》に替《か》わる身《み》〉**という教えは、打撃法における敵に対しての、自分の太刀と身体の相関関係を論じたものです。打撃法七本における具体的解説の後の総論として**〝間合《まあい》と拍子《ひょうし》の関係〟**について説いているのです。

日本刀を用いた真剣勝負において、まず太刀が届かない遠間《とおま》から勝負が始まり、徐々に間合《まあい》を詰めていきます。宮本武蔵玄信は「一寸《いっすん》の見切《みき》り」を得意とし、我が太刀の切っ先が敵の太刀の中程まで進み込んだら、躊躇《ちゅうちょ》なく必殺の剣を振るっていました。この**「斬《き》り間《ま》」から攻撃に転じる重要な心得が、この〈太刀に替わる身〉である**のです。

なぜなら、敵を斬る際には《太刀も身も、一度にはう《打》たざるもの》であり、敵の打ってくる拍子などの〝縁〟に応じて、身体が先に反応して《打《う》つ身《み》》になって斬《き》り間《ま》に入り、それに伴って太刀が動いて、自分の身体に関係なく打つものだからです（よって、そうなるためには**稽古によって自分の身体と太刀との拍子を充分に吟味しながら、一つの技を繰り返し繰り返し鍛錬して量質転化させること**

が必要であるのは、論を待ちません）。

つまり、**太刀と身体は相関関係がありながら相対的に独立しており、太刀と身体、ひいては心までも一致させて打ってはならない**、という教えなのです。

この**「水の巻」における打撃七法は、すべてこの〈太刀に替わる身〉によって斬《き》り間《ま》に入った時点・段階での説明である**ことに留意することが肝要です。

九、「打つ」と「当たる」という事（第二十二条）

打撃法において、「打《う》つ」と「当《あ》たる」という二つの概念がある。

「打つ」という概念は、どのような打撃においても、意識的に目標めがけて打つことをいう。対して「当たる」というのは、進んでいったところ突き当たった、というほどの概念で、どんなに強く当たり、たちまちのうちに敵が死ぬほどの打撃力があったとしても、これは「当たる」というものである。

「打つ」というのは、目的意識を持って打つところの打撃である。そこのところを深く吟味せよ。

それに対し「当たる」というのは、敵の手や足などに、まず太刀を当ててみることである。これは、当たった後に強く打ち込むためであるのだ。

「当たる」ということは、いわば「触《さわ》る」ということと同じようなものである。よく習って修得すれば、「打つ」と「当たる」の違いがよく分かるであろう。工夫するべきである。

（解　説）

二刀一流剣術における七箇条の打撃法において、［一拍子の打］［二の越の打］［無念無相の打］［流水の打］［紅葉の打］［縁の打］［石火の打］と、［縁の当たり］［石火の当たり］という「打《う》ち」と「当《あ》たり」の二通りの使い分けがなされています。

打撃法解説における最後の条目「打《うつ》とあ《当》たると云《いう》事」では、この二つの概念についての違いを解説しています。

ここで肝心なのは、宮本武蔵玄信は、**目的意識を持って目標めがけて斬るところの〝打ち〟を第一義としていますが、〝当たり〟も非常に重要視している**ことです。これは『兵法三十五箇条』にあるものですが、

《敵の身にあ《当》たりても、太刀にあ《当》たりても、あ《当》たりはづ《外》しても不苦《くるしからず》。真のう《打》ちをせんとて、手足をお《起》こした《立》つる心なり》（第十二条「打《うつ》とあ《当》たると云《いう》事」）

という説明が、それをよく物語っています。真の〝打ち〟をするための手段として、大いに〝当たり〟も肯定しているのです。

しかし、これはあくまでも実戦面でのこと。実戦において「当たり」が有効なものとなるためにも、稽古においては「打つ」と「当たる」ということをしっかりと認識し、そのうえで「意識的に目標めがけて打つ」（原文《思ひうけて慥《たしか》に打《うつ》》）ことを第一義とすることです。これが、実戦において《あ《当》たりて後を、つよくう《打》つ》ことができるようになる秘訣でもあるのです。

これを論理的に説けば、〈上達論〉において「打ち」を徹底的に鍛錬し、それを極め得てこそ、〈勝負論〉として、勝負において「打ち」も「当たり」も有効となる、ということです。

第四章　入身法《いりみほう》

一．〈扉《とぼそ》の教え〉という事（『兵法三十五箇条』第三十一条）

〈扉《とぼそ》の身《み》〉というのは、敵の身際《みぎわ》に入身《いりみ》する時、我が身の幅を広く・まっすぐな体勢にして、敵の太刀も身体も共々さえぎり隠すようにして、敵と我が身の間に透き間がないように付くことである。

また、身を横向きにする、いわゆる半身《はんみ》で入身する時は、いかほどにも薄く・まっすぐな体勢となり、敵の胸元へ我が肩を強く当てることとである。これは、敵を突き倒す心得でもあるのだ。工夫することとである。

〈解　説〉

第四章は「**入身法《いりみほう》**」として、『五輪書』の［愁猴《しゅうこう》の身《み》］［漆膠《しっこう》の身《み》］［丈比《たけくら》べ］［粘《ねば》りを掛《か》ける］［身《み》の当《あ》たり］という五種の入身の技法と、それに伴う補助的技法である［三《みっ》つの受《う》け］について解説します。

「入身《いりみ》」とは、**敵の身際《みぎわ》に入り込み、敵に肉薄《にくはく》する技法**のことです。

あの重量のある日本刀を片手で持って扱う二刀一流剣術において、入身《いりみ》によって敵にくっつくぐらいに接近することにより、その接近戦の中で自らの体重を全身運動によって斬撃力に転換して斬ることができ、日本刀に対する負担も軽く、さらに長期戦においても有利に展開することが可能となります。よって、この**「入身《いりみ》」こそ、二刀一流剣術を特徴付ける一大技法である**といっても過言ではありません。

この**入身法における基本的心得**が、この『兵法三十五箇条』第三十一条**「扉のおしへ《教》と云《いう》事」**であるのです。

これから説明する『五輪書』における入身五法も、すべて**〈扉《とぼそ》の身《み》〉**を根底に置いて学ぶ必要があります。

二、［愁猴《しゅうこう》の身《み》］という事（第二十三条）

［愁猴《しゅうこう》の身《み》］とは、**手の短い猿のごとく手を出さぬ**という心得である。

敵に入身《いりみ》するにおいて、少しも手を出そうと思うことなく、敵が打ち掛かる前に、身体を素早く敵の身際《みぎわ》へと入れることである。手を出そうなどと思うと、必ず身体が遠のいてしまうものであるから、手のみならず身体すべてをもって素早く移動し入り込むことである。

手で受け合わせることができるほどの間合《まあい》があれば、入身しやすいものである。よくよく吟味すべきである。

（解　説）

この入身《いりみ》第一の技法**［愁猴《しゅうこう》の身《み》］**とは、入身する際において、**手を出すことなく全身で入身せよ、**という心得です。

「愁猴《しゅうこう》」とは、手の短い猿のことをいいます。この手の短い猿のごとく、手を用いずに身体を使え、という意味で［愁猴の身］というのです。

しかし、そうは言うものの、白刃《はくじん》を持った敵の身際《みぎわ》に入るのには、相当な勇気がいり、思わず手を先に出してしまいがちになるものです。よって、宮本武蔵玄信は「手で受け合わせることができるほどの間合《まあい》があれば、入身しやすいものである」（原文《手にてうけ合《あわ》するほどの間《ま》には、身も入りやすきもの也》）と諭《さと》しているのです。つまり、**手を出すことのできる程の間合があれば入身しやすいものである、だから、手を出さずに**（＝臆することなく）**身体を出して入身せよ、**と教えているのです。

ここのところの信念を持って、鍛錬することが肝要です。

三、［漆膠《しっこう》の身《み》］という事（第二十四条）

［漆膠《しっこう》の身《み》］とは、**入身《いりみ》において漆《うるし》と膠《にかわ》のごとく、敵によく付いて離れぬ**という心得である。

敵の身際《みぎわ》に入る際、頭もくっつけ、身体をもくっつけ、足をもくっつけて、しっかりと付いてしまうことである。たいていの人は、顔や足を素早く身際《みぎわ》に入れることができるが、身体だけ後に残り、身が退《ひ》けた状態になってしまうものである。少しも身際《みぎわ》に透き間のないように敵にくっつくことである。よくよく鍛錬するべきである。

（解　説）

先の［愁猴の身］は入身《いりみ》する際における身体の外側のあり方について述べたものですが、この**［漆《しっ》膠《こう》の身《み》］**は、身体の内側、つまり**入身の際における身体感覚**について説いたものです。

《身につかぬ所あれば、敵、色々わざ《技》をする事在《あ》り》と『兵法三十五箇条』第二十八条「しつ《漆》かう《膠》のつき《付》と云《いう》事」にありますが、たしかに入身が不充分であると、そこが隙《すき》となって敵から斬られることになります。よって、この**［漆膠の身］となって、漆《うるし》と膠《にかわ》のごとく敵にベッタリとくっついて離れぬこと**が肝要です。

四、［丈比《たけくら》べ］という事（第二十五条）

［丈比《たけくら》べ］といって、どのような場合においても、敵の身際《みぎわ》に入り込む時、我が身を縮めないようにして、足をも伸ばし・腰をも伸ばし・首さえも伸ばして強く入り込み、敵の顔と顔を並べ合い、**身の丈《たけ》を比《くら》べて「比《くら》べ勝つ」と思うほどに丈《たけ》を高くして、強く入身《いりみ》する**ことが肝心である。

よくよく工夫してもらいたい。

（解　説）

入身法の第三は［**丈比《たけくら》べ**］の教えです。**入身《いりみ》をする際、ややもすると恐怖心から知らず知らずのうちに心身が萎縮《いしゅく》して、つい体を屈《かが》めて縮《ちぢ》こまった体勢になってしまうもの**です。

そうならないための心得が［丈比《たけくら》べ］であり、入身する際において《足をもの《伸》べ、こし《腰》をもの《伸》べ、くび《首》をもの《伸》べて、つよ《強》く入》ることを充分に鍛錬し、それを技と化すことが肝要なのです。《いづれにても敵へ入込時《いりこむ》》常にこの［丈比《たけくら》べ］を行うことが、入身の実践のうえで重要なのです。

五．［粘《ねば》りを掛《か》ける］という事（第二十六条）

［**粘《ねば》りを掛《か》ける**］とは、敵も我《われ》も互いに打ち掛かって、**敵が太刀を受け止めた際に、我が太刀を敵の太刀にくっつけて、粘《ねば》るような感覚で入身《いりみ》する技**である。「粘《ねば》る」という感覚は、太刀がくっついて離れないような感じで、あまり強く強引に入身しようとしてはいけない。**敵の太刀にくっついて、粘りを掛けて入る時は、どれだけ静かに入身しても問題はない。**

「粘《ねば》る」ということと「もつれる」ということがある。「粘る」は強く「もつれる」のは弱いものだ。このことをよく分別するべきである。

〈解　説〉

四番目の入身法は**［粘《ねば》り掛《が》け］**という技で、敵《てき》・我《われ》互いに打ち合い、敵が太刀で受け止めた際に用いる技法です。

「粘《ねば》り」というのは、打ち合って当たった**太刀と太刀とが、あたかも粘り合って離れないような太刀を通しての身体感覚**のことを指し、宮本武蔵玄信は、この身体感覚を《太刀は離《はな》れがたき心》と表現しています。

日本刀は湾刀《わんとう》で反《そ》りがあり、太刀が当たったとしても滑《すべ》りやすいので、本来、受け止められた太刀は、受け止められたその接点からすぐに外れ、動いてしまうものです。そこを**［粘りを掛ける］**ことによって、太刀と太刀が当たった接点から自分の太刀がズレることなく敵の太刀にくっつき、そこで入身《いりみ》を掛けるのです。

この技も相当な技量を要します。宮本武蔵玄信は、太刀の接点がズレずにくっついているのを「粘る」、それに対し、太刀に「粘る」ような感覚がなく、ツルツル動いて敵の太刀とからんでいるような感覚を「もつれる」といい、《ねば粘るはつ強よし、もつるゝはよ弱はし》と、その違いをよく認識して鍛錬するよう諭《さと》しています。たしかに、この教えのとおり**粘りがあれば敵の太刀の動きを封殺することができますが、粘りがないと敵の太刀に自由が利きますので、入身することができません。**

この［粘り掛け］が成功してからの入身における心得は、あまり強く入るのではなく、どこまでも静かに敵の懐《ふところ》に入ることです。なぜなら、粘りを掛けることによって、敵の太刀を封殺していますので、無理なく敵の懐《ふところ》に静かにスッと入ることができるからです。それに対し、逆に強引に入ろうとすると、それがかえって無理な動作となり、せっかくの太刀の粘りを失ってしまったり、また、敵がその強さに反応してしまいかねません。

「敵の太刀にくっついて、粘りを掛けて入る時は、どれだけ静かに入身しても問題はない」（原文《敵の太刀につけて、ねばり《粘》をかけ、入時《いる》は、いか程も静《しずか》に入《いり》てもくるしからず》）

これが［粘り掛け］において、最後の詰めとして重要です。

六、［身《み》の当《あ》たり］という事（第二十七条）

［身《み》の当《あ》たり］とは、**敵の身際《みぎわ》に入り込んで、敵に体当《たいあ》たりする技**である。

その方法は、少し我が顔をそばめて、左肩を出して敵の胸に体当たりするのである。敵に当たる際は、我が身をいかほどにも強くして当たるようにし、**呼吸と合致した拍子で弾《はず》むような身体感覚でもって入身《いりみ》する**のである。

この入身《いりみ》については、入り方を修得すれば、敵は二間も三間（一間《いっけん》＝約一・八メートル）も激しくのけぞるほどに強く当たることができる。敵が死んでしまうほどに当たることができるものである。しっかりと鍛錬していただきたい。

（解　説）

入身五番目、最後の技法は**［身《み》の当《あ》たり］**で、これはいわゆる**当《あ》て身《み》・体当《たいあ》たり**のことです。

この［身の当たり］において、なぜ《我《わが》左の肩を出》すのかというと、小太刀を左手に持つ兵法二刀一流の場合、その方が有利であるからです。そこのところは、次の［三つの受け］と共に考えていただければ納得できると思います。すなわち、**敵の太刀を長い大刀の方で受けながら、左入身《ひだりいりみ》で我が左肩にて呼吸に合わせて強く弾《はず》む拍子でもって体当たりをくらわす**のです。

この技を体得すると《敵二間も三間もはげのくほど、つよき《強》もの也。敵死入《しにいる》ほども、あたる《当》》ことができるものだと、宮本武蔵玄信は説きます。外見上の動作としては、あまり激しくないように見えながら、実は、敵が数メートルも吹き飛び、死に至らしめることもあるという、恐るべき技であることが理解できます。

ちなみに、細川家伝統兵法二天一流に伝わる［入身《いりみ》］という勢法は、右入身《みぎいりみ》にて小刀で受けるようになっており、『五輪書』の記載と反対の動きとなっています。組太刀《くみだち》という寸止《すんど》めの型でもって稽古する場合、小刀で受ける方が難しいために反対にして稽古するようにしたものと思われます。

七．［三《みっ》つの受《う》け］の事（第二十八条）

［三《みっ》つの受《う》け］というのは、第一は、敵へ入身《いりみ》する時、敵が打ち出す太刀を受けるにおいて、我が太刀にて敵の目を突くようにすれば、敵の太刀を自分の右側へ引き流して受けるようになるも

のである（**引き流し受け**）。また、［突《つ》き受《う》け］といって、敵の打つ太刀を、太刀で敵の右目を突くようにして、二刀で敵の首をはさむように突きかけて受ける方法が第二である（**突き受け**）。また、敵が打ってきた時に、小太刀の方で入身《いりみ》する際は、受ける小太刀を気に掛けることなく、我が左の拳《こぶし》で敵の顔面に突きを入れるようにして入り込む（**小太刀入り**）、これが入身《いりみ》における［三《みっ》つの受《う》け］である。

［三つの受け］における小太刀は、いずれにおいても**左手をしっかり握って、拳《こぶし》で顔面に突きを入れるようにする**ことである。充分に鍛錬するべきことである。

〈解　説〉

この**［三《みっ》つの受《う》け］（引き流し受け・突き受け・小太刀入り）**は、**入身法における受け技**であることに充分留意することが肝心です。

二刀一流剣術において、入身技《いりみわざ》は一大特長であるのですが、やはり、入身《いりみ》の技は相当な危険を伴います。そのために、受け技を充分に修得しておく必要がでてきます。

一般に、**『五輪書』における宮本武蔵玄信の説明は《短き太刀にて入《い》るに》とか《我《わが》左の手にて》とかいう断り書きがない限り、右手に持つ大刀についての説明である**と心得ておいてください。

よって、最後の「［三つの受け］における小太刀は、いずれにおいても左手をしっかり握って、拳《こぶし》で顔面に突きを入れるようにすることである。充分に鍛錬するべきことである」（原文《左の手をにぎ《握》

りて、こぶし《拳》にてつら《面》をつく《突》やうに思ふべし。能々《よくよく》鍛錬有《ある》べきもの也》）という説明は、この〈三つの受け〉すべてに共通する左手の小刀に対する心得であるのです。また、**基本的に左手の小刀が、受けによる防御として用いられている**ことを端的に示しています。

それにしても、このようにわざわざ《左の手をにぎり《握》て》と強調しているところに、宮本武蔵玄信が『五輪書』において想定している敵の斬撃力が、すさまじく強烈であることを物語っており、これはとりもなおさず、当時において、宮本武蔵玄信がこのように警戒すべき、いわば宮本武蔵玄信レベル級の強敵・達人が他に沢山いたのだ、ということを彷彿とさせるものです。

第五章　刺撃法《しげきほう》

一．［面《おもて》を刺《さ》す］という事（第二十九条）

［面《おもて》を刺《さ》す］というのは、敵との立合《たちあい》において、敵の太刀の間《ま》であろうと、また、我が太刀の間《ま》であろうとも、**常に敵の顔を我が太刀先で突く気構えを絶やさぬこと**であり、この気迫を常に持っていることが肝心である。

敵の顔面を突くという気迫があれば、敵の顔や身がのけぞっていくものである。敵の体勢が崩れていけば、いろいろと勝つ手だてが出てくる。充分に工夫してもらいたい。戦闘中において敵

の体勢が崩れ出せば、はや勝ったも同然である。それゆえに［面《おもて》を刺《さ》す］ということを常に忘れてはならぬのだ。

兵法の稽古において、この理合をよく鍛錬することである。

〔解　説〕

この**第五章「刺撃法《しげきほう》」**は、［面《おもて》を刺す］［心《むね》を刺す］［喝咄《かっとつ》］という、兵法二刀一流の刺突《しとつ》における攻撃の、三通りの教えについて解説します。

刺撃法における第一の心得は**［面《おもて》を刺《さ》す］**です。

「敵との立合《たちあい》において、敵の太刀の間《ま》であろうと、また、我が太刀の間《ま》であろうとも、常に敵の顔を我が太刀先で突く気構え」（原文《敵太刀相《たちあい》になりて、敵の太刀の間《ま》、我《わが》太刀の間《ま》に、敵のかほ《顔》を我《わが》太刀さき《先》にてつく《突》心》）とあるように、敵の刀身圏内であろうとも、自分の刀身圏内であろうとも、常に敵の顔を我が太刀先で突いていく気迫が肝要です。敵の顔を突くという気迫で攻めれば、敵はそれに押されて徐々に体勢を崩してしまうものです。そして、これは単なる心得としてだけでなく、実際に敵の顔面を突いて攻めることが肝心です。

この**［面《おもて》を刺す］**刀法は、二刀中段で敵の顔面を攻め、その中段の構のままで突き掛け、そのまま斬りつけるか、または［切先返《きっさきがえ》し］に転じて上段から斬り込む攻撃に移ることもできます。

これが兵法二刀一流独特の**〈突《つ》き斬《ぎ》り・斬《き》り突《づ》き〉**であり、またこれが、とりもなおさず［喝咄《かっとつ》］

につながっていくのです。
〈突《つ》き斬《ぎ》り・斬《き》り突《づ》き〉とは、**日本刀の反《そ》りを活かして、突きながら斬り、斬りながら突く刀法**です。いわば、**二刀一流剣術の刀法はすべて〈突き斬り・斬り突き〉**であるといっても過言ではないのです。

二、［心《むね》を刺《さ》す］という事（第三十条）

［心《むね》を刺《さ》す］というのは、戦闘の中で、上や脇が詰まった場所などで斬ることができない場合など、いずれにしても、斬ることができない時において敵を突く技である。敵を突く方法として、まず敵の打ってくる太刀を外すために、我が太刀の峰《みね》をまっすぐに敵に見せて、太刀先を歪《ゆが》むことなく引き取って、そしてそのまま敵の胸を突くのである。

この技は、もしも自分が疲れてしまったり、または刀が切れなくなってしまった場合などに、もっぱら用いるものである。しっかりとわきまえるべきである。

〈解　説〉

第二の刺撃法［**心《むね》を刺《さ》す**］とは、斬ることができない場所や、疲労により太刀を振ることができなくなった場合、刃こぼれなどで刀が切れなくなった際に用いる技です。

二刀一流剣術において、太刀は右手で持つので、疲れてしまった場合、自然と下段の構、もしくは右脇構となります。この構から〈**突《つ》き斬《ぎ》り・斬《き》り突《づ》き**〉**で敵の胸、特に心臓をねらって突きにいく**のが、この〔心を刺す〕という技法です。

三.〔喝咄《かつとつ》〕という事（第三十一条）

〔喝咄《かつとつ》〕というのは、どのような技においても、こちらが打ち込んで敵を追い込む際に、敵がまた打ち返すような場合において、**下から敵を突くように太刀を突き上げ、太刀を返して斬る**技である。いずれにおいても**素早い拍子でもって〔喝咄《かつとつ》〕と打突《だとつ》することが肝要**であり、その拍子は**「喝《かつ》」と突き上げ「咄《とつ》」と打つ**ことである。

この〔喝咄〕の拍子は、どのような打ち合いにおいても、ほとんどにおいて適用するものである。

〔喝咄《かつとつ》〕の方法は、**切っ先を上げるようにして敵を突き、太刀が上がると一気に打ち込む**拍子である。よく稽古を行って吟味することである。

（解　説）

この**〔喝咄《かつとつ》〕**は、二刀一流剣術における代表的な技法で、〈突き斬り・斬り突き〉の特徴をもっとも発揮した刀法であるといえます。

〔喝咄〕は、今まで挙げたいずれの技法においても用いられる刀法であり、敵を打ち込んで追い込み、それに応じて敵が打ち返してくるような場合、下から敵を突くようにして斬り上げ、返す太刀で斬り下ろす技です。いわば**最初の「喝《かつ》」は〝斬り上げ突き〟であるわけです。そして、「咄《とつ》」と斬り下ろす際において、スムーズに一連の動作として切っ先を返して、すかさず斬り下ろす**のです。

二刀一流剣術は、大小二刀を片手に一本ずつ持って戦う刀法であるため、当然、太刀を片手で操作する分、太刀の可動域が広くなります。その太刀の可動域を広くする刀法が、この素早く切っ先を返す**［切先返《きっさきがえ》し］**であるのです。そして、先にも説明しましたとおり［喝咄］が今まで挙げたいずれの技法においても用いられる刀法であることから、当然［切先返し］も広く適用されるわけです。そのことから、兵法二天一流においては**［喝咄切先返《かっとつきっさきがえ》し］**として一つのセットの技として稽古し、鍛錬するのです。

二刀一流剣術における全技法は、すべてこの［喝咄］が適用される技であることを認識しておいてください。

第六章　受け返し技

一．［張《は》り受《う》け］という事（第三十二条）

［張《は》り受《う》け］というのは、敵との打ち合いにて、丁々発止《チョウチョウハッシ》と互いに打合《だごう》しあうような場合において、敵の打ってくるところを我が太刀にて張り合わせて打つ技である。

張り合わせる具合は、それほど強く張るわけではなく、また、受けるということでもない。**敵の打ってくる太刀に応じて、その太刀を張り受けて、すかさず張った時よりもさらに速い太刀筋にて敵を打つ**ことである。**敵の太刀を張ることにより先を取り、打つことによって先を取る**ということが肝要なのである。

張る拍子がよく合えば、敵がどんなに強く打ってきても、少しだけ〝張る〟という気持ちで受ければ、太刀先が落ちるということはない。よく習得して吟味することである。

（解　説）

先に紹介した［三つの受け］は入身法における受け技でしたが、この［**張《は》り受《う》け**］という技は、打撃法における唯一の受け技です。しかし、これも読んでお解《わか》りになったとおり、**敵の太刀を受けた拍子で斬る**ところに眼目《がんもく》があり、決して単なる受け身的な受け技になっていないところから［**受《う》け返《かえ》し技《わざ》**］という名称で章立てをした次第です。

この技は、まず敵との打ち合いにおいて、互いに太刀を打合《だごう》しあう展開になった場合、それを避けるため、受けた太刀を敵の太刀に張り合わせ、受け返した拍子でもって敵を斬るのです。そこのところの拍子を、宮本武蔵玄信は《**打《うつ》太刀をはり《張》て、はる《張》よりはやく敵を打《うつ》**》《**はる《張》にて先をとり、打《うつ》にて先をとる**》という味わいのある言葉でもって表現しています。

［張り受け］で大事なことは、やはり拍子でもって受け、その返す太刀で斬ることにあり、よって《さ

のみきつくはる《張》にはあらず》《少《すこし》はる《張》心》で受けることにあります。しかし、やはりどうしても、力強く張ろうとしてしまうものです。そのために宮本武蔵玄信は、パワーを否定し、拍子でもって行うことを強調して「張る拍子がよく合えば、敵がどんなに強く打ってきても、少しだけ〝張る〟という気持ちで受ければ、太刀先が落ちるということはない」（原文《はる《張》拍子能《よく》あへば、敵《てき》何とつよく《強》打《うち》ても、少しはる《張》心あれば、太刀さき《先》のおつる《落》事にあらず》）と、さらに念を押して説明しているわけです。

［張り受け］する場合、太刀先が落ちると「受《う》け流《なが》し」という別の技になってしまって、この技の主眼とする、張った拍子による太刀の返しの斬撃ができなくなります。《はる《張》拍子能《よく》あ》わせて《太刀さき《先》のおつる《落》事》がないように張り受けることが肝要です。

第七章　多敵対処技法

一．［多敵《たてき》の位《くらい》］の事（第三十三条）

［多敵《たてき》の位《くらい》］というのは、一人でもって大勢の敵と戦う際における技法である。

この場合、刀・脇差を抜いて、左右に広く二刀を両脇に捨てるように構えるのである。これを［両脇《りょうわき》の位《くらい》］という。

敵が四方より掛かって来ようとも、一方へ追いまわすことである。敵が掛かってくる具合や状況、個々の敵の前後までも見極め、先へ進んでくる者から素早く当たっていき、敵の全体の状況や変化に目を行き渡らせ、敵が斬り込んでくるのに応じて、**右の刀も左の脇差も一度に振り違えて、行く太刀にて前面の敵を斬り、返す太刀にて両脇から攻め入る敵を斬る**のである。太刀を振り違えたままで、そのままの状態でいるのは良くない。そして、すぐに「両脇の位」に戻り、敵の突出《とっしゅつ》している方面に強く斬り込みをかけ、追い崩して、そのまま、また敵の突出している方面を攻撃して切り崩していくことである。何としても**敵を一重《ひとえ》に魚つなぎのような状態に追い込む**ように仕掛け、敵が集まって固まっている方面を見付けては、そのまま機会をのがさず強く払い込んで行くのである。

敵勢が集中している所を、真っ正面から追いまわそうとしても、うまくいくものではない。また、敵の出てくるところを狙《ねら》ってばかりいては、敵の攻撃を待つことになって後手《ごて》を踏むことになる。敵の拍子に応じて判断し、崩れるところを察知して勝ちを得ることである。

折々につけ数人を相手とし、追い込む方法を習熟し、その秘訣を体得すれば、一人の敵はおろか、十人・二十人の敵であろうとも心安いものである。充分に稽古して、その呼吸を吟味することである。

（解　説）

この**［多敵《たてき》の位《くらい》］**は、多勢の敵を一人でもって戦う際における技法です。「地の巻」第五条「此《この》一流、二刀と名付《なづく》る事」において《太刀一つ持《もち》たるよりも、二つ持《もち》てよき所、大勢を一人してたゝかふ《戦》時》とあった、その具体的解説です。一読して、二刀を両脇に構えて多勢の敵と戦う宮本武蔵玄信の勇姿を彷彿とさせるものがあります。

さて、ここで初めて**《我《わが》刀・わきざし《脇差》をぬきて、左右へひろく《広》、太刀を横にすて《捨》ゝ、かまゆ《構》る也》**と、文章として具体的に二刀を用いることが表されていますが、それは別に、この［多敵の位］だけが二刀の技法であるというわけではありません。これまでの全技法すべてが二刀における技なのです。しかし、他の技法は二刀に限らず一刀においても小太刀においても通じるものであったのですが、この**［多敵の位］においては、複数の敵を相手にすることから、二刀を同時に使うという二刀一流剣術の特長を百パーセント発揮しなければならない技法である**からです。

さらに、この［多敵の位］に限って、「水の巻」第八条「五つのおもて《表》の次第、第一の事」における《是《この》二刀の構、五つより外にあらず》という［五方の構］から外れた**［両脇《りょうわき》の位《くらい》］**をとるからです。

よって、このように具体的な二刀の構え方を説明しているのです。

［多敵の位］における具体的な方法については、原文を読めば充分に了解できることと思いますが、これを端的に述べれば**［各個撃破《かっこげきは》］**の一言に尽きます。そしてこれは、「火の巻」における強敵対処法たる［角《かど》に触《さわ》る］（第十六条）［まぎれる（まぎるゝ）］（第十九条）という戦法と一体となって説か

れています。

「各個撃破」とは、**こちらの戦力が敵より劣勢な場合、敵の戦力を分散すると同時に、こちらの戦力を一つに集中し、分散した敵を各個に撃破していく**戦略であり、戦術です。

このように見ていきますと、**兵法二天一流とは、〈一分の兵法〉たる二刀一流剣術においては「強者の兵法」であり「必勝の兵法」であるのですが、これを〈大分の兵法〉へと転化することによって、「弱者の兵法」「不敗の兵法」として学ぶことができる広さと深さが秘められているの**です。

第八章　口《く》伝《でん》

一．〈打《う》ち合《あ》いの利《り》〉の事（第三十四条）

この〈打《う》ち合《あ》いの利《り》〉ということでもって、兵法における太刀で勝つ道理をわきまえることである。これは、細やかに書き表すべきことでもない。よく稽古することによって、勝利を得る方法を認識するべきなのである。

およそ、兵法の〈実《まこと》の道《みち》〉に基づく太刀筋を会得し、体得した境地が、この〈打ち合いの利〉なのである。口《く》伝《でん》。

〈解　説〉

第八章「口伝《くでん》」は、この「水の巻」において具体的な説明がなく、抽象的な記述で終わっている、いわば兵法二刀一流における〝極意〟ともいえるものです。

兵法二刀一流における「口伝」は、ただ流派を権威づけるために、もったいをつけて『五輪書』に書かなかったというわけではありません。「口伝」における教えは、すべてその前に詳しく述べたところの技法の数々を［五《いつ》つの表《おもて》］でもって徹底的に鍛錬し、それが量質転化して技化したものであるために、具体的に書きようがないからです。

このような性質を持つ「口伝」の第一は**〈打《う》ち合《あ》いの利《り》〉**です。

この〈打ち合いの利〉というのは、**二刀一流剣術の鍛錬を行うことによって、実戦で勝利する太刀筋を体得し、技化すること**に他なりません。

では、この**実戦において勝利する太刀筋の技化**とは、どのように鍛錬すれば良いのでしょうか。

それは、今までこの「水の巻」に述べてきた数々の術技を［五つの表］の稽古をする中で、実戦においてどの技・どの太刀筋がどんな時・どんな状況において有効であるか、かつまた不利であるかを充分に吟味し・工夫し・鍛錬することを経ることによって、それを量質転化していき、自《みずか》らの〝技〟として体得することにあるのです。

第二章「五法《ごほう》」において、兵法二刀一流の［五つの表］にはキッチリとした〝型〟としての明確な約束事がなかったことをすでに説明しました。宮本武蔵玄信は、打太刀《うちだち》に自由に太刀筋を変えて斬ってこさせて、それを［五つの表］の太刀筋で対処し、それによって、敵のどの太刀筋であれば対応でき、どの太刀筋であれば対応できないのかを、実地の鍛錬によって体得させていたものと推察します。

いわば、この〈打ち合いの利〉によって技化しえた各個人の技が、すなわち［五つの表］に対する〝裏〟の技であるのです。これが二刀一流剣術における「裏」であり、この〈打ち合いの利〉を自らに技化し得たものが〝裏〟の技であるのです。

宮本武蔵玄信が、端的に**「流儀《りゅうぎ》に等《ひと》しき位《くらい》の手数《てかず》の利方《りかた》を、新《あら》たに開《ひら》き出《いだ》す程《ほど》の力《ちから》なくしては、この道《みち》に及《およ》びがたし」**と述べているのは、実にこのことを言っているのです。

二、〈一《ひと》つの打《うち》〉という事（**第三十五条**）

この〈**一《ひと》つの打《うち》**〉という心胆《しんたん》でもって、確かなる勝利を得ることである。これは、兵法をよく学ばなければ体得できるものではない。この心胆《しんたん》をしっかりと鍛錬し、その境地に到《いた》れば、兵法を心のままに駆使することができ、意のままに勝つことができるものである。よくよく稽古することである。

（**解　説**）

この〈**一《ひと》つの打《うち》**〉とは、読んでのとおり〝**敵を一刀のもとに斬って勝つ**〟ということです。

先の〈打ち合いの利〉を技化し得て、真剣勝負における勝敗の理非をわきまえれば、一人の敵に対して振るう太刀は一太刀で決するべきです。なぜなら、日本刀による真剣勝負において、無駄に数多く太刀を打ち合うことは絶対にさけるべきであり、また、［多敵の位］においても体力を無駄に消耗しないために、一太刀で斬る熟練の技が要求されるのです。これは、片手で一刀を扱う二刀一流剣術としては当然のことなのです。

〈一つの打〉とは、この〝**一撃必殺の心と技とが一致した境地**〟のことであり、**兵法二刀一流において、常にこの〈一つの打〉ということを心胆《しんたん》に納め、一撃で敵を斬る技を熟練していく必要がある**のです。

三、〈直通《じきつう》の位《くらい》〉という事（**第三十六条**）

〈直通《じきつう》〉の心魂《しんこん》とは、兵法二刀一流における〈実《まこと》の道《みち》〉に通達した境地をいうのである。よくよく鍛錬して、我が身がこの兵法と一体となる境地に到達することが肝要である。口伝《くでん》。

（**参　考**）

〈期《き》を知《し》る〉事（**『兵法三十五箇条』第三十五条**）

〈期《き》を知《し》る〉とは、早き期を知り、遅き期を知り、逃《のが》れる期を知り、逃れざる期を知るということである。我が兵法二刀一流に**〈直通《じきつう》〉**という極意がある。その詳細については口伝《くでん》とする。

〈解　説〉

「水の巻」の最後を飾る兵法二刀一流の極意が、この**〈直通《じきつう》の位《くらい》〉**です。

〈直通の位〉とは、二刀一流剣術における術技に熟達し、〈打ち合いの利〉を弁《わきま》え、〈一つの打〉でもって敵を斬る際に、**あらかじめどの太刀筋でどこを斬ると定めたうえで、そして、そのとおりに勝ちを収める**ところの究極の境地です。

まさしくこれは〃兵法《へいほう》の心魂《しんこん》〃といえるものであり、〃極意《ごくい》の奥意《おうい》〃といえる境地です。

宮本武蔵玄信は、この境地に到達していたがゆえに、『二天一流兵法序論』において**《決戦に面ずるにあらずして、勝ちを慮前《りょぜん》に定むる》**と、自信を持って言い切ることができたのです。

また、このことが『兵法三十五箇条』第三十五条**「期を知る事」**における**《早き期を知り、遅き期を知り、のがる《逃》〻期を知り、のがれ《逃》ざる期を知る》**ということに通底し、よって、この**〈期《きし》を知る〉**という戦略眼・戦術眼を備えることによって、〈一分の兵法〉たる二刀一流剣術は、〈大分の兵法〉をも兼ね備えた二天一流兵法へと発展・昇華していったのです。

以上、「口伝《くでん》」である〈打ち合いの利〉〈一つの打〉〈直通の位〉の三箇条は、［五つの表］でもって、まず太刀の道を身体で覚え、［一拍子の打］から［張り受け］までの各技法、及び［多敵の位］を鍛錬に鍛錬を重ねて会得するところの境地です。

『五輪書』水の巻は、二刀一流剣術における身体の基本体勢から奥義《おうぎ》たる境地まで、兵法二天一流の道を歩む修行者に向けて、余すところなく指し示している兵法書であるのです。

さて、本書は『五輪書』の現代語訳を主眼とし、解説は『五輪書』を読むに際して押さえておくべきポイントのみに触れているため、この「口伝」三箇条についても、これ以上の言及は行いません。よって、この「口伝」の中身の詳細をもっと詳しく知りたい方には、兵法二天一流における〝参考書〟として書いた拙著『宮本武蔵　実戦・二天一流兵法』をお読みになることを、ぜひお薦めいたします。

跋《ばつ》文《ぶん》

以上、二刀一流剣術の概説を「水《すい》の巻《まき》」として書き記し置くものである。

兵法において、太刀をとって敵に勝つ術、すなわち剣術を覚えるということは、まず「五《いっ》つの表《おもて》」の鍛《たん》錬《れん》によって「五《ご》方《ほう》の構《かまえ》」を知り、太刀筋を覚えて、全身柔らかく自由自在の身となって、心《しん》機《き》発《はつ》動《どう》して兵法の道における拍子を知り、いつの間にか独《ひと》りでに刀法も冴えてきて、身体も足の運びも思うがまま自由自在に円滑に動くようになるに従い、一人に勝ち、二人に勝ち、兵法に対する善悪理非を知るほどになり、この「水の巻」の技法を一箇条、また一箇条と稽古して、敵と戦う鍛錬をすることによって、次第次第に兵法の道理を体得して、**心《こころ》、常《つね》に兵法《へいほう》の道《みち》を離《はな》れず**、急ぐことなく、あせることなく、折々につけ剣をとっては〝太刀の徳〟を覚え、どのような人とも打ち合って、その敵の心を知ることを心掛けるように鍛錬し、千里の道も一歩ずつ足を運んでゆくことである。「道はゆるゆると歩んでいくものだ」と思い、「兵法を鍛錬することが、武士の役目であるのだ」と心得て、今日は昨日の我《われ》に勝ち、明日は下手《へた》な者に勝ち、しかる後に上手《じょうず》なる者に勝つのだと信念し、この書物のごとく、少しも脇道へ心が逸《そ》れないように歩むことである。

たとえどれほどの達人・強敵に打ち勝つことができても、流儀の教えに反するような勝ち方では、兵法における〈実《まこと》の道《みち》〉とは言えぬものである。

この兵法の道理を身心共々に体得し技化しえたならば、単身独《ひと》りでもって数十人の敵にも勝つ術をわきまえたことになる。しかるうえにおいては、この剣術の智力でもって〈大分・一分の兵法〉をも得道《とくどう》するべきである。

千日の稽古を「鍛《たん》」とし、万日の稽古を「錬《れん》」とする、これこそを「鍛錬《たんれん》」というのである。

よくよく吟味あるべきものである。

〈解　説〉

「水《すい》の巻《まき》」を締《し》め括《くく》るこの**跋文《ばつぶん》**こそが、感性レベルであるものの、宮本武蔵玄信の〈上達論〉であるといえます。

まず、剣術を鍛錬するということは「五つの表」でもって「五方の構」を知り、太刀筋を覚え、この［表《おもて》］の反復練習により《総体自由《そうたいヤワラカ》になり》、拍子を体得し、いつの間にか自《おの》ずと太刀筋が冴えてきて、段々と勝ち進むことができるようになっていき、徐々に兵法における認識が高まり、「水の巻」

を一箇条・一箇条と繙《ひもと》きながら実戦の稽古を行うことによって兵法の道理を体得し、**《心《こころ》、常《つね》に兵法《へいほう》の道《みち》を離《はな》れず》（『独行道《どくぎょうどう》』第二十一条）**という精神で、**日常レベルからが兵法の鍛錬であることをもって鍛錬せよ**と、そう宮本武蔵玄信は諭《さと》しています。

そして、初心者においてよく陥《おちい》るところの、上達することについての〝あせり〟の気持ちを優しく戒《いまし》め、**《千里の道も、ひと《一》足宛《ずつ》はこぶ《運》なり》**と諭《さと》しています。

兵法に限らず、何ごとにおいても上達するには、まず〝己《おのれ》に克《か》つ〟ことから始まります。**昨日の我《われ》に克《か》つことなしに、明日の下手《へた》に勝つことはできない**のです。

そして、**《此《この》書物のごとくにして、少しもわき《脇》の道へ心のゆかざるやうに思ふべし》**、このことが非常に肝心であり、かつ重要です。この『五輪書』のごとく、**『五輪書』自体そのものを手本として、兵法の道を一筋に歩みきることが**、上達するうえで肝要なことなのです。すなわち、「水の巻」前文に説かれていたごとく、**『五輪書』を単なる剣術技法のテキストとしてではなく、『五輪書』に人生の歩みそのものを読み取って実践していくこと**です。

このように述べると、単なる頭でっかちの形而上学《けいじじょうがく》的な思考しかできない、平面的な認識しか持ち得ていない人々から、例えば、次のような反論がでてくると思います。

「一例をあげると『独行道』の中に、

一、心常に兵法の道を離れず。

など、では女の柔肌を抱いて巫山の夢を見ているときでも、兵法の道を離れなかったのか。

こういう武蔵の偉ぶり方が、かれの兵法にまで疑いをかけられる所以なのだ。かれには少しも素直なところがない」（早乙女《さおとめ》貢《みつぐ》著『実録・宮本武蔵』一六九頁・ＰＨＰ文庫）

同書に「世の中は常に功利で動いているのだ」（一五五頁）と書いている作家・早乙女貢としては、このようなヒネクレたものの見方しかできなかったのもやむを得ないものだと、同情を禁じ得ないものですが、実際のところ、身体を使うことなく頭だけで、しかも論理能力がなく単なる知識偏重の生き方しかしていない者に、同様の考え方をしている者が案外と多いものです。

体を動かさず、本を読んで知識さえ得れば、これで充分と満足している者には、事物を真に追求し、真理を真剣に探究する情熱がないために、このように額面《がくめん》どおりに字面《じづら》だけしか読むことができず、そして、これに反発を覚えているのです。まさしく、これが己《おのれ》に対する合わせ鏡であることを知らぬままに、です。（早乙女貢自身に「少しも素直なところがない」わけです。）

人間というものは、いくら集中せよと自《みずか》らに命じても、そう長くは集中できないものです。それが人間なのです。だからこそ宮本武蔵玄信は、そういう己《おのれ》の心、人間のありようを認識したうえで、集中する時間を長く持続することができないことを承知のうえで、あえて一心不乱に集中すること、一筋に歩みきることを命じているのです。この**弱い自分の心に自ら鞭打つことが、己《おのれ》を伸ばすうえで肝心なこと**なのです。

また、遊ぶということも、人間の集中を高めるうえにおいて非常に大事なことなのですが、早乙女貢などは、遊び人は遊びっぱなしの人生でないと気が済まないのかもしれません。

さて、話を元に戻して、宮本武蔵玄信は、たとえどれほどの敵に勝ち得ようとも、流儀の教えから外れた勝ち方であっては〈実《まこと》の道《みち》〉ではないと説きます。**宮本武蔵玄信は、決して勝つことだけにこだわっているわけではありません。人間として、人間としての歩みをもって、まっとうな道を勝ち抜けと、『五輪書』を通して一貫して主張している**のです。

そして、**《千日の稽古を「鍛」とし、万日の稽古を「錬」とす》**。

少しばかり稽古をかじっただけでは「鍛錬」などと言えないのです。**一千日・一万日の稽古を経て、技の形が身体に浸透し、それが量質転化して〈技〉へと技化するほどの長い年月と内容を有してこそ、初めて「鍛錬」と言える**のです。

宮本武蔵玄信は、このことを感性的ながらも、端的に述べているのです。

現代における我々兵法二天一流を学び鍛錬する者は、この感性的論理を、真の〈上達論〉へと発展させていく義務があります。そのためには、この感性的論理たる「水の巻」跋文《ばつぶん》に述べられた兵法の歩みを自《みずか》ら歩むことによって、『五輪書』から流祖の歩みを自らの感性に写し取り、自らの感性と化すところから、まず一歩を踏み出す必要があるのです。

火の巻（二天一流兵術戦法編　三十一箇条）

前文

二刀一流《にとういちりゅう》兵法《へいほう》における戦法を、火炎《かえん》の勢いに見立てて、戦《いくさ》勝負のことを「**火《か》の巻《まき》**」として、この巻に書き表すものである。

まず、世間一般においては、兵法の道理を小さく捉えて、例えば、指先での手首から五寸・三寸の小手先技《こてさきわざ》を身に付け、あるいは、扇を用いて肘《ひじ》から先の小手先《こてさき》の速さでもって勝てるかのように認識し、または、竹刀《しない》などでほんのわずかな速さの利点を覚えて、単なる手足の動きを習得して、小手先《こてさき》の技《わざ》ばかりでの速さを第一義にしているものである。

我が二刀一流兵法においては、**数度の勝負に一命を懸けて打ち合い、生と死、二つの分かれ目を勝ち抜くため、刀法を覚え、敵の打ち込んでくる太刀の強弱を知り、刀の刃棟《はむね》の道たる太刀筋をわきまえ、敵を討ち果たす鍛錬をもってする**に、小手先技や枝葉の技など思いも寄らぬことである。特に、甲冑《かっちゅう》などに身を固めての合戦《かっせん》において、小手先技など役に立ちようもないものである。それゆえに、**生命懸けの斬り合いにおいて、単身独《ひと》りでもって五人・十人の敵とも戦って勝つ道理を確かに体得する**ことが、我が道の兵法なのである。したがって、一人《ひとり》でもって十人に勝ち、千人でもって万人に勝つという道理に何の差別があろうか。よくよくこの道理を吟味することである。

しかしながら、通常の稽古の際に、千人・万人と多くの人を集めて軍事・用兵の法を習得することなどできないものである。よって、独《ひと》りで太刀をとる際も、その敵その敵の智略をはかり、敵の強弱や手だてを知り、兵法の智徳でもって万人に勝つことを究《きわ》めて、兵法の達人たるを目指すことである。「二天一流兵法の直道《じきどう》を、世界において自分の他に誰が得ようか」または「自分の他に誰が二天一流兵法を極め得ようか」との強い誇りと信念を持って**〈朝鍛夕錬《ちょうたんせきれん》〉**し、技を磨き抜いて後に、ただ独《ひと》り自由を会得し、自《おの》ずから奇特《きどく》を得て、神妙不可思議ともいえる自由自在なる技を駆使するところ、これが、武士たる者が兵法を極めんとする気概・心意気であるのだ。

〈解　説〉

第三巻**「火《か》の巻《まき》」**は、二天一流兵法における戦術・戦法を説く、いわゆる**「二天一流兵術戦法編」**です。

この前文を精読しますと、明らかにこの「火の巻」に書かれた戦術・戦法が〈一分《いちぶん》の兵法《へいほう》〉たる二刀一流剣術の剣理から導き出されたものであることを認識することができます。また、だからこそ二刀一流剣術を鍛錬することでもって〈大分《だいぶん》の兵法《へいほう》〉をも得道することができると言えるのです。

この「火の巻」前文において、流祖・宮本武蔵玄信は、しっかりと**〝兵法たる剣術の本質〟**を述べています。これは、

「数度の勝負に一命を懸けて打ち合い、生と死、二つの分かれ目を勝ち抜くため、（中略）刀の刃棟《はむね》

の道たる太刀筋をわきまえ、敵を討ち果たす鍛錬をもってするに、（中略）それゆえに、生命懸けの斬り合いにおいて、単身独《ひと》りでもって五人・十人の敵とも戦って勝つ道理を確かに体得することが、我が道の兵法なのである」（原文《**数度の勝負に一命をかけて打合《うちあい》、生死二つの利をわけ、（中略）刀のは《刃》むね《棟》の道をわきまへ、敵を打果《うちはた》す鍛錬を得るに、（中略）されば命をばかりの打《うち》あい《合》におゐて、一人して五人、十人ともたゝかい、其勝《そのかつ》道を慥《たしか》に知る事、わが道の兵法也**》）という一節です。これを端的に一言でいえば《命をばかりの打《うち》あい《合》》です。これが**剣術の本質**であるのです。

　剣術の本質が**《命をばかりの打合い》**であると見極めた宮本武蔵玄信が、この真剣勝負における戦術・戦法を説く「火の巻」前文において、その本質をこのようにはっきりと開陳しているところなど、さすが剣聖であると感嘆いたします。

　さらにここでは「水の巻」跋文《ばつぶん》における〈上達論〉に引き続き、〈意志論〉ともいえる修行者の鍛錬における気概と気迫について述べています。

「『二天一流兵法の直道《じきどう》を、世界において自分の他に誰が得ようか』または『自分の他に誰が二天一流兵法を極め得ようか』との強い誇りと信念を持って〈朝鍛夕錬《ちょうたんせきれん》〉し、技を磨き抜いて後に、ただ独《ひと》り自由を会得し、自《おの》ずから奇特《きどく》を得て、神妙不可思議ともいえる自由自在なる技を駆使するところ、これが、武士たる者が兵法を極めんとする気概・心意気であるのだ」（原文《**我《わが》兵法の直道《じきどう》、世界におゐて誰か得ん、又いづれかきわめん《極》と慥《たしか》に思ひとつて、朝鍛夕錬《ちょうたんせきれん》して、みがきおほせて後、独自《ひとり》由を得、おのづから奇特を得、通力不思議有所《ある》、是《これ》、兵《へい》として法《ほう》をおこなふ息《いき》也**》）

非常に力溢れるパワーに満ちた気概・気迫そして心意気を、この文章から受け取ることができます。どのような道においても、このような気概・心意気でもって一筋に歩むことが大事です。**先に結果を求めず、頂点に立つ自分を夢見て、かつ頂点を極める自分を信じて、ひたすらに歩んでいくこと**です。

この前文は〝兵法たる剣術の本質〟と共に、兵法修行に対する修行者の強い意志を説く非常に重要な内容であるのです。

さて、本書『新編・真訳　五輪書』では、「火の巻」の各条目を戦術の性格に応じて分解し、再編成しております。章立てとしては、「地の利の活用」「〈三先《さんせん》〉―先を取る―」「機《き》を知る」「制敵法《せいてきほう》」「心理作戦」「転心法《てんしんほう》」「強敵対処法」「弱敵対処法」「終局対処法」「掛け声」「口伝《くでん》」の十一章に分けて解説いたします。

この「火の巻」においては、「水の巻」跋文《ばつぶん》に《然上《しかるうえ》は、剣術の智力にて、大分・一分の兵法をも得道すべし》と述べたことを受けて、具体的に〈大分の兵法〉〈一分の兵法〉に分けて戦術・戦法を説いています。そこに、この『五輪書』の真に「兵法書」というに足《た》るスケールのでかさを感じさせるとともに、実際の剣術の稽古において〈大分の兵法〉を学ぶことを可能にしているのです。

特に、身体の小さい人・体力に自信のない人・気が弱い人などは〈一分の兵法〉たる剣術の稽古において〈大分の兵法〉として鍛錬することが非常に有効です。なぜなら**兵法二天一流における〈大分の兵法〉こそが「弱者の兵法」であるとともに「不敗の兵法」である**からです。

第一章　地《ち》の利《り》の活用

一、場の次第という事（第一条）

戦いの場における形勢や状態を見分け、活用する方法について述べる。

場所に応じて**［陽《ひ》を負う］**ということがある。太陽を背にして構えるのだ。もし、場所によって太陽を後ろにすることができない時は、我が右脇に太陽が位置するようにする。座敷においても、明かりを我が後ろ・右脇となすことは同じである。後ろが詰まらないように注意して、左側の空間を広くとり、反対に右脇の空間を詰めて構えたいものである。夜においても、敵が見える場所では、火を背にし、明かりを右脇となすこと、同様のことと心得て構えることである。

また、**［敵を見下ろす］**といって、少しでも高い場所にて構えるように心掛けることである。座敷においては、上座《かみざ》が高所であるといえる。

さて、戦いとなって敵を追いまわす場合、自分の左側へと追いまわし、敵の後ろに難所がくるように仕向けて、いずれにおいても、難所の方へ追い込んでいくことが肝要である。難所では**［敵に場を見せず］**といって、敵に顔を振る暇《いとま》すら与えず、油断なく攻め、追い詰めることである。座敷において、敷居・鴨居・戸・障子・縁など、また柱などの方へ追い詰める際にも、場所の状況を判断させないように攻めるのは同じことである。
いずれにせよ、敵を追い込む方向は、足場の悪い所や、または傍《かたわ》らに障害物があるような場所の方へであり、いずれも、地《ち》の利《り》を活かすように「場所において、はや勝ちを得るのだ」という心を第一義にして、よくよく吟味し、鍛錬怠りなくすることである。

〈解　説〉

地《ち》の利《り》を得、地の利を活かすということは、実戦において非常に重要なことです。宮本武蔵玄信が「二天一流兵術戦法編」たる「火の巻」の筆頭に**「場の次第と云《いう》事」**を挙げたのも、いかに宮本武蔵玄信が地の利を重視していたかの証拠です。

この「場の次第」の前半は、**戦う際において、まず自分に有利な場所を確保せよ**という教えであり、〈大分の兵法〉の概念では〝布陣《ふじん》〟に当たります。

〈地の利を得る〉ことについて、宮本武蔵玄信は**［陽《ひ》を負う］［敵を見下ろす］**ということを教えています。

ここで、我が右脇の方に光を置き、空間を詰めるようにするのは、二刀一流剣術の基本として、大刀を右手で持つことによります。

大刀を持つ右側が明るければ、その光によって大刀の動きが分かりにくくなります。そして、右脇を詰めるのは、右手で振る大刀の軌道上、右側が詰まり、左側が空いている方が大きく斬ることができ、有利に戦いを展開することができるからです。また、防御に際しても、大刀で防御せざるを得なくなる右側から攻めさせることなく、左側をさらして小刀で受けるようにするためです。

名城は、必ず敵に注意を向けさせるような隙を一角につくっています。場に応じた構も、そのような名城のようにありたいものです。

そして、後半は**〈地の利を活かす〉**教えとして**［敵に場を見せず］**ということを示しています。ここでの《我《わが》左の方へ追《おい》まわす心》というのも、二刀一流剣術の特殊性により、右手に持つ大刀の軌道が大きく振りやすいように追い詰めるわけです。

実戦において、

「いずれにせよ、敵を追い込む方向は、足場の悪い所や、または傍《かたわ》らに障害物があるような場所の方へであり、いずれも、地《ち》の利《り》を活かすように『場所において、はや勝ちを得るのだ』という心を第一義にして、よくよく吟味し、鍛錬怠りなくすることである」（原文《いづれも敵を追懸《おいかく》る方、足場のわるき《悪》所、又は脇にかまいの有《ある》所、いづれも場の徳を用《もちい》て、場のかち《勝》を得ると云《いう》心専《せん》にして、能々《よくよく》吟味し、鍛錬有るべきもの也》）という教えを第一義として、**地の利を得、地の利を活かすために、常にその視点から場所を観察し把握することが肝要**です。

第二章　〈三先《さんせん》〉――先を取る――

一、〈三つの先《せん》〉という事（第二条）

〈三つの先《せん》〉とは、第一に、我が方より敵に掛かる先、これを**〈懸《けん》の先〉**という。第二に、敵より我が方へ掛かる際における先、これを**〈待《たい》の先〉**という。そして第三に、我からも敵の方からも掛かり合う時の先、これを**〈躰々《たいたい》の先〉**という。これを〈三つの先〉というのだ。

どのような戦いの初めにおいても、この〈三つの先〉より始まり展開される。**先を取れるか否《いな》かで、はや勝利を決するものなれば「先を取る」ということを兵法の第一義と心得よ。**この〈先《せん》〉の詳細には、さまざまな模様展開があるものだが、その時に応じた理合《りあい》でもって先を取り、敵の心理を見抜き、我が兵法の知略をもって勝利することにあるので、それを細やかに書き分ける必要はない。

第一**〈懸《けん》の先〉**とは、こちらから掛かろうと思う時、静かに構えていて、いきなり素早く掛かる先で、その行動は強く・速く行い、それでいて全力を出しきることなく、底力《そこぢから》を温存している先のことである。また、我が心を充分に強気にして、足の運びは通常よりやや速く、敵の身際《みぎわ》へ寄るや、素早く激しく攻め上げる先手《せんて》の取り方もある。また、心を放って、最初から最後まで一貫して敵を押しつぶす気迫で、胆《はら》の底から強気でもって勝つ。これら、いずれも〈懸の先〉というものである。

第二**〈待《たい》の先〉**とは、敵が我が方へ掛かってくる時、少しも構うことなく弱いように見せて、敵が近くなったところで、ズンと大きく離れて、飛び掛かるような体勢を示すことによって、敵の掛かり具合にたるみが出たところを逃さず、一気に強く出て勝利を決すること、これが〈待の先〉の一つである。また、敵が掛かってくる時、こちらもなお一層、強気でもって出て行く場合、敵の掛かってくる拍子が変わる、その間《ま》を逃さず、そのまま勝利を得ること、これも〈待の先〉の理合である。

第三**〈躰々《たいたい》の先〉**とは、敵が素早く掛かってくる場合には、こちらは静かに強く掛かり、敵が接近したところを、ズンと思い切った体勢でもって攻め込み、敵に怯《ひる》みが生じれば、そのまま一気に強く勝つ。また、逆に敵が静かに掛かってくる場合には、我が身を浮きやかにして、少し速く掛かり、敵が近くなるや、一揉《ひとも》み一揉みと、敵の状勢に応じて強く攻め掛かって勝つこと、これらを〈躰々の先〉というのである。

これら〈先〉の取り方について、詳細に書き分けることはできない。この覚え書きをもって基本とし、工夫してもらいたい。

この〈三つの先〉は、その時の情勢や理合に随《したが》って行うことが肝要であって、**常にこちらから攻め掛かることはできないものであるが、同じことならば我が方より攻め掛かり、敵を意のまま**

に翻弄《ほんろう》させたいものである。いずれにしても「先を取る」というのは、兵法の智力でもって必勝を獲得することであるのだ。よくよく鍛錬することである。

（解　説）

兵法二天一流の特長は、「水の巻」第二章でも申し上げたとおり**〈三先五法《さんせんごほう》〉**にあります。「火の巻」第二章で取り上げる**「三つの先と云《いう》事」**は、この**〈三先《さんせん》〉**を説いた兵法二天一流における戦術・戦法の最重要事項です。

〈一分の兵法〉においても〈大分の兵法〉においても、戦いにおける第一歩は〝先の取り合い〟にあり、先を制した方が戦いを有利に展開させることができます。よって、宮本武蔵玄信は説きます。

「先を取れるか否《いな》かで、はや勝利を決するものなれば、『先を取る』ということを兵法の第一義と心得よ」（原文**《先の次第を以《もっ》て、はや勝《かつ》事を得る物なれば、先と云《いう》事、兵法の第一也》**）。よって実戦においては、敵の状況や具合を見て敵の心理を推《お》し量《はか》り、我が兵法の智略をもって、常に先を取るように心掛けよと説いているのです。

したがって、「その時の情勢や理合に随って行うことが肝要であって、常にこちらから攻め掛かることはできないものであるが、同じことならば、我が方より攻め掛かり、敵を意のままに翻弄《ほんろう》させたいものである」（原文**《時にしたがひ、理に随《したが》ひ、いつにても、我方《わがほう》よりかかる事にはあらざるものなれども、同じくは我方《わがほう》よりかゝりて、敵をまはし度《たき》事也》**）と、先手必勝《せんてひっしょう》の理を、この〈三つの先〉

の教えを基本として弁《わきま》え、会得するよう諭《さと》しています。

宮本武蔵玄信は、戦闘者として受け身にまわることを非常に嫌います。

兵法二天一流では、**先手を取って主導権を握り、敵を自分の思いどおりに従わせて勝つ**ことを第一義としているのです。

剣の極意を探求し、『剣と禅』（春秋社）という名著を残された大森曹玄《おおもりそうげん》は、同書の中で、この〈三つの先〉について次のように述べています。

「宮本武蔵は『五輪の書』で『先』には、懸の先、待の先、体々の先の三つあることを示している。懸の先は、こちらから仕懸る先で、いわゆる先手をとること、待の先は後の先のこと、体々の先は、俗にいう相打ちで、相手と一拍子になって勝つことである。武蔵は、先にはこの三つの場合にしかないといっている。それはいずれにしても、普通『先』とは時間上の先後と考えられているようである。先を形の上からみればむろんそれに相違ないけれど、ただそれだけのことならばそれは全く行蔵（筆者注―幕末の剣客「平山行蔵子龍」のこと）のいわゆる『手先のわざ』であって、技術的な工夫で事足りるはずで、山岡鉄舟ほどの人が『剣を学び心を労すること数十年』と述懐するほどに、心をくだく価値ある問題ではあるまいと思う」（九五～九六頁）

このように〝剣の極意〟にばかり目を向けて『五輪書』を読むと、ついこのような評価をしてしまうものです。

もちろん大森曹玄は〈三つの先〉を否定しているわけではありません。剣と禅について深い思索をもってする大森は、宮本武蔵玄信のことも正当に評価されています。しかし、大森曹玄のように、さらに一歩を投じてその奥を探る姿勢があればよいのですが、単に〝剣の極意〟にばかり目を向けて『五輪書』を読むと、つい前掲文のような一面的な見方だけで完結してしまって、単純に批判して終わるだけにもなりかねません。そして、現にそのような平面的思考の持ち主たちが本当に沢山いるものです。

『五輪書』は、端的にいえば〝兵法書〟です。兵法によって勝ち抜くための〝技術書〟です。剣の技術を極めることによって剣の極意を得るための〝技術書〟なのです。よって、「剣の極意とは？」などという大上段からの難問のみを振りかざしてこの『五輪書』を読んでも何も得るところはなく、虚《むな》しいばかりです。

『五輪書』を読み解くには、『五輪書』に記載されている技術・技法・戦術・戦法を鍛錬によって実践してみること、これしかありません。この長年の鍛錬によってこそ、初めて〝剣の極意〟に到達し得るものなのです。

『五輪書』は、剣の技術によって極意に到達する道標《みちしるべ》であり、その道標《みちしるべ》は、**『五輪書』全巻を通して充分なる鍛錬の実践を通しての理論の理解と、その会得したことのさらなる実践の道の歩みのラセン状の繰り返しが極意に到達する道である**ことを滔々《とうとう》と示し・諭《さと》しているものなのです。

第三章　機《き》を知る

一、〈渡《と》を越す〉という事（第四条）

〈渡《と》を越す〉というのは、例えば、海を渡る際に「瀬戸《せと》」という航行の難所を渡る場合がある。また、四十里・五十里にもわたる長い航海を乗り切ることを「渡《と》」という。人間として世の中を渡るにおいても、**一生のうちには〈渡を越す〉といって、どうしても乗り切らなければならぬ瀬戸際が数多くある**ものである。

船路《ふなじ》において、その乗り切る所を知り、船の性能を見極め、天候をよく知って、連れだって行く船は出航しなくとも、その時の状況を受けて、あるいは横風に頼り、あるいは追い風を受け、もし風向きが変わったとしても、二里や三里は櫓《ろ》を漕いででも港に着くのだとの覚悟を持って、船を乗りこなして渡を越すものである。

そのように心得て、人の世を渡るにも、**一大事に懸けては〈渡を越す〉のだと覚悟すること**である。

兵法における戦いのなかにも〈渡を越す〉ということが肝要である。**敵の力量を知ったうえで、己《おの》が達人たることに自信を持ち、兵法の理合《りあい》でもって、生命懸《いのちが》けの勝負を乗り切る**ことは、腕の良い船頭が、航海を乗り切ることとまったく同じである。難所を乗り切ってから後は、また一段と心安い気分となるものである。

〈渡を越す〉において、敵の弱みにつけ込み、先手先手と攻め掛かれば、はや勝ったも同然である。

〈大分・一分の兵法〉のうえにおいても、この〈渡を越す〉という覚悟が肝要である。よくよく吟味することである。

〔解　説〕

兵法にとって先を取ることは、勝負の趨勢《すうせい》を決める最重要事項なのですが、そのためには、まずその機《き》を察知することができなければなりません。

よって、この第三章は、前章の「〈三先〉―先を取る―」を受けて「**機《き》を知る**」兵法をまとめてみました。

『兵法三十五箇条』第三十五条「期をしる事」に、**《早き期を知り、遅き期を知り、のがるゝ期を知り、のがれざる期を知る》**ことが挙がっています。

宮本武蔵玄信は、機を知る方法として〈渡《と》を越す〉〈景気を知る〉〈崩れを知る〉という戦術発想を『五輪書』において提示しています。また、機を知るための日常的兵法として、『兵法三十五箇条』第十条に「いとかね《規矩》と云《い》う事」を説いています。

さて、この**「機を知る」**兵法の第一番目として、**「渡《と》を越すと云《い》う事」**を持って参りました。

本書『新編・真訳　五輪書』において、この「火の巻」における戦術・戦法は、戦略・戦術的要素から個々の戦法へと、大略的な心得から具体的な教えへと原典の条目を並べ換えてまとめております。

〈渡《と》を越《こ》す〉兵法は、戦略的意味合いをも含めた、勝機を見極め、乗り切るための教えです。

《人間の世を渡るにも、一代の内には渡を越すと云《い》う所多かるべし。一大事にかけて渡を越すと思ふ心有《あ》るべし》

このように、人生全般において〈渡を越す〉という人生の転機となる瀬戸際《せとぎわ》＝チャンスが何度か巡《めぐ》ってくるものです。そのチャンスをモノにすることができるかどうか、それが〈渡を越す〉という兵法なのです。

人の生涯をも含めて〈渡を越す〉べきところがいくつもあります。よって**〈渡を越す〉という兵法の理を知って、〈渡を越す〉べき機《き》を見逃さず、見事にそれを乗り切って、見事勝利を得る**ことこそ、人間として生き抜くうえでの枢要であるのです。

二、〈糸かね〉という事（『兵法三十五箇条』第十条）

常に**〈糸かね（規矩）〉**ということを心得ておくべきである。相手の心に「糸」を付けてみれば、相手の強い所・弱い所・まっすぐな所・歪《ゆが》んでいる所・張っている所・たるんでいる所について、自分の心を〈規矩《かね》〉、すなわち「たたき鐘《がね》」のようにして、その〈糸〉を引き当ててみれ

ば、相手の心理がよく分かるものである。そして、その〈規矩《かね》〉のもう一方の働きである「曲《かね》尺《じゃく》」たる働きでもって、相手のまるい心・角張った心・気の長い心・短気な心・歪《ゆが》んだ心・まっすぐな心なる性格・気質をも、よく察知することができるのである。工夫するべきである。

（解　説）

〈糸かね（規矩）〉とは、**日常における情報収集とその分析について説いた教え**です。

機を知ることができるようになるには、やはり、まず情報収集能力と情報分析能力に長《た》けていなくてはなりません。そのための教えが、この**「いとかね《糸規矩》と云《いう》事」**なのです。

この《糸かね》における「かね」を漢字に直しますと、「規矩」と書きます。

「規矩」とは、『五輪書』では規準・規則の意味として使われていますが、ここでは「規矩《かね》＝鉦《かね》＝たたき鐘＝情報収集」の意味、並びに「規矩《かね》＝矩《かね》＝曲尺＝情報分析」という意味です。この二つの意味を兼ね合わせて「規矩」といいます。

この〈糸かね（規矩）〉の教えは、**常に相手の心に、心《こころ》の糸《いと》を付けておき、その糸をピンと張って、自分の心の規矩《かね》＝たたき鐘の反応をうかがってみよ。その反応具合で、相手の心《こころ》の内《うち》が分かるものだ**ということです。

これは、ちょうど幼い頃に遊んだ糸電話を思い出していただければよいでしょう。紙で作った受話器を使って、互いの糸をピンと張って話をすると、その声がちゃんと伝わって会話することができます。

「糸」は心のレーダーです。そのレーダーを常に張り巡《めぐ》らして情報を収集し、自分の「心の鉦《かね》」に当たって反応した情報を、「心の矩《かね》」で分析し判断するのです。

〈糸かね（規矩）〉は、機を知るために常に心掛けておかなければならない、兵法実践の第一歩です。

三．〈景気を知る〉という事

〈景気を見る（知る）〉という事（第五条）

〈景気を見る（知る）〉というのは、〈大分の兵法〉においては、敵の士気が盛んであるか、それとも衰えがあるかを探り、敵軍勢の配置のねらいを検討し、戦場の状況に応じて、敵の景気をよく見受けて、こちらの軍勢をどのように仕掛け、この兵法における戦略・戦術によって確かに勝つという理合《りあい》を呑《の》み込んで、先を取る機会を熟知して戦うものである。

また〈一分の兵法〉にしても、敵の流派をわきまえ、相手の人柄をよく見受け、敵の得意技・弱点などを見付けて、敵の思いもよらぬことを仕掛け、敵の動揺を察知し、その〈間《ま》の拍子〉たる〝隙《すき》〟を見逃さず、先手を仕掛けることが肝要である。

何ごとにおいても、物事の「景気」というものは、我が智力が優れておれば必ず見えるものである。兵法を自由にこなすほどの達人の境地に到《いた》れば、敵の心理をよく量《はか》って勝つ方策を立て、勝利することができるものである。工夫することである。

（解　説）

『兵法三十五箇条』第二十四条**「景気を知ると云《いう》事」**には**《糸かね《規矩》と云《いう》は常々《つねづね》の儀、景気《けいき》は即座《そくざ》の事なり》**とあります。

〈景気を知る〉とは、**戦いに臨んでの敵の状況・状態などの情報を収集して分析し、それに応じた戦法を講じて勝利を収めよ**、という教えです。これも**情報収集の重要性**を説いています。

このように〈景気を知る〉ことは非常に重要なことなのですが、それより大事なのは、これを活用し戦い得ることができる兵法の実践力です。

「兵法を自由にこなすほどの達人の境地に到《いた》れば、敵の心理をよく量《はか》って勝つ方策を立て、勝利することができるものである」（原文《兵法、自由の身になりては、敵の心をよく計《はか》りて勝《かつ》道、多かるべき事也》）。よって〈大分の兵法〉においては戦略・戦術に秀《ひい》で、〈一分の兵法〉にしては剣技優《すぐ》れた達人たる《兵法、自由の身》の境地に到《いた》るべく鍛錬に励むことが肝要なのです。

四、〈崩《くず》れを知る〉という事（第七条）

「崩《くず》れ」というものは、いろいろな事象に起こるものである。その家が崩壊することや身を持ち崩すこと、それに敵が崩れるようなことも、その崩れる時期にいたって、**それまでの順調な拍子が狂うことを契機に崩れが起こる**ものである。

〈大分の兵法〉にしても、そのような敵の崩れる拍子を捉えて、その好機を逃すことなく、追い

立てることが肝要である。崩れる拍子の呼吸を外せば、敵が立ち直るかもしれないからだ。

また〈一分の兵法〉においても、戦闘中における敵の拍子の狂いによる、その崩《くず》れ目《め》を衝《つ》くことである。そこのところを油断すれば、また立ち直って、新たに立ち向かってきて、埒《らち》があかないものである。敵の崩《くず》れ目《め》を衝《つ》き、敵の顔さえも立て直すことができないくらいに、確実に追い打ちを掛けることが肝要である。追い打ちを掛ける呼吸は、まっすぐに強く攻め込むことである。敵が立ち直れないように、打《う》ち放《はな》すことである。この「打《う》ち放《はな》す」という呼吸を、しっかりと身体でわきまえてもらいたい。打ち放さなければ、勝利に手間取ることとなる。工夫すべきものである。

〈解　説〉

機を見て敵を討つ場合、もっとも効果的な機会は、敵が崩れた時であり、その機を見逃さず、崩《くず》れ目《め》を衝《つ》くことが肝要です。

すべての事象における**崩れというものは、拍子違いや拍子の狂いから生じる**ものであり、とりわけ兵法においては、この**〈崩れを知る〉**ということが大事なのです。

さて、〈一分の兵法〉における勝負において、宮本武蔵玄信は《敵たてかへさゞるやうに、打《うち》はなすもの也》と述べています。敵が立ち直ることがないように勝つには、「打《う》ち放《はな》す」ことが必要であると言っているのです。

以上、「機を知る」兵法として、まず人生全般にかかるものとして〈渡を越す〉兵法を知って肝《きも》に据《す》えておくよう心を錬り、そして日常の心得として、常に〈糸かね（規矩）〉を働かせておくようにすることが肝要です。そして実戦においては、まず〈景気を知る〉ことによって敵の戦力を見極めることによって戦略を練り、戦闘の中で敵の〈崩れを知る〉ことによって、敵を徹底的にたたき、完全な勝利を得るのです。

第四章　制敵法《せいてきほう》

一．〈将卒《しょうそつ》を知る〉という事（第二十五条）

〈将卒《しょうそつ》を知る〉というのは、どのような戦闘に及んでも、我が二天一流兵法の道、すなわち〈大分・一分の兵法〉の極意に到達しては、絶えずこの〈将卒を知る〉という兵法を用いて戦略・戦術を講じ、**我が敵たる者をも皆「我が兵卒《へいそつ》なり」と思い取って、我が指図《さしず》のままに従わせるべし**と心得て、敵を思いのままにするところである。**「我《われ》は将《しょう》なり、敵は卒《そつ》なり」**、このことをよく工夫することである。

（解　説）

機先《きせん》を制して先を取り、敵を制するのが、兵法の常道です。

宮本武蔵玄信は、この「火の巻」において〈将卒《しょうそつ》を知る〉〈敵になる〉［枕を押さえる］［剣を踏む］［影《かげ》を押さえる］［陰《かげ》を動かす］という六つの**「制敵法《せいてきほう》」**を説いています。

これらはすべて、**戦闘における主導権を握って、自分の思いのままに戦いを展開していくための戦術・戦法**です。

さて、この**〈将卒《しょうそつ》を知る〉**という教えは制敵法の根幹であり、「我が二天一流兵法の道、すなわち〈大分・一分の兵法〉の極意に到達しては、絶えずこの〈将卒を知る〉という兵法を用いて」（原文《わが思ふ道に至《いたり》ては、たえず此法《このほう》をおこなひ》）とあるように、いわば極意ともいえるものです。「火の巻」全二十七箇条のうち、最後から三番目の第二十五条に置かれている、戦いに勝ち抜くにおいての重要な心得であるのです。

〈将卒を知る〉とは、戦闘において敵を《皆我卒《わがそつ》なり》と思い取って《我心《わが》の下知《げち》》（『兵法三十五箇条』第三十二条「将卒のおし《教》への事」）によって自分の思いどおりに敵を従わせるというものです。

戦闘における主導権を掌握し、戦局を自分の思いのままにする心得として**《我《われ》は将《しょう》也、敵は卒《そつ》也》**という兵法を心胆《しんたん》に納めて戦端を開くことが、必勝を期するうえで肝要です。

ただしこれは、〈大分の兵法〉においては『二天一流兵法序論』にある《決戦に面《めん》ずるにあらずして、勝ちを慮前《りょぜん》に定》め、《萬陣《ばんじん》の勝北《しょうはい》、完城《かんじょう》の陥潰《かんつい》、顕然相形《けんぜんそうぎょう》、なおその掌《たなごころ》に示す》がごとき〝名将〃たる者であり、〈一分の兵法〉においては、「水の巻」に記された二刀一流剣術のすべてに熟達した〃達人〃たる者において初めて成せる業《わざ》だといえます。特に、〈一分の兵法〉においては、兵法二刀一流の極意である〈直通《じきつう》の位〉に通底《つうてい》するものがあります。

〈将卒を知る〉兵法を実戦に用いることを得るためには、まず〈直通の位〉の境地に到《いた》ることです。このような高みがあるからこそ、宮本武蔵玄信は《わが思ふ道に至りては》と、わざわざ最初に断っているのです。これすなわち、**二刀一流剣術の術技に加え、この「火の巻」に説かれる戦術・戦法を自由自在に駆使しうる認識力・実践力が必要である**ということです。二刀一流剣術の技を見事に創り上げ、その見事な技でもって見事に兵法として使いこなすことが、この〈将卒を知る〉なのです。〈将卒を知る〉兵法を駆使しうるには、やはり二刀一流剣術を自《みずか》ら鍛錬する、その第一歩から歩み出さねばならないのです。

二、〈敵になる〉という事（第八条）

〈敵になる〉というのは、**我が身を敵に成り代えて、敵の心理を探る**ものである。

世間の事例を取り上げてみると、盗みなどをして建物の中に立《た》て籠《こも》ってしまった者などに対しても、その相手を不当に強いものと思い込んでしまうところがある。敵に成り代わって思えば、世間の人全員を敵にまわし、家屋《かおく》に逃げ込んで、もうどうにもならぬ進退窮《しんたいきわ》まった気持ちで脅《おび》えているものだ。立《た》て籠《こも》っている者は、いわば〃雉《きじ》〃である。それに対して、捕縛《ほばく》・追討《ついとう》に押し入る者は〝鷹《たか》〟なのである。よくよく工夫してもらいたい。

〈大分の兵法〉にしても、敵といえば強いものと見なして、慎重に掛かるものである。良い軍隊・部隊を持ち、兵法の道理をよく心得て、敵に勝つ機会をよく捉えさえすれば、何も気遣《きづか》いをする心配はないものである。

〈一分の兵法〉も、敵になって思うことである。兵法をよく心得て、剣理に明るく、兵法の達人たる者と立ち合っては、絶対に勝ち目はないと思うものである。よくよく吟味することである。

〔解　説〕

敵を制するにおいて、まず彼我《ひが》相互の戦力やレベルをよく知っておかないと不可能です。それとともに、**敵が何をどのように考え、どのような戦略・戦術を講じてくるのかを察知する**ことも大事です。このことを、宮本武蔵玄信は**〈敵になる〉**といって教えています。

敵が何を考え、どのように戦ってくるかを考えるに、自分自身をその敵に成り代えて考えてみよと、宮本武蔵玄信は諭《さと》しているのです。そして、**敵の心理や戦い方を見抜いたうえで、その敵の考えの裏をかく戦法や、敵の思いも寄らぬ攻撃を仕掛けて、敵を制する**のです。

これも**観念における否定の否定**です。敵の心理を探るため、まず自己を否定し、敵に成りきります。そして、敵の考えを読み取ったうえで、こちらに有利な戦術・戦法を講じてゆくのです。つまり、観念的に創った敵をさらに否定して、自分の戦法として有利に展開させていくのです。

このような否定の否定という作業を経て構築した〈敵になる〉兵法は、このような作業を経ていない独《ひと》りよがりの戦い方と違って、非常に理に適《かな》い、効率の良く、リスクの少ない戦いを展開させることができるものです。

兵法は、自然・社会・精神の運動の一般性たる弁証法性に貫かれています。この弁証法性をしっかりと認識することができるようになるために弁証法を学び、ものごとを弁証法的に考え、実践していくことが、兵法を有効に活用していくうえで大事です。よって、この**弁証法の論理能力を高める鍛錬も必須である**といえるのです。

三、［枕を押さえる］という事（第三条）

［枕を押さえる］とは、**敵の出頭《でがしら》を押さえる心得**である。

兵法における勝負の道に限っては、他人に我が身を思いのままにされて、後手《ごて》を踏むのは最悪のことであり、何としてでも敵を自由に引き回したいものである。したがって敵も同様に考え、こちらも同様に考えているのであるが、このような時、敵のすることを受け躱《かわ》しなどしていては、とうてい適《かな》うものではない。

兵法において、敵の打ってくるのを受け止め、突いてくるところを押さえ、組みに来るところをもぎ放したりすることもあるが、［枕を押さえる］というのは、兵法の〈実《まこと》の道《みち》〉を体得して、敵と立ち合う際に、敵がどのような技を繰り出そうとも、その兆《きざ》しを敵のせぬうちに察知して、

敵の「打つ」という「う」の字に当たる出頭《でがしら》を押さえて、その後を出させないということである。例えば、敵の掛かって来る「か」の時点で押さえ、「飛ぶ」という「と」の所の出頭《でがしら》を押さえ、「斬る」という「き」の字の頭を押さえることも、みな同じ心得である。

敵がこちらに技を仕掛ける際において、何の役にも立たない事は、敵のするに任せておき、こちらが不利になりそうな技を封じて、敵に有効な技を出させないようにすることが兵法の第一義なのである。しかしこれも、敵のすることを押さえよう押さえようとばかり思う心であっては、もうすでに後手《ごて》を踏んでいることになる。まずこちらから、どのような事でもよいから、兵法の道理に従って技を繰り出してゆく中において、**敵の方から技を仕掛けようとする、その出頭《でがしら》を押さえて何事も無効となし、敵を自由に引き回す**ところ、これこそ、兵法の達人・鍛錬の故《ゆえ》に成せる業《わざ》なのである。

この「枕を押さえる」ということを、充分に吟味することである。

（解　説）

この「**枕を押さえる**」という兵法は、宮本武蔵玄信がもっとも得意とした制敵法です。『兵法三十五箇条』第二十三条「**枕のおさ《押》へと云《いう》事**」に《敵、太刀打《うち》ださんとする気ざしをうけ、「う《打》たん」とおもふ「う」の字のかしら《頭》を、空《くう》よりおさ《押》ゆる也》と、**《気ざしをうけ》《空《くう》よりおさ《押》ゆる》**とあるように、これはただ単に、太刀などにおいて敵の技を制する技法ではないことを確認することができます。

このように［枕を押さえる］ことができるのは、《兵法の達者、鍛錬の故《ゆえ》》であると、宮本武蔵玄信が述べているように、これは「水の巻」における二刀一流剣術の全技法を体得し、「火の巻」における戦術・戦法をマスターすることによって初めてなし得る、長年の鍛錬を経て技を量質転化なし得た者が用いることができる**敵の兆《きざ》しを未然に押さえる兵法**なのです。これはもう技のみならず、兵法における認識・拍子・技法が相互浸透し合い、量質転化した結果として成し得る業《わざ》であるのです。

そのためにこそ、「水の巻」「火の巻」は当然のこと、**『五輪書』全巻を熟読玩味して、徹底的に剣技を練ることが肝要である**わけです。

四、［剣を踏む］という事（第六条）

［剣を踏む］という心得は、兵法においてもっぱら用いるところである。

まず〈大分の兵法〉においては、まず前哨戦《ぜんしょうせん》として、弓・鉄砲を用いて敵が我が方へと撃ちかけ、その後に攻め込んで白兵戦《はくへいせん》となるものである。しかるに、敵が弓・鉄砲を放ち終えて、その前哨戦の後に本格的な白兵戦になるにもかかわらず、こちらがその敵の攻撃に対する備えとして、弓をつがい、鉄砲に弾薬を込めたりなどしていては、いざこちらから敵陣へ突入しようとしても、とても突入できるものではない。敵が弓・鉄砲を放っている、その前哨戦のうちに、はや攻め掛かる心積もりをしておくことだ。素早く攻め掛かれば、弓もつがうことができず、鉄砲も

撃つことができないものだと心得よ。

このように、**敵が仕掛けてくるのを、そのまま応じ受けて、敵の攻撃を踏み付けて勝つ**のである。

また〈一分の兵法〉にしても、敵の打ち出すのに合わせて打てば、丁々発止《チョウチョウハッシ》といった打ち合いになって、決着が付かないものである。敵の打ち出してくる太刀を、足で踏み付ける気迫でもって打ち出すところを勝ち、敵をして二度目を打つことができないようにせよ。「踏む」というのは、何も足のみに限るわけではない。身体でもって踏み、心でもっても踏む。もちろん太刀にても踏み付けて、敵の二の太刀を封じ込むことだと心得よ。これがすなわち**諸事「先《せん》を取る」という精神**である。

敵が仕掛けるのと同時に仕掛けるといっても、ただ突き進んでぶつかれ、といった単純な教えなどではない。これは、**敵の攻撃に対応する際における拍子の心得**であるのだ。よくよく吟味することである。

（解　説）

『兵法三十五箇条』第十七条に《剣をふむ事度々《たびたび》にはあらず》とあった「**剣をふ《踏》むと云《いう》事**」という教えは、『五輪書』では、《剣をふ《踏》むと云《いう》心は、兵法に専用《もっぱらもちゆ》る儀也》と大きく変わっています。

それは、『兵法三十五箇条』においては**《太刀の先《さき》を、足にてふ《踏》まゆると云《いう》心也。敵の打懸《うちかかる》太刀の**

落ち着く処を、我《わが》左の足にてふ《踏》まゆる心也》といった、実際に左足で敵の太刀を踏み付ける高度な技であったのが、『五輪書』では、敵の攻撃に対応する際の心得として、**敵の攻撃の後《あと》に応じて、そのまま敵に二度目の攻撃をさせない教え**に変わっているからです。敵の攻撃に応ずる心得となれば、まさしく《兵法に専用《もっぱらもちゆ》る儀》であるわけです。

このように『五輪書』では、一種の心掛けといった内容として記載されていますが、これら**『五輪書』に書かれている内容を、単なる〝心得〟〝心掛け〟レベルで捉えないことが肝要**です。「敵の打ち出してくる太刀を、足で踏み付ける気迫でもって打ち出すところを勝ち、敵をして二度目を打つことができないようにせよ」（原文《敵の打出《うちいだ》す太刀は、足にてふ《踏》み付る心にして、打出《うちいだ》す所をかち《勝》、二度め《目》を敵の打《うち》得ざるようにすべし》）とあるように、兵法二刀一流における稽古では、実際に左足で剣を踏む鍛錬を行っていたと思われますし、この鍛錬が、とりもなおさず「敵が仕掛けてくるのを、そのまま応じ受けて、敵の攻撃を踏み付けて勝つ」（原文《物毎《ものごと》を敵のしかくると、其儘其《そのままその》理を受《うけ》て、敵のする事を踏《ふみ》つけて勝《かつ》》）という**［剣を踏む］**兵法の本質、すなわち、その拍子を体得する鍛錬であったと推察いたします。

『五輪書』に書かれている心得は、すべて鍛錬の実践を伴うものであるのです。

五．［影《かげ》を押さえる］という事（第十一条）

［影《かげ》を押さえる］というのは、**敵の方から仕掛けようとする心を察した時の対処法**である。

〈大分の兵法〉においては、敵の作戦行動を押さえることであり、こちらから敵の作戦を察して封じ込める動きを示せば、敵がその展開にひるんで作戦を変更するものである。そうなれば、こちらも戦術を転換して、それに応じた作戦でもって、先を仕掛けて勝つところである。

〈一分の兵法〉においても、敵から仕掛けてこようとする強い兆《きざ》しを、こちらは見抜いているということを示すことによって封じ込み、封じ込んだ拍子を我が勝利するきっかけとなして、先手先手と仕掛けていくのである。よくよく工夫することである。

〈解　説〉

先の［剣を踏む］兵法が、敵の攻撃に対応する際の心得であったのに対し、この**［影《かげ》を押さえる］**兵法は、**敵の攻撃の気配・兆《きざ》しを察した時点での心得**です。

さて、『五輪書』原文ではこれを**《影をお《押》さゆる》**としていますが、『兵法三十五箇条』第十八条「**陰《かげ》をお《押》さゆると云《いう》事**」では**《陰《いん》のかげをお《押》さゆる》**とあります。「陰《いん》のかげ」とは、物にさえぎられて光の当たらない所を意味し、そこから〃心《こころ》の内《うち》〃の動きを指します。この**［陰《かげ》を押さえる］**は［影《かげ》を押さえる］と若干ニュアンスを異《こと》にし、**敵の心《こころ》の内《うち》の隙《すき》を察知し、その隙を押さえるもの**です。

それに対し、『五輪書』における［影を押さえる］とは、「陰《いん》のかげ」に対する「陽《よう》のかげ」であり、**敵の攻撃の気配・兆《きざ》しを察するや、すかさずその動きを押さえ込め**、という教えです。このように〃影〃を押さえれば、敵は戦法の変更を余儀なくされ、こちらはそれに乗じて勝機を見出すことができるものです。

このように『五輪書』で説かれた［影を押さえる］兵法は、『兵法三十五箇条』の［陰を押さえる］よりも、より明確な教えとなっていることが確認できます。

六、［陰《かげ》を動かす］という事（第十条）

［陰《かげ》を動かす］というのは、**敵の手《て》の内《うち》が判然としない時の対処法**である。

〈大分の兵法〉においても、何とも敵の状況が判断できない時は、我が方より強く仕掛けるように見せかけ、敵の出方を見ることである。敵の戦法が分かれば、それに応じた戦い方で勝つことが容易となる。

また〈一分の兵法〉にしても、敵が太刀を後方に構え、あるいは脇構《わきがまえ》をとった場合において、フッと打ち込むように見せかければ、敵はそのねらいを太刀の動きに表すものである。その太刀筋さえ分かれば、それに応じた有利な手段でもって、確実に勝利を得ることができるものである。油断すれば、その好機を逃すことになる。よくよく吟味することである。


（解　説）

［影を押さゆる］という兵法が、敵の攻撃の気配・兆《きざ》しを察した時点での心得であったことに対し、この［陰《かげ》を動かす］兵法は、**敵の動向が判然としない時の対処法**です。

さて〈一分の兵法〉たる剣術において、太刀を後方に控《ひか》え、太刀筋をどのようにでも展開することができる脇構《わきがまえ》は、別名「攻撃の構」とも言われ、敵がこの構をとった場合、もっとも警戒しなければなりません。脇構は、太刀が身体に隠れて見えない上に、その太刀筋は下からでも上からでも、また薙《な》ぐこともでき、攻撃にもっとも有利な構であるのです。そのために［陰《かげ》を動かす］という教えがあるわけです。

敵が脇にて太刀を隠し、どのように攻めてくるか判らない時、敵がどう考えているか、その心《こころ》の内《うち》を動かしてみるのです。これが［陰を動かす］という兵法です。

〝陰《かげ》〟とは《敵の心の見えわかぬ》ことであるのです。

この［陰を動かす］に対し、『兵法三十五箇条』第十九条では**［影《かげ》を動かす］**となっています。その心得は『五輪書』と同じ脇構の敵に対する対処法が説かれているのですが、前項と同様、若干ニュアンスが異なります。**［影を動かす］兵法の場合、敵の脇構を動かすことに主眼が置かれています。****《影《かげ》は陽《よう》のかげなり》**と『兵法三十五箇条』にあります。この「かげ」における「陰」「影」の意味に充分注意する必要があります。

同じ脇構をとる敵に対する対処法として説いているのですが、『五輪書』が「陰」、すなわち敵の見えない心理を問題としているのに対し、『兵法三十五箇条』の方は、「影」たる敵の動きに注意を払っているのです。

第五章　心理作戦

一、［移らかす（移らせる）］という事（第十二条）

［**移らかす（移らせる）**］というのは、よく物事にあるものである。例えば、眠りなども移り、あるいは、あくびなども移るものである。時が移るということもある。

〈大分の兵法〉において、敵が浮《うわ》ついた気持ちで、戦いを急ぐ心が見えた時は、少しもそれに構わぬようにして、いかにもゆったりとした様子を示せば、敵にもこちらの状態が移り、緒戦においてたるみが生じるものである。その敵の心がたるむ方向へ移ったと判断した時に初めて、我が方より〈空《くう》の心《こころ》〉でもって、素早く、しかも強く仕掛けて勝利を得るものである。

〈一分の兵法〉にしても、我が身も心もゆるりとしておいて、敵のたるみの生じた、その間《ま》を捉えて、強く、そして素早く、先を仕掛けて勝つことが第一義である。

また［**酔わせる**］といって、この［移らかす（移らせる）］に似た戦法がある。一つに**退屈する心**、二つに**落ち着きのない心**、三つに**弱気な心**である。よくよく工夫することである。

〈解　説〉

およそ兵法の勝負は、**虚々実々《きょきょじつじつ》の駆け引きでもって敵を誘い込み、怒らせ、脅《おびや》かし、慌《あわ》てさせ、敵を混乱に陥《おとしい》れて勝つ**のを常とします。

そこで宮本武蔵玄信は、［移らかす］［むかつかす］［脅かす］［うろめかす］という四つの「**心理作戦**」を紹介しています。

兵法の勝負は畢竟《ひっきょう》〝先《せん》の取り合い〟にあります。そして、そのポイントは〈拍子《ひょうし》〉にあります。よって、そのためにこそ敵の心理を読み、敵の作戦を察知し、敵の思いも寄らない戦法を駆使して、敵の拍子を狂わせることが肝要なのです。そしてまた、戦端が開かれるや、**敵の心理を積極的にかき乱す「心理作戦」が戦術として絶対必要とされる**のです。

さて、この［**移らかす（移らせる）**］という兵法は、〈大分の兵法〉の観点からでは豊臣秀吉がもっとも得意でありましたが、宮本武蔵玄信は〈一分の兵法〉において、これをもっとも得意としていたのでした。

《一分の兵法にしても、我身《わがみ》も心もゆるりとして、敵のたるみの間《ま》をうけて、つよくはやく、先《せん》にしかけて勝所《かつところ》、専《せん》也》

と、宮本武蔵玄信はサラリと書いているのですが、敵の白刃《はくじん》を前にして《我身《わがみ》も心もゆるりと》することなど、並大抵の鍛錬で身に付くことではありません。

実戦を常に鍛錬の根本に置くことに徹しない限り、この［移らかす（移らせる）］兵法は使えるべくもなく、実力無くしてこれを使えば、まさしく《なまへいほう《生兵法》、大疵《おおきず》のもと》（「地の巻」第一条「兵法の道と云《いう》事」）となる結果を見ることになるでしょう。

柘植久慶《つげひさよし》は『実戦五輪書』（中公文庫）において、次のように解説しています。

「合戦において敵が戦闘準備を完了しているとき、ゆったりとしたペースで構えるには度胸がいる。（中略）宮本武蔵がこの〈五輪書〉で述べていることの殆どは、現代にも一脈通じる含蓄を有したものである。だが、〈うつらかすといふ事〉の記述には、いささか無理が多いと考えられる」（二二二～二一三頁）

そう、現代人の感覚からしてみれば「いささか」どころか、かなり無理があるといえるでしょう。それは、宮本武蔵玄信ほどの徹底的な鍛錬をなし得ず、心身ともに芯《しん》からゆるみきった状態でもって、それを心理作戦に利《り》することなど、今の現代人の鍛錬では、どだい無理といえるものです。よって、ここはまたさらに、**我々現代人の通常の感覚を否定して、ここに説かれている内容を熟読玩味し、実地の稽古において、その強い精神力を養うという方向に向かう必要がある**のです。

この「移らかす（移らせる）」という兵法の解説一つからにしても、心身のコントロールの鍛錬とその実践を読み取ることが肝要であり、単純に現代人の今の感覚で解釈し、判断すれば、せっかくの貴重な教えを見逃してしまうことになってしまいます。『五輪書』全編を通して《一《ひと》こと《言》〱《ひとこと》、一字《いちじ》〱《いちじ》にて思案》（「水の巻」前文）しながら読み込んでいくことが肝心です。

二、［むかつかせる］という事（第十三条）

［むかつかせる］というのには、いろいろな方法がある。一つには、**きわどい状態にまで追い込んでいらだたせ、**二つには、**自分の思いのままにならない状況に持っていって怒らせ、**三つには、**思いも寄らぬことを仕掛けて、むかつかせる**のである。よく吟味することである。

〈大分の兵法〉にしても、敵をむかつかせることは、きわめて大事なことである。敵の予期せぬ所へ激しい勢いでもって仕掛け、敵の作戦が定まらぬうちに、その攻勢を利して、先手先手《せんてせんて》と仕掛けて勝つことが肝要なのである。

また〈一分の兵法〉にしても、初めはゆるりとした態度を示し、不意に強く攻撃を掛け、敵の心の起伏・動揺に乗じて息を抜かさず、そのまま有利に戦いを進めて勝利を得ることが肝要である。よくよく吟味・検討すべきことである。

（解　説）

心理戦において、敵を怒らせ動揺させることは、もっとも基本的な作戦であり、かつ、非常に効果的でもあります。

この［**むかつかせる**］という兵法も、宮本武蔵玄信がもっとも得意とする戦法で、**敵をむかつかせ怒らせることによって、敵の心理が硬化することをねらった作戦**です。

宮本武蔵玄信はこのように、敵がいかに怒鳴りだしたくなる程に腹立たせるか、その心理を分析し、兵法に応用しているわけですが、また逆に［むかつかせる］兵法を学び知ることによって、こちらがその手に掛からぬように、すなわち**心の動揺がなきように心を鍛錬していく**ことも同様に肝心なことであるのです。

三、［脅《おびや》かす］という事（第十四条）

「脅《おび》える」ということは、一般によくあることである。それは、**思いも寄らぬことに「脅える」という心理が働くものである。**

〈大分の兵法〉にしても、敵を**［脅《おびや》かす］**ということは、目に見えるものだけではない。例えば、物音や掛け声などにて脅かし、あるいは小さな兵力を大軍と見せて脅かし、また傍《かたわ》らより不意を衝《つ》いて脅かすなど、これが［脅《おびや》かす］という兵法である。

〈一分の兵法〉にしても、身体でもって脅かし、太刀でもって脅かし、掛け声をもって脅かし、敵の予期せぬことを不意に仕掛けて、その脅えたところに付け込んで、そのまま勝利を得ることが肝要である。よくよく吟味することである。

（解　説）

［脅《おびや》かす］とは、敵に恐怖心を抱かせ、萎縮《いしゅく》させる心理戦法です。

宮本武蔵玄信は、**《おびゆる《脅》》というのは《思ひもよらぬことにおびゆる《脅》心》である**と説き、**その心**

理を最大限に利用して敵を脅《おびや》かせと教えています。

どのような強者であっても、戦いにおいて完全に恐怖心を払拭《ふっしょく》することは至難《しなん》の業《わざ》だといえるでしょう。ましてや我々凡人においては、なおさらその恐怖心にさいなまれることになるのです。

よって**武道の修行とは、武術・武技の鍛錬を通して、その「恐怖心」という自らの心内《こころうち》に潜《ひそ》む大敵と戦い、恐怖心を克服することにある**ともいえるでしょう。

そして、宮本武蔵玄信は実戦において、敵の心内《こころうち》に潜《ひそ》む「恐怖心」を味方となすべく、それに働きかけるのです。

原文に《声を以《もっ》ておびや《脅》かし》とありますが、兵法二天一流では掛《か》け声《ごえ》をも戦術として用います。それが第十八条「三つの声と云《いう》事」であり、これは第十章「掛け声」にて詳しく解説いたします。

四、「うろめかす（うろたえさせる）」という事（第十七条）

「うろめかす（うろたえさせる）」というのは、**敵に確固たる作戦を持たせないようにする**兵法である。

〈大分の兵法〉にしても、戦場において、敵の心理を推量し、我が兵法の智力をして、敵の心をそこかここか・あれやこれやと慌てさせ、遅いと思わせては速く攻め、敵の動揺した心理状態の拍子を捉え、確実に勝利を得る道をわきまえることである。

また〈一分の兵法〉にしては、我が攻撃の機会を捉えて様々《さまざま》な技を仕掛け、例えば、打ち込む

と見せ、あるいは突きに来ると見せかけ、または入身《いりみ》にて入り込むと思わせ、敵の狼狽《ろうばい》する兆《きざ》しを捉えて、自由自在に勝つところ、これが戦いにおける第一義なのである。よくよく吟味することである。

〈解　説〉

「心理作戦」の最後の兵法は **［うろめかす（うろたえさせる）］** です。

《うろめかす》とは聞き慣れない言葉ですが、多くの欲望や迷いのために悟りきれない人々を仏教で「有漏《うろ》」といい、そこから「うろうろ」という困って慌てたり、あてもなく歩き回る様子を表す言葉が生まれ、現在も使われています。

［うろめかす（うろたえさせる）］とは、敵を惑《まど》わし、慌てさせ、うろたえさせる戦法で、《敵に慥《たしか》なる心をもたせざるやうにする所》だと説いています。

確固たる作戦を立案し、充分なる鍛錬を積めば、それがゆるぎない自信となって、大きな強みとなるものです。

よって、**実戦においては確固たる信念を持って戦うことが要求される**のですが、それと同時に**敵に対しては、そのような強い信念を持たせないように謀《はか》る**ことが重要であり、それが勝利への相乗効果を導きます。この［うろめかす（うろたえさせる）］兵法は、**敵に心理的な動揺を起こさせ、そこをねらって衝《つ》く**作戦であるのです。

以上［移らかす（移らせる）］［むかつかせる］［脅かす］［うろめかす（うろたえさせる）］という四つの心理作戦は、常識では非常に卑怯な汚い手段であると思われることでしょう。しかし、いったんこの現実社会に目を転じてみれば、日常茶飯事のことであり、いわば、これが常態であるのです。そのところの本来、目をつぶりたい社会の常態に目をそらさず、むしろ積極的に学び取り、敵のそういう手段を見抜くことが兵法でもあるのです。

「兵は詭道《きどう》なり」とは、かの有名な『孫子《そんし》』の言です。たしかに兵法は〝詭道〟です。だからこそ、**兵法によって〝騙《だま》されぬ道〟を学ぶことができる**のであり、**真の平和を願う者は、それこそ兵法を真剣に学ぶ必要がある**のです。

第六章　転心法《てんしんほう》

一・〈弦《つる》を外《はず》す〉という事（『兵法三十五箇条』第二十条）

〈弦《つる》を外《はず》す〉というのは、戦いにおいて、敵も我《われ》も互いに心を引っ張り合うような状態に陥《おちい》ることがある。そのような時、身体においても、太刀においても、足においても、心においても、素早く、その状態から外れるようにするべきである。それは、敵の思いも寄らぬ事でもって、よく外れるものである。工夫することである。

〈解　説〉

第六章「転心法《てんしんほう》」とは、**膠着《こうちゃく》状態《じょうたい》に陥《おちい》った際において、心を転換させる心得**を説いた条目を集めた章です。

二刀を用いる兵法二天一流は、実戦において短期決戦を第一とし、そのために先を取ることを非常に重視します。よって、実戦の稽古においては〈三つの先《せん》〉を常に念頭に置き、先を取るための機を知り、敵を制し、心理的に揺さぶりを掛けるといった兵法を習得し、無駄なく速やかに勝ちを制することを学んでいくわけです。

それはまた〈大分の兵法〉の観点からしても同様であり、国力を疲弊《ひへい》させることなく、兵力を無駄に消耗させることがないためにも、いざ戦争ということになるにあたっては、いかに短期間のうちに勝利し、戦争を有利に終結させるかということに策を錬らなければなりません。

しかし、いざ戦闘に突入すれば、なかなか作戦どおりにはいかないものです。そして、それが戦闘の膠着状態を生み出します。

「転心法《てんしんほう》」は、このように敵我《てきわれ》共ににらみあう膠着状態に陥ったり、攻めあぐんで戦闘が長引くような場合に用いる、**自分の心を転換して新たな戦術・戦法に切り替え、戦いを有利な流れに導くための心得**です。

『兵法三十五箇条』第二十条における**「弦《つる》をはづ《外》すと云《いう》事」**は、この「転心法」の基本的・一般的な教えです。

〈一分の兵法〉たる剣術の立ち合いにおいて、剣先を通してピリピリと緊迫した気を感じることがあります。そして、そのピリピリとした剣気は互いに張り合い、引っ張り合って段々と強くなっていきます。そしてそのまま、お互いに対峙《たいじ》し合うとなると、戦いが膠着してしまうことになるのです。宮本武蔵玄信は、そのピリピリと張り合った剣気《けんき》を「弦《つる》」にたとえて、その弦を外せと、ここで教えているのです。宮本武蔵玄信は、**ピンと張り詰めた心の緊迫を早いうちに外せ、それには敵の思いも寄らないことを仕掛けることが肝要だ**と説いているのです。

では**〈弦《つる》を外す〉にはどうしたら良いのか？**　この「転心法」の具体的心得が、『五輪書』における［新たになる］［四手《よつで》を放す］［山海の替わり］［鼠頭牛首《そとうごしゅ》］という、交戦中に転心《てんしん》しなければならない時期とその方法であるのです。

二、［新たになる］という事（第二十三条）

［新たになる］というのは、敵と戦ううちに混戦状態に陥《おちい》って進捗《しんちょく》しない時、今までの自分の気をすべて振り捨てて、物事をまったく白紙の状態から新しく始める気持ちに転換して、その転心《てんしん》した拍子でもって、それを勝利に繋げてゆくことである。

［新たになる］という兵法は、**何時《なんどき》においても敵と互いにきしみ合う状態になったと判断したら、そのまますぐに心を転じて、まったく違った有効な理合でもって勝つ**ことであるのだ。

〈大分の兵法〉においても、［新たになる］という兵法をわきまえることが肝要である。この転心

の時期・拍子などは、兵法の智力をもってすれば、たちまちのうちに判断することができるものである。よくよく吟味することである。

（解　説）

〈一分の兵法〉たる剣術の立ち合いにおいて、実力伯仲し、混戦状態に陥《おちい》り、戦況が膠着することがよくあるものです。これは、稽古する中においてもよくあることで、その混戦状態・膠着状態を打破する心得が、この**［新たになる］**という転心法《てんしんほう》です。

よって、実際の剣術の稽古の中で、絶えず戦局を判断し、自分の心を量《はか》り、［新たになる］拍子を鍛錬することが肝要です。

〈大分の兵法〉においても［新たになる］ということは非常に重要であり、このような**戦闘状態に限らず、すべてにおいて、例えば交渉事においても［新たになる］ということを胆《きも》に銘じておけば、それだけでも相当にゆとりを持つことができる**ものです。

〈大分の兵法〉においては、自分個人だけでなく、軍隊をはじめとする組織を問題としますので、実体的な混戦状態に陥《おちい》る前の状況判断が特に必要とされるものです。そこのところのより具体的な心得としてあるのが、次の［四手《よつで》を放《はな》す］という兵法であるといえるでしょう。

なお、この［新たになる］兵法は、実体的な混戦状態を視野に入れたところの転心法でありますので、前条の〈弦《つる》を外す〉という教えと共に、次章で紹介する〈小櫛《おぐし》の教え〉（『兵法三十五箇条』第二十一条）も心得て鍛錬することが必要となります。

三、「四手《よつで》を放《はな》す」という事（第九条）

「四手《よつで》を放《はな》す」とは敵も我《われ》も同様の心でもって、互いに張り合った状態に陥《おちい》ってしまっては、戦いが進捗《しんちょく》しないものである。**張り合う状態になったと判断したら、そのまま今まで持っていた心理・思考など一切を白紙にして、まったく別の有利な戦法でもって勝つ**兵法の理のことを「四手《よつで》を放《はな》す」という。

〈大分の兵法〉にしても、〝四手《よつで》の心〟すなわち張り合う状態であれば捗《はかど》らず、兵力の損失が大きくなるばかりである。その〝四手の心〟を捨てて、敵の思いも寄らぬ兵法で勝つことが第一である。

〈一分の兵法〉にても、〝四手《よつで》〟の状態になったと判断したら、そのまま心を転じて、今までとまったく違う変わった理合でもって勝ちをわきまえることが肝要である。よくよく分別することである。

（解　説）

「四手《よつで》を放《はな》す」とは、現代でも相撲《すもう》で、両力士がそれぞれ互いの回《まわ》しを両手でつかみ合った形になることを「四つに組む」といい、そのような状態になった場合、たいてい膠着状態になり、取り組みが長引くものです。宮本武蔵玄信は、相撲に限らず、剣術を始めとするすべての戦いにおいて、このような状態を《四手《よつで》》といい、その状態から解放されるためには自らの心を転換することであるとし、その心得を［四手を放す］といって教えました。

実体としてがっぷり四つに組むことだけでなく、心理的においてもそのような状況・状態であると判断したら［四手を放す］ことだと心得て、素早く転心することが肝要です。

〈大分の兵法〉において、両軍互いににらみ合って小競《こぜ》り合《あ》いが続いて、戦局が長引いた状態、〈一分の兵法〉においては、互いに剣を抜いて向かい合い、ピリピリとした剣気《けんき》の発し合いで膠着した状態、すなわち〝四手《よつで》〟の状態をいかに打破するか？　これが［四手を放す］という転心法であり、〈弦《つる》を外《はず》す〉ということであるのです。

四．［山海《さんかい》の替わり］という事（第二十一条）

［山海《さんかい》の心（山海の替わり）］というのは、敵との交戦中において、同じ戦法を何度も用いることを戒める教えである。同じ戦法を二度行うことはやむを得ないが、三度も用いるものではない。敵に技を仕掛け、一度目で成功しなかった場合もう一度攻め立ててみて、同じく有効に働かなかった時には、今までとまったく違う変わった戦法をホッと仕掛け、それもうまくいかなければ、さらにまた、まったく違う技・戦法を仕掛けるべきである。

しかるが故《ゆえ》に、**敵、山と思はば海と仕掛け、海と思はば山と仕掛ける心、これが〈兵法の道〉**

であると心得よ。よくよく吟味するべき事項である。

（解　説）

この**［山海《さんかい》の替わり］**という教えは、転心法《てんしんほう》の心得として非常に解りやすい内容です。

私たちが何か物事を進めるうえにおいて、うまくはかどらない場合、得てして一つのことに執着し、同じ事を何度も繰り返しているために進捗《しんちょく》しないということがよくあります。

兵法においても、一つの戦法に居付《いつ》いてしまうと、それが命取りとなってしまいかねないものです。

よって、同じ戦法をダメ押しとして二度用いることはやむを得ないが、三度目にはガラリと心を転じて、まったく新しい戦法を用いることであると、宮本武蔵玄信は説いているのです。「山海《さんかい》」は「三《さん》回《かい》」の掛詞《かけことば》であり、**「山海の替わり」とは「三回の替わり」でもある**のです。

そのまったく新しい戦法を用いる心得は、**《敵、山と思はゞ海としかけ、海と思はゞ山としかくる心》**にあります。これも心に残る名文です。この教えを心に刻んで兵法二天一流の稽古の中で転心法を鍛錬していくことが肝要です。

五．［鼠頭牛首《そとうごしゅ》］という事（第二十四条）

［鼠頭牛首《そとうごしゅ》］というのは、敵との交戦中において、互いに視野狭窄《しやきょうさく》に陥ってしまって、戦況がもつれた状態になったとしても、**兵法の道を常に「鼠頭牛首《そとうごしゅ》」と思い取って、いかにも細心・綿**

密な心内《こころうち》のなかに、突如として強大・勇敢なる闘志へと転じ、我が心を小から大へと転換すること、これも兵法における一つの心構えである。

平常から、我が心も〔鼠頭牛首〕、すなわち小心大胆《しょうしんだいたん》であれと念じることが、武士にとって肝心である。

〈大分・一分の兵法〉においても、この〔鼠頭牛首〕の精神から離れるべきではない。このことについて、よくよく吟味するべきである。

（解　説）

この**〔鼠頭牛首《そとうごしゅ》〕**とは、「鼠《ねずみ》の頭・牛《うし》の首」の字のとおり、鼠の細心《さいしん》さと牛の大胆《だいたん》さを兼ね備えよ、という教えで、普段の日常生活のうえから心掛けておくべき転心法《てんしんほう》です。

鼠は小さく敏捷なうえに、人の寝静まった夜中に暗闇に紛れて活動するので、「鼠頭《そとう》」を細心《さいしん》さの象徴としました。一方、牛は大きな体で首も太く闘牛同士が角突き合わせて格闘する様はまさに壮観そのものといえます。そういうところから「牛首《ごしゅ》」を大胆《だいたん》の象徴としているのです。

武士の心構えは、古来から**〝小心大胆《しょうしんだいたん》〟**であれ、といいます。

宮本武蔵玄信は、「平常から、我が心も〔鼠頭牛首〕、すなわち小心大胆《しょうしんだいたん》であれと念じることが、武士にとって肝心である」（原文**《平生人《へいぜいにん》の心も、鼠頭牛首と思ふべき所、武士の肝心也》**）と日常から心掛けて、**常に細心の注意を怠《おこた》らず、ひとたび大事が起こるや、すぐさま大勇猛心《だいゆうもうしん》に転じて事態に当**

たれるように、平常から心と武技を錬っておくことだと諭《さと》しているのです。

第七章　強敵対処法

一．〈小櫛《おぐし》の教え〉の事（『兵法三十五箇条』第二十一条）

〈小櫛《おぐし》の心（小櫛の教え）〉とは、**膠着した状態を解く**という心得のことである。我が心に櫛《くし》を持って、敵との膠着した所々を、それぞれの状況に応じて、**あたかも絡《から》み合った髪を櫛で梳《す》いていくように、固着した状態や心理を解きほぐしていく**心掛けである。

剣気《けんき》・心気《しんき》が絡み合うことと引っ張り合うことと、現象面では同じように見えるが、引っ張り合うのは強い剣気・心気であり、絡み合うのは、気弱な心によるものである。よくよく吟味することである。

〈解　説〉

第七章「強敵対処法」とは、**「膠着状態対処法」**という一面もあります。

前章「転心法」が膠着状態に陥《おちい》った際における我が心の転換法であったのに対し、本章「**強敵対処法**」では、膠着状態に陥らないための心法《しんぽう》として『兵法三十五箇条』の〈小櫛《おぐし》の教え〉を、そして

『五輪書』にある、膠着状態や強敵に対する戦術として「まぶる、」「まぎる、」「角《かど》に触る」という三つの戦法をまとめております。

さて、本条**〈小櫛《おぐし》の教え〉**において、膠着状態の大本《おおもと》は《むすぼ《結》ふる》という《弱き心》であると宮本武蔵玄信は説いています。ここでは、**敵が強いというよりも、自《みずか》らの弱気《よわき》を問題にしているわけ**です。

よって、**常に《我心《わがこころ》に櫛《くし》を持《も》て》弱い心気《しんき》をその櫛で梳《す》いて膠着状態に陥《おちい》る**なと戒めているのです。

『兵法三十五箇条』において、この**「小櫛のおし《教》への事」**の前の条目が「弦《つる》を外すと云《いう》事」（第二十条）であり、そこで、敵我《てきわれ》共にピリピリと剣気《けんき》が張り合っている状態を《ひ《引》っぱ《張》る》と紹介していました。本条では、その《引《ひき》は《張》る》と《む《結》すぼふる》とを比較し、《引《ひき》は《張》るは強き心、む《結》すぼふるは弱き心》であると説いています。

本章「強敵対処法」は「転心法」と強く関連し、よって、この**〈小櫛《おぐし》の教え〉と〈弦《つる》を外す〉を統一して充分に心得ておく必要がある**でしょう。

二、「まぶれる（まみれる）」という事（第十五条）

「まぶれる（まみれる）」というのは、敵と互いに接近し合いながらも、互いに強く張り合って、戦況が思うように進捗《しんちょく》しないと判断したら、そのまま敵と一つにまみれ合うことである。その**ま**

みれ合った中にあって勝機《しょうき》を導き出し、勝利を克ち取る**ことが肝要なのである。
〈大分・一分の兵法〉とも、敵味方分かれて対峙《たいじ》し合っていては、互いに気だけが張り合って決着がつかないものである。そのような時、そのまま敵にまみれて、互いに敵味方の区別が付かなくなるようにして、その混戦の中に見合った兵法を導き出し、その中で勝機を見出し、強く勝つことが第一である。よくよく吟味していただきたい。

〔解　説〕

この**［まぶれる（まみれる）］**とは、原典では**《まぶるゝ》**とあります。「まぶるゝ」というのも聞き慣れない言葉ですが、漢字に直しますと「塗るゝ」と書きます。現代では「まみれる」という形で用いられます。

この**［まぶれる（まみれる）］兵法は、『兵法三十五箇条』における〈弦《つる》を外す〉という教えの、心理戦ではなく実体的戦法として述べられたもの**です。

本条をただ文面だけ読んで判断しますと、何か行き当たりばったりの戦法であると思われなくとも限りません。そして、たしかに〈大分の兵法〉の観点からしてみれば、あまり上策でありません。しかし〈一分の兵法〉の戦いにおいては、このような状態はよくあることであるのです。

この「まぶるゝと云事《いうこと》」は、「水の巻」第二十二条「打《う》とあたると云事《いうこと》」と関連して読むことが肝要です。すなわち、第五章「転心法《てんしんほう》」が戦術・戦法における〃打つ〃に当たり、この「まぶれる（まみれる)」兵法は〝当たる〟という概念に相当します。

これは、互いに対峙《たいじ》し合ってピリピリとした状態の中にあって、自《みずか》ら思い切って《まぶれ》ていき、いろいろな技や戦法を駆使していくうちに勝機を見出してゆく戦法です。そして、[まぶれる(まみれる)]兵法を実践する中でもっとも有効な戦法が、次に紹介する[まぎれる]という戦法なのです。

三.[まぎれる]という事(第十九条)

[まぎれる]というのは、〈大分の兵法〉における合戦において、兵力としては互角でありながら、敵の方が精強である場合、この[まぎれる]という戦法で**敵の一方へ掛かり、その敵が崩れたと見れば、そのまま捨ておいて、また敵の強い方へ強い方へと掛かって行く**のである。およそ葛《つづら》折《お》りに掛かるものだと心得ておくことである。

〈一分の兵法〉において、大勢の敵を相手にする時も、この心得を第一義とすることである。一方ばかりに偏《かたよ》って勝つのではなく、敵が崩れて逃げていけば、また強い敵の方へと掛かって行き、敵の拍子をも利用しながら、良い拍子に左・右と葛《つづら》折《お》りの心得を忘れることなく、敵の具合を見計らいながら掛かって行くことである。その敵の状況を把握し、斬り込み崩して行く際に、**少しも退《ひ》くという心なく強く勝ち抜いていくところに、戦い全体における勝機《しょうき》が訪れる**というものである。

〈一分の兵法〉における入身《いりみ》の際においても、敵が強い場合には[まぎれる]という心掛けが必

要である。

「まぎれる」という兵法においては、**一歩も退《ひ》くことを知らず紛《まぎ》れ行くのだ、**という覚悟をよくよく極めてゆくことである。

（解　説）

この**［まぎれる］**とは、原典では《まぎる、》と書かれてあります。「まぎる、」を漢字に直しますと「紛る、」と書きます。

この兵法は、まず〈大分の兵法〉においては**「各個撃破《かっこげきは》」の戦法**であるということです。

兵力互角であっても、戦力として敵が勝《まさ》っている場合、そのまま十対十で戦うとなると不利な状況に追い込まれます。よって、味方の全兵力を敵のもっとも強い兵力に総動員することにより、たとえその敵がいかに精強であっても、兵力として見た場合、十対一と、こちらが圧倒的に有利な状況に持っていくのです。そして、その敵が崩れると判断するや、すかさずまた強い敵の方へ全兵力を総動員して立ち向かうことによって、最初、互角であった兵力そのものが、この戦法を繰り返していくうちに徐々に優勢となっていき、精強な敵軍全体に対して、やがて兵力はおろか戦力すらも圧倒するようになっていくのです。

これが「各個撃破」の戦法の利点であり、**精強な敵を各個に分断することによって、その一つ一つに全戦力を集中する**ことを眼目とします。

では、具体的に「各個撃破」してゆくにはどうしたら良いか？　これが次の「角《かど》に触る」という戦法です。

〈大分の兵法〉では、**分断した各個の敵に対して全兵力を集中する**＝「**パワーの集中**」を眼目としましたが、〈一分の兵法〉においては、単独でもって大勢の敵を迎《むか》え撃《う》つという理合《りあい》へと転換します。

〈大分の兵法〉が、「各個撃破」によって敵の質を量で圧倒するものであるのに対し、〈一分の兵法〉では、多勢の敵＝〝量〟を我が技量、すなわち、技の〝質〟によって粉砕するものとなっているのです。これによっても、**二天一流兵法が〈大分の兵法〉＝「不敗の兵法・弱者の兵法」、〈一分の兵法〉＝「必勝の兵法・強者の兵法」である**ことが理解できることと思います。

また〈一分の兵法〉における一対一の立ち合いの際にも、**敵が強い場合においての「入身《いりみ》」を掛ける覚悟**として、宮本武蔵玄信は説いています。

いずれにせよ「まぎれる」兵法は、量・質いずれか圧倒している強敵とみなした敵に対する兵法でありますので、それ相当の〝覚悟〟を要するものです。

「その敵の状況を把握し、斬り込み崩して行く際に、少しも退《ひ》くという心なく強く勝ち抜いていくところに、戦い全体における勝機《しょうき》が訪れるというものである」（原文《其《その》敵の位を得、打《うち》とを《通》るにおゐては、少《すこし》も引《ひく》心なく、つよ《強》くかつ《勝》利也》）

「「まぎれる」という兵法においては、一歩も退《ひ》くことを知らず紛《まぎ》れ行くのだ、という覚悟をよくよく極めてゆくことである」（原文《まぎる、と云《いう》事、**一足も引《ひく》事を知らず、まぎれゆく**と云《いう》心、能々《よくよく》分

別すべし》

このように宮本武蔵玄信は、一歩も退《ひ》くことなく、強い胆力《たんりょく》で敵に斬り込むことだと諭《さと》しているのです。

四．［角《かど》に触る］という事（第十六条）

［角《かど》に触る］というのは、何事においても頑強《がんきょう》な物を押す場合に、そのまままっすぐには押し込むことができないものである。よってその際には、直接まっすぐに押すことなく、角々《かどかど》を削《けず》りながら押し込んでいくのである。

〈大分の兵法〉にしても、敵の兵力を確認したうえで、敵軍の中で特に前線に張り出している強い部隊の、その角《かど》から崩してゆき、優勢を獲得していくことである。そうすれば、**角が滅入《めい》っていくに従って、総戦力も滅入っていく**ものである。**「角《かど》に角《かど》に」と心得て、勝利をものにしていくことが肝要**である。

〈一分の兵法〉にしても、敵の身体の角に損傷を与えることによって、敵の体が少しずつ弱っていき、やがて体《たい》が崩れるにいたっては、もはや勝利を得たようなものである。このことをよくよく吟味して、勝つ要点をわきまえることが第一である。

〈解説〉

この**［角《かど》に触る］**という戦法が、〈大分の兵法〉における**「各個撃破《かっこげきは》」の具体的方法**であるのです。［まぎれる］兵法を用いる際に、もっとも心得ておかなければならない戦法です。

この場合、敵の最も強い部隊に我が全兵力を動員して叩《たた》いていくことが眼目であるため、敵の他の部隊から、横手から、あるいは背後から衝《つ》かれることがないように、まず敵の全兵力とその配置を把握しておくことが大切です。そのうえで敵のもっとも突出した精強な部隊、いわゆる〝角《かど》〟を全勢力を傾けて撃退していくのです。もっとも精強な部隊が敗れて退却すれば、全軍の士気が下がって消極的になっていくものです。そうやって敵が退却していく中においても、その突出している部隊を次々に撃破していくことによって、やがて敵の総戦力が減少し、全軍を撤退させることができるのです。

これが〈大分の兵法〉における「各個撃破」の要点です。

〈一分の兵法〉にしましても、例えば敵と真正面に向かい合い、まっすぐに正面から敵を押しても、その体勢は崩れにくいものなのですが、斜め方向に押し込んでいくと意外と崩れやすいものです。

剣術の立ち合いにおいて、敵の肩先や肘・膝などの〝角《かど》〟をねらって斬っていけば、致命傷を与えなくても、その出血と痛みから少しずつ弱まっていき、やがて体勢が崩れ、逃げ腰になり、それによって戦いの展開が非常に有利になっていくものです。

ここから宮本武蔵玄信は、この**剣術における［角に触る］という理合が〈大分の兵法〉における「各個撃破」の理に繋がる**ことを見出したわけです。

第八章　弱敵対処法

一、［ひしぐ］という事（第二十条）

［ひしぐ］というのは、例えば、**敵を弱くみなし、自《みずか》らを強者《つわもの》であると思い取って、敵を押し潰《つぶ》して粉砕してしまう**ことをいう。

〈大分の兵法〉にしても、敵の軍勢が少人数であることを見抜いたとき、あるいは、たとえ大軍であろうとも、敵が動揺し、その動揺するところの弱みを衝《つ》こうとするときには、［ひしぐ］という兵法にて、緒戦より一気に攻勢を掛けて、〝おっぴしぐ〟ように完膚なきまでに打ちのめしてしまうことである。ひしぐ事が弱ければ、また盛り返すことがある。敵を我が手の内に握り込んで、握り潰《つぶ》してしまうという呼吸を充分にわきまえることである。

また〈一分の兵法〉においても、自分より未熟な者、または敵の拍子が狂って腰が退《ひ》けた状態になっている時は、少しなりとも息をつかせず、目を見合わせることがないようにして、真っ正面から押し潰し、粉砕することが肝要である。いささかも立ち直らせないことが第一である。よくよく吟味することである。

（解　説）

「火の巻」第二十条**「ひしぐと云事《いう》」**とは、前章「強敵対処法」に対する、いわば**「弱敵対処法」**ともいうべき教えです。

ここでいう「弱敵」とは、《我《わが》手に不足のもの《者》》すなわち文字どおり〝弱い敵〟という意味ももちろんありますが、拍子が狂って劣勢に陥《おちい》った敵や、こちらが気持ちを強くして敵を弱くみなすという〝相対的弱敵〟のことも意味しています。

弱い敵であったり、こちらが優勢であると判断した時、いささかも躊躇《ちゅうちょ》せず敵を**「ひしぐ」**ことだと宮本武蔵玄信は説いています。**《かしら《頭》よりかさ《嵩》をかけて、おつぴしぐ心》《手の内ににぎ《握》つてひしぐ心》**という表現は、敵を押しつぶす呼吸をうまく説明しています。

また、〈一分の兵法〉において弱い敵を打ち倒す場合、《目を見合《みあわさ》ざるやうに》せよと説いているところが、実戦経験豊かな宮本武蔵玄信ならではの生々《なまなま》しい表現だといえます。

「水の巻」第三条「兵法の目付《めつけ》と云事《いう》」にて説いたとおり、兵法二天一流では本来、敵の顔に目付《めつけ》するのが基本ですが、劣勢に陥《おちい》った弱い敵を打ち倒す際、敵に対して憐憫《れんびん》の情やためらいの気持ちが起こらないように、ここでは、敵の目を見るなと諭《さと》しているわけです。

「ひしぐ」うえにおいて注意しなければならないことは、「ひしぐ事が弱ければ、また盛り返すことがある」（原文**《ひしぐ事よは《弱》ければ、もてかへ《返》すことあり》**）ということです。よって、「いささかも立ち直らせないことが第一である」（原文**《少《すこし》もおき《起》た《立》てさせぬ所、第一也》**）という心得が肝要です。

敵を攻め潰《つぶ》すことが不充分であれば、再び盛り返す恐れがあるので、二度と立ち直ることができないように止《とど》めを刺すことだと、宮本武蔵玄信は説いています。

この止《とど》めを刺すことの重要性を説明しているのが、次の第九章「終局対処法」たる「そこ《底》をぬく《抜》と云《い》う事」（第二十二条）という教えです。

第九章　終局対処法

一．［底を抜く］という事（第二十二条）

［底を抜く］というのは、戦いにおいて敵が兵法の戦略・戦術に基づき、表面上は負けを装《よそお》いながら、実は戦う気力・実力を充分に備えているため、うわべでは負け、心の底では負けておらぬことがある。敵のそういう戦略・戦術を見抜いた場合、こちらも速《すみ》やかに心を転じ、**敵の戦意が絶えるまで攻め抜き、心の底から敗北したと敵が認めるのを見届けることが肝要**である。

敵の［底を抜く］には、我が太刀・我が身・我が心、全身全霊を用いて抜くことである。それにより敵が、太刀の剣気《けんき》が抜け、また、身体の力が抜け、何よりも、戦う気力が抜けた状態になれば、敵の〝底が抜けた〟と判断して良い。一点のみを見て判断してはならぬ。敵のすべてを見抜いて判断することである。

敵が底より完全に崩れた場合は、我が心を残して敵を警戒する必要はなくなるが、そうでない時は、心を残すことである。これが**〈残心《ざんしん》〉**である。警戒心を解くことができないようであれば、敵はまだ完全に崩れきっていないのだと心得ることである。

〈大分・一分の兵法〉いずれにしても、［底を抜く］ところをよくよく鍛錬することである。

（解　説）

第九章「終局対処法」たる**「そこ《底》をぬ《抜》くと云《いう》事」**（第二十二条）は、兵法の戦いにおける最終局面での戦略・戦術および戦法としての心得です。

宮本武蔵玄信は、六十余度の真剣勝負に勝利し、その数多くの実戦からつかみ得た剣理を〈大分・一分の兵法〉として大成したところから、ここでは〈一分の兵法〉の観点から、まず解説したいと思います。

〈一分の兵法〉の勝負において、たとえ敵に勝ち得たとしても、中途半端な勝ち方であれば、敵は心の底から負けていないために、恨みだけを残すこととなります。よって、後でまた、いかなる手段でもって逆襲されるやもしれません。

したがって**剣術を稽古するにおいては、敵の［底を抜く］ほどの充分なる技でもって敵を倒し得たか否《いな》かを見極める〈残心《ざんしん》〉を鍛錬することが肝要**です。そこから導き出された教えが、次に紹介する『兵法三十五箇条』第二十六条「残心《ざんしん》・放心《ほうしん》の事」です。

そして、この〈一分の兵法〉たる二刀一流剣術の剣理から導き出され、戦略・戦術上の終局面の教えにまで発展したのが「火の巻」第二十二条「そこをぬくと云《い う》事」です。

もちろん、この［底を抜く］という教えは〈一分の兵法〉から導き出されたものである故《ゆえ》に、〈大分の兵法〉においても、戦闘時における戦術・戦法としての理とでしか読めませんが、読者はそこを、さらに心を大きく広げ解放して、この『五輪書』の流祖の説明を、戦略的観点としても読み解く必要があるでしょう。

戦略的観点からしては、**敵を終戦後において、自分の思いどおりに従わせる**、その戦略として［底を抜く］ということが肝要です。

『五輪書』は、戦術・戦法論としての観点からの説明が主ですが、そこから戦略を導き出すことは可能であり、そのために『孫子《そんし》』をはじめとする中国古典兵法書などを読んで参考にし、戦略発想を鍛えたりすることもまた良いでしょう。

二、〈残心《ざんしん》・放心《ほうしん》〉の事（『兵法三十五箇条』第二十六条）

〈残心《ざんしん》・放心《ほうしん》〉という心得は、事により時に従うものである。

太刀を抜いて敵と対峙した時、通常は〈意《い》の心《こころ》〉を放ち〈心《しん》の心《こころ》〉を残すものである。また、**敵を確かに打つ時は、〈心《しん》の心《こころ》〉を放ち〈意《い》の心《こころ》〉を残す。**

これが一般的な見解であるが、〈残心・放心〉の実戦での適用はいろいろとあるものである。こ

の一般的見解を基準として、よくよく吟味していただきたい。

（解　説）

先の「そこ《底》をぬく《抜》と云《いう》事」における〝参考〟として、『兵法三十五箇条』第二十六条「**残心《ざんしん》・放心《ほうしん》の事**」について説明しておきましょう。

〈一分の兵法〉の剣術たる兵法二刀一流では、心を〈**心《しん》の心《こころ》**〉と〈**意《い》の心《こころ》**〉の二つに分け、立ち合いにおいて、まず〈意の心〉を放って敵の手だてを探り、〈心の心〉を残すことによって臆心《おくしん》が起こらぬよう、我が心の底に「不動心《ふどうしん》」を据えます。そして、ここぞ！　という時に〈心の心〉を放って、何の迷いもなく敵に打ち込んで行くのです。その打ち込む際において、一方で敵の対応に備え、警戒心を怠《おこた》らぬために〈意の心〉を残すわけです。

この教えが『兵法三十五箇条』第二十六条の「残心・放心の事」です。

兵法二刀一流においては、〈**残心《ざんしん》・放心《ほうしん》**〉の二つの心法《しんぽう》で稽古し、〈心の心〉〈意の心〉の二つの心でもって、その一方だけに偏《かたよ》らぬように我が心を見据え、自《みずか》らの心内《こころうち》を鍛錬するのです。

そして、このような剣理から導き出されたのが、先の「火の巻」第二十二条「そこ《底》をぬく《抜》と云《いう》事」という教えです。

さて、先の「そこ《底》をぬく《抜》と云《いう》事」を読みますと、〈**残心《ざんしん》**〉は読んで判《わか》ると思いますが、〈**放心《ほうしん》**〉については何も書かれていないように思われる読者もいることと思います。もちろん〈**残心・放心**〉の教えは［底を抜く］ことすべてに係《かか》ることではありますが、『五輪書』の中にも具体的に示されている文章があります。

「敵の［底を抜く］には、我が太刀・我が身・我が心、全身全霊を用いて抜くことである」（原文《**此**《この》**底をぬく事、太刀にてもぬき、又**《また》**身にてもぬき、心にてもぬく所有**《あり》》）

これが『五輪書』火の巻「そこ《底》をぬく《抜》と云《いう》事」における〈放心〉です。なお、この文章は二重構造となっているために、先の現代語訳において二重の意味が理解できるようにしていますので、改めて読み直してみてください。

第十章　掛《か》け声《ごえ》

一．〈三つの声〉という事（第十八条）

〈三つの声〉というのは、〈初中後《しょちゅうご》の声〉ともいって、掛《か》け声《ごえ》を三段階に掛け分けることをいう。

場所と状況によって、掛け声というのは非常に重要なものである。声は勢いを生じせしめるものであって、例えば、火事の時にも掛け声を発し、風・波に向かって気合を掛けるように、声というものは〝勢力〟を表すものである。

〈大分の兵法〉においては、戦い初めに掛ける声は、いかほどにも敵を威圧するように気合を出

し（**初《しょ》の声**）、また交戦中においての声は、その調子を低くして、腹の底より声を出して攻め掛かり（**中《ちゅう》の声**）、勝った後に「勝ち鬨《かどき》」として大きく強く掛け声をあげる（**後《ご》の声**）。これを〈三つの声〉という。

また、〈一分の兵法〉においては、**敵を動かすために、こちらから打つように見せかけて、頭から「エイ！」と気合を掛け、声の後から太刀を打ち込む**のである。そして敵を打った後に、また掛け声を出すのであるが、これは勝ちを知らせる、いわば「勝ち鬨《かどき》」のようなものである。これを〈**先後《せんご》の声**〉という。**太刀を打つのと同時に大きく声を掛ける事はない**。もしも、戦闘中に気合を掛けるのであれば、戦いの拍子に乗る声として、〈大分の兵法〉における〈中《ちゅう》の声〉のごとく、低く掛けることである。よくよく吟味することである。

（**解説**）

第十章「掛《か》け声《ごえ》」として説く**「三つの声と云《い》う事」**（第十八条）は、武道・武術における**「気合《きあい》」**についての所論ですが、宮本武蔵玄信は掛け声に対しても、やはり戦術の一環として捉えています。〈大分の兵法〉における〈**初中後《しょちゅうご》の声**〉という掛け声は、まず〈**初《しょ》の声**〉は、合戦の緒戦において、敵を呑《の》み込み威圧するような掛け声を発することによって、これが味方に勢いを付けると同時に、敵に怯《ひる》みをもたらせます。その勢いに乗じて交戦に及ぶことによって、有利に先を取ることができることにもなります。

交戦中に掛ける**〈中《ちゅう》の声〉**を《調子をひき《低》く底より出る声にてか《掛》》けるのは、そうすることによって気を丹田《たんでん》に沈め、その場の状況に呑《の》み込まれることなく戦うためです。戦闘中に〈初の声〉の調子で気合を掛けていきますと、頭に血が上《のぼ》り、気が動転して、的確な判断や行動がとれなくなります。よって、声の調子を低くして、腹の底から発する〈中の声〉を戦闘中には掛けるわけです。

そして最後に**〈後《ご》の声〉**として、勝利の勝《か》ち鬨《どき》をあげるのです。

次に〈一分の兵法〉における掛け声は、まず**〈先《せん》の声〉**は、対する敵を先《さき》に動かすために、こちらから先《さき》に打ち込むように見せかけながら、頭から大きな声で「エイ！」と強く掛け、敵がそれに反応して動いたところを打ち込む、まさしく**〝戦術的な掛け声〟**です。

敵を打った後に掛ける**〈後《ご》の声〉**は、先の〈初中後の声〉と同じく、勝利を宣言する勝《か》ち鬨《どき》であるのです。

これを**〈先後《せんご》の声〉**というのですが、敵との立ち合いが長引くことも当然あります。このような場合、敵と対峙《たいじ》している時は〈初中後の声〉における〈中の声〉で、打つ拍子に乗って低く掛けていきます。よって、**〈一分の兵法〉における掛け声も〈三つの声〉である**のです。

このように宮本武蔵玄信が説く掛け声は戦術的であり、〈勝負論〉の見地から説かれていますが、《勢力を見する》この掛け声というものは〈上達論〉の見地からしても非常に重要であるのです。

兵法二天一流における剣術の稽古でも気合《きあい》を掛けるのですが、まず初心者は大きな気合を出すことができません。それを何度も声が出ていないと注意を受けながら稽古を続けていくうちに段々と気合が出せるようになっていき、気合が出るようになるに従って、相手の気合に対して平気になっていくのです。そして、気合そのものが技と化していくに応じて剣技も上達していき、剣技が上達することによって気合がより出るようになり、気合が出ることによって剣技の上達がより促進されるという、上達の相乗作用がラセン状に繰り広げられることにもなります。

掛け声・気合は、単に大きな声を出すということだけではなく、実技的にも、精神的にも、稽古する者を上達に導く作用として大きな意義があるのです。

第十一章　口《く》伝《でん》

一．〈柄《つか》を放《はな》す〉という事（第二十六条）

〈柄《つか》を放《はな》す〉というのは、さまざまな意味合いが含まれている。**〈無刀《むとう》〉**にて勝つという意味もあれば、太刀を持ち得ても勝てぬという意味もある。ここに心行《こころゆ》くまで書き記すことができないものである。よくよく鍛錬することである。

（解　説）

この**第十一章「口伝《くでん》」**にまとめた〈柄《つか》を放《はな》す〉と〈巌《いわお》の身〉は、本書「水の巻」第八章と同様に、原典の「火の巻」において具体的な解説がなく、抽象的な説明で終わっている条目です。

「水の巻」の口伝たる〈打ち合いの利〉〈一つの打《うち》〉〈直通《じきつう》の位〉が、二刀一流剣術技法の極意であったのと同じく、本章の〈柄《つか》を放《はな》す〉と〈巌《いわお》の身〉という境地は、二天一流兵法における戦術・戦法の極意であるのです。

「火の巻」の最後から二番目に記された、この第二十六条**「つか《柄》をはな《放》すと云《いう》事」**は、まず**〈柄《つか》を放《はな》す〉**という字義どおり、**「持っている太刀にこだわらず、柄《つか》を放《はな》して太刀を捨て、サラリと心を入れ替えよ」**という転心法《てんしんほう》の究極的境地の教えとしてあります。

そして、ここに初めて**《無刀《むとう》にて勝《かつ》心あり》**という剣理が書き記されました。

宮本武蔵玄信が『五輪書』において**〈無刀《むとう》〉**に言及したのは、この一文だけなのですが、このわずか八文字の中に『二天一流兵法序論』にて著した次の主張が隠されています。

《もしそれ一旦《いったん》こと有《あ》りて、すなわち長短並《ちょうたんなら》び抜《ぬ》く。短《たん》にして必《かな》ず長《ちょう》あらざれば、短《たん》にして敵に往《ゆ》く。しこうして、短必《たんかなら》ずなくんば、すなわち徒手《としゅ》にてこれを搏《う》つ。勝利往《しょうりゆ》くとして、吾《われ》に在《あ》らざること無《な》きなり》

兵法二天一流の精神は、いったん有事に際して、腰に帯びている大小二刀を並び抜いて戦うことを第一義とします。その鍛錬を経ていけば、実戦において、太刀が折れ、小太刀のみになったとしても応戦することができるようになり、その小太刀さえも無いとなれば、徒手空拳の〈無刀〉にて敵に立ち向かうということにあります。つまり、兵法二天一流における二刀の鍛錬は、地の巻第五条「此《この》一流、二刀と名付《なづく》る事」に説かれているように、二刀の操法を稽古して《道具を残さず役にたて《立》》る鍛錬を行い、《何《いずれ》にても勝《かつ》事を得る心》を養い、この《無刀にて勝《かつ》心》に行き着くことを目的としているのです。

よって兵法二天一流では、**二刀を鍛錬することによって無刀にても勝つ**、ということを念頭に置いて稽古することが肝要です。

一方で、それと同時に**《太刀にてか《勝》たざる心あり》**という心得を忘れてはなりません。《太刀にてか《勝》たざる心あり》とは、『兵法三十五箇条』第三十五条「期をし《知》る事」に記された**《早き期を知り、遅き期を知り、のがる《逃》ゝ期を知り、のがれ《逃》ざる期を知る》**と軌《き》を一《いつ》にする教えで、戦って勝てるかどうか、しっかりと敵を値踏《ねぶ》みして、勝てぬとあれば戦わぬことだ、また、勝てる状況になるまで立ち合いを控《ひか》えることだ、ということであるのです。

このように述べますと、なにか〝三十六計、逃げるが勝ち〟を提唱しているように思えるかもしれませんが、ここも、単純に読み取って解釈してはなりません。「期を知る事」の後段に《一流に直通《じきつう》と云《いう》極意あり》とあるように、〈直通《じきつう》の位〉の境地を認識したうえで、それでもって、戦術・戦法として**《無刀にて勝《かつ》心あり。又《また》太刀にてか《勝》たざる心あり》**ということを鍛錬の中で培《つちか》っていくことが肝要なのです。

さて、「無刀《むとう》」といえば、やはり柳生新陰流を避けて通ることはできません。柳生宗矩《やぎゅうむねのり》が著した同流の秘伝書『兵法家伝書』の中に「無刀之巻」という章もあります。

「無刀は、当流に、これを専一の秘事とするなり。身構・太刀構・場の位・遠近・動き・働き・付け・懸け・表裏、悉皆《しっかい》無刀より出る故に、これ肝要の眼《まなこ》なり」（『兵法家伝書』活人剣・下「無刀之巻」）

このように無刀より始まり無刀に到《いた》る道を説く『兵法家伝書』を読むことによって、宮本武蔵玄信の〈無刀〉の境地を知る参考にするのも良いでしょう。

ただし『兵法家伝書』は、あまりにも禅理から剣法を説くことに傾き過ぎたきらいがあります。柳生新陰流は、「剣禅一如《けんぜんいちにょ》」という境地から「無刀《むとう》」という流儀の根本理念を打ち出し、この理念が江戸幕府を開いた徳川家康の「元和偃武《げんなえんぶ》」のスローガンと一致したことにより、柳生新陰流は徳川将軍家の〝御流儀《ごりゅうぎ》〟という地位を勝ち取り、流派の全国的な普及と共に、その理念・精神も他流派の武道に影響を及ぼしていきます。

柳生新陰流が提唱した「無刀」の精神は、柔術をはじめとする体術の発展を促《うなが》し、武道を思想・哲学にまで高めたことは大きな功績といえます。しかし、あまりにも精神に重点を置きすぎたために観念論に陥《おちい》り、武道の実体たる武技を軽視する傾向を導いてしまったことは大いなる誤謬への道であったといえるでしょう。

その点、**宮本武蔵玄信は、同じ〈無刀〉を提唱しながらも、まったく柳生新陰流と反対の立場であるのです。**

宮本武蔵玄信は、生命懸けの勝負に勝ち抜くための究極の技と精神のあり方として、たしかに柳生新陰流と同じく〈無刀〉を極意としています。しかし、兵法二天一流はそのための過程、すなわち鍛錬のあり方を重視して〈二刀〉を道の根本としています。どちらも同じ境地を目指しているのですが、〝到達点〟を重視した柳生流に対して、二天流は〝出発点〟の方をより重視した、**二刀を鍛錬して無刀に到《いた》る道**であるのです。

このような過程を重視する考えであってみれば、相当レベルの高い論理能力がなければ、それを理解することができず、あわせて、江戸幕府が武家政権でありながら、徳川家の安泰を第一にとする政策から「武」を否定したことにより、宮本武蔵玄信の〝武の本質〟をもってする哲学は、当時において受け入れられなかったのも無理からぬことであったといえるでしょう。江戸時代において、柳生新陰流が中央にて全盛を振るったのに対し、兵法二天一流が剣術の主流になり得なかったのも、時代の趨勢《すうせい》としてむべなるかなと思います。

しかし、**どんなに時代が変わろうとも、〝武の本質〟は〈生命を懸けた勝負〉に変わりなく、『五輪書』は全巻を通して、その本質が一環として貫かれている**のです。これは、平和憲法によって立つ現代日本であろうとも、変わりのない普遍の真理であるのです。

さて、この〈柄を放す〉には、もう一つ「口伝《くでん》」があります。

宮本武蔵玄信は青年時代、すでに円明流という二刀を専門とする一派を打ち立て、弱冠二十三歳にして、『兵道鏡《へいどうきょう》』という流儀の秘伝書を著していました。その「奥《おく》」の第二十三条に「手離剣打様之《しゅりけんうちようの》事《こと》」という箇条があります。宮本武蔵玄信は手裏剣《しゅりけん》も得意であり、この〈柄を放す〉という教えには**〝刀の柄を放して手裏剣として打て〟**という「口伝」も隠されているのです。

二、〈巌《いわお》の身《み》〉という事（第二十七条）

〈巌《いわお》の身《み》〉というのは、兵法を得道《とくどう》することによって我が身心《しんしん》が巌《いわお》のごとくなり、万事において、あらゆる苦難をはね返す揺るぎない境地である。口伝《くでん》。

（参　考）

〈巌《いわお》の身《み》〉という事（『兵法三十五箇条』第三十四条）

〈巌《いわお》の身《み》〉というのは、動くことなく、強く大いなる境地である。我が身が自由なる万理《ばんり》を得道《とくどう》した尽きることのない境地であるが故《ゆえ》に、生《せい》ある者は皆すべて、その威に屈して避けようとするものである。無心の草木も巌《いわお》に根を下ろすことが困難であるように、たとえ敵が無心であろうとも我《われ》に対抗できないものである。降る雨・吹く風のごとき（弱い）敵などは、はね返してしまうであろう。かくのごとき境地であるので、この〈巌の身〉たることを、よくよく吟味することである。

（解　説）

この〈巌《いわお》の身《み》〉については、『五輪書』に較べ、『兵法三十五箇条』の方が詳しく説かれています。しかしながら、内容が抽象的であるために、読者の理解の便宜をはかって『兵法三十五箇条』の方も（参考）として現代語訳を施《ほどこ》してみました。

この『兵法三十五箇条』に詳しく説かれているごとく、〈巌の身〉とは、**無心の巌《いわお》のごとき境地**のことです。この《無心》は、《草木》や《ふ《降》る雨、吹《ふく》風》のような、軟弱な身体や弱々しい技量などでなく、まさしく**〝巌《いわお》〟のごとき強靱な身体と技に支えられた境地**です。〈巌の身〉は、兵法二天一流の剣術技法に通達し、戦術・戦法に練達した、心・技・体が共に至高のレベルで一体化したところの**「不動心」であり「不動身」である「不動の境地」**であるのです。

なお、この〈巌の身〉における『兵法三十五箇条』の詳しい解釈は、拙著『宮本武蔵　実戦・二天一流兵法』第3編第3章第11節「2．巌の身」（三九六～四〇二頁）をご参照いただければ幸いです。

さて、このように「火の巻」の最後を飾る第二十七条**「いわを《巌》の身と云《いう》事」**は、「水の巻」の〈直《じき》通《つう》の位〉が剣術技法の極意であったと同様に、戦闘における実戦面での極意であるといえます。〈打ち合いの利〉〈一つの打《うち》〉〈直通の位〉にしても、〈柄を放す〉〈巌の身〉にしましても、非常に簡潔に短い文章で纏《まと》められています。

このことは、これら極意が、本質に基づくものであることを示しています。すべて〝本質〟というものは至極単純です。しかし、この単純なるものは、その道の充分なる体得でもってしか真の有効性を発揮し得ないものであるのです。

これら**「口伝《くでん》」たる兵法二天一流の極意は、『五輪書』に記された数々の技法・戦法をしっかりと学び、鍛錬することによって会得するところの境地である**のです。

跋《ばつ》文《ぶん》

以上、書き記したことは、二刀一流剣術における実戦の場において、絶えず心得・心掛け・駆使する事項のみを書き留めたものである。今初めて書き記す内容ばかりであるので、これらの戦術・戦法が後先《あとさき》と書き紛《まぎ》れて混乱し、よって、細やかに整理・分類ができないでいる。このような不備はあるものの、本書は、この兵法の道を学ぶ者のための良き道標《みちしるべ》となるであろう。

我《われ》は、幼少の頃より今に至るまで、兵法の道に心を傾《かたむ》け、剣術一通りの事にも手を染め、身を粉《こ》にし、色々様々《いろいろさまざま》に心境も移り変わり、兵法の深奥を求めて他の諸流派にも尋ね探してみたものである。しかし、他流派の中身といえば、あるいは口先だけでうまく講釈をならべ、あるいは手先のみで細《こま》やかな技をなし、見た目には、さも素晴らしい流儀であるかのように装《よそお》っているだけで、一つも〈実《まこと》の道《みち》〉の精神がない。もちろん、このような事を習い覚えても、自分では身体の鍛錬を重ね、心の修行を積んでいると思っていようが、これらは皆「兵法《へいほう》の病《やまい》」というべきものであって、後々までも悪影響を及ぼし、ついには**〈兵法《へいほう》の直道《じきどう》〉**すなわち、兵法としての真当《まっとう》なる道が世に朽ち果て、兵法が衰退する原因ともなるものである。

剣術の〈実《まこと》の道《みち》〉というのは〝敵と戦い勝つ〟ことであって、この本質はいささかも変わることのない真理である。したがって、その〈実《まこと》の道《みち》〉に基づいた我が兵法の戦術・戦法を会得し、

――それを誤ることなく実践するにおいては、もはや勝利に疑いなきことなのである。――

（解　説）

この**跋文**《ばつぶん》において、宮本武蔵玄信は「火《か》の巻」に書き記された戦術・戦法が、すべて二刀一流剣術の実戦の場から導き出されたものであることを、まず表明しています。そしてまた、次のように記しています。

《今初而此《はじめてこの》利を書記《かきしるす》物なれば、あと先と、かき《書》まぎ《紛》る、心ありて、こまやかにはいひわけがたし。乍去《さりながら》、此《この》道をまなぶ《学》べき人の為には、心しるしに成《なる》べきもの也》

宮本武蔵玄信は、この『五輪書』を纏《まと》めるにあたって、初めて剣理を剣術技法と戦術・戦法とに分類したわけですが、「火の巻」における戦術・戦法を、「水《すい》の巻」のようにきれいに整理しきれませんでした。宮本武蔵玄信はそのことを非常に気にしているのですが、一方で、この「火の巻」に説かれた戦術・戦法が、剣術の稽古を行う上での《心しるし》になるであろうと、自信を持って述べています。

本書『新編・真訳　五輪書』は、この流祖・宮本武蔵玄信が生前なし得なかった整理・分類を、流祖に成り代わって行ったものです。本書によって、この流祖の心残りは解消されたのではないかと自負しており、きっと泉下《せんか》の先師もお喜びになられるものと思っております。

さて、宮本武蔵玄信は、この跋文において、自分が若年の頃より一途《いちず》に兵法の道を歩んだ道程を端的に述べています。
《我《われ》、若年より以来《このかた》、兵法の道に心をかけて、剣術一通《けんじゅつひととおり》の事にも手をからし、身をからし、色々様々の心に成り、他の流々をも尋《たずね》見るに、或《あるい》は口にていひかこつけ、或《あるい》は手にてこまかなるわざ《技》をし、人目に能《よき》やうに見すると云《いい》ても、一つも実《まこと》の心にあるべからず》

この文章は非常に大事です。流祖がいかに生涯を兵法一筋に歩んできたか、その上でさまざまな心境の変化を経験してきたかを読み取り、その剣術を中心とする兵法を極める過程の中で、真理を求めて他流派をも尋ね歩いた、その流祖の歩みと精神を、ここでしっかりと読み取ることが大切です。

そして、宮本武蔵玄信が他流派を尋ね見て、得たものは何か？　それは皆、武蔵が求める兵法の真理・本質からは程遠い《実《まこと》の道《みち》》から外れたものであり、それら《道のやまひ《病》》ともいうべき学び方を続けてゆけば、それが《兵法の直道《じきどう》、世にくちて、道のすたるもとい《基》》となるという危機感でした。

ではなぜ、他流派において〈実《まこと》の道《みち》〉を外れたものになってしまったのでしょうか？　それは、他流派が剣術の本質を見失っているからであり、本質を忘却したが故《ゆえ》に、本質から外れた枝葉《えだは》の小手先芸に陥《おちい》り、それをごまかすために、また口先だけで本質から外れた上辺《うわべ》の現象論しか問題にしていないのだと、口を極めて批判しています。

「剣術の〈実《まこと》の道《みち》〉というのは〝敵と戦い勝つ〟ことであって、この本質はいささかも変わることのない真理である」（原文**《剣術、〈実《まこと》の道《みち》〉になつて、敵とたゝかひ勝《かつ》事、此法聊替《このほういささかかわ》る事有《ある》べからず》**）

これが剣術の本質であり、この本質は本質であるが故に、未来永劫《みらいえいごう》、変わるものではなく、剣術として現象することごとくは、この《敵とたゝかひ《戦》勝《かつ》事》という本質に収斂《しゅうれん》されていかなければなりません。剣術の流派として、流派の根本目的・流派の考え方・流派の稽古方法・流派の術技など、これらはみな剣術の本質に導かれて構築されなければならないものなのです。

よって、**《兵法の直道《じきどう》》を極めんとするならば、剣術の本質をしっかりと認識し、その本質に則《のっと》った鍛錬を行う必要がある**のです。

そこで《剣術、〈実《まこと》の道《みち》〉になつて、敵とたゝかひ勝《かつ》事》を本質とする兵法二天一流の考え方を改めて説き、改めて認識し直すことが要求されます。これが、次の「風《ふう》の巻」にて、他流批判を展開することによって兵法二天一流の考え方を開陳《かいちん》する所以《ゆえん》であるのです。

風の巻（二天一流兵学各論　九箇条）

前文

「他流の兵法の道を知る事」を主題として、他流派の兵法の特徴を書き付け、「風《ふう》の巻」として、この巻に著すものである。**他流派の道を知らずして、我が兵法二天一流の道を確かにわきまえることはできない。**

他流の兵法を尋ね見れば、例えば、長大な太刀を取って、強力であることを第一に技を考えている流派もある。あるいは「小太刀術《こだちじゅつ》」といって、短い太刀に偏向《へんこう》して修業を積む流派もある。またあるいは、数多くの型を工夫・考案して太刀数を多くこしらえ、太刀の構をもってして「表《おもて》」と称し「奥伝《おくでん》」を伝授する体系をとっている流派もある。これらは皆〈実《まこと》の道《みち》〉ではないということを、この「風の巻」でもって明解に証明し、その当否を論理的に明らかにするものである。**我が二天一流兵法の道理は、他流派のとは、また格別のものである**のだ。

それにしても、他の諸流派は、兵法を芸道の一つとして生計の手段とし、技に色を飾り、花を咲かせ、兵法を売り物にしているために〈実《まこと》の道《みち》〉から外れてしまったものか？　また、世間一般の兵法においては、剣術だけに小さく限定しているが故《ゆえ》に、太刀を振り習い、身体を鍛えて、技前《わざまえ》だけが上達しさえすれば勝負に勝つといった、誤った認識を持つのであろうか？　いずれにしても、これらは兵法における正統なる道ではない。

このような、他流派において認識的に不足している問題点を、一つ一つ本書の中で解き明かしてゆくものである。その論理をよくよく吟味して、**兵法二刀一流《へいほうにとういちりゅう》の理合《りあい》・利点《りてん》**をわきまえていってもらいたい。

〈解　説〉

「**風《ふう》の巻《まき》**」は、「地の巻」が「二天一流兵学総論」であったのに対し、二刀一流剣術を実体的に鍛錬するにおいての重要な認識を、他流批判をもって展開する「**二天一流兵学各論**」というべき巻です。「水の巻」「火の巻」において、二天一流兵術たる剣術技法、および、その戦法・戦術の具体的テクニックを詳述した宮本武蔵玄信は、この第四巻「風の巻」で、他流派において、その流派を特徴づけている考え方や教えの中で、問題となる点を九箇条にわたって批判し、兵法二天一流独自の考え方や特長を改めて強調しているのです。『二天一流兵法序論』にて《**すなわち、いわゆる、有術《ゆうじゅつ》、無術《むじゅつ》に勝《か》ち、片善《へんぜん》、無善《むぜん》に勝《か》つ。道《みち》と云《い》うに足《た》らんや。一取《いっしゅ》する所《ところ》なし**》と嘆《なげ》いた他流派の問題点を具体的に**論破し、兵法二天一流における認識を改めて深く考察する**のが、この「風の巻」のねらいです。

この九箇条にわたる他流批判は、すべて本質から外れて偏《かたよ》った狭い認識や、平面的な思考を問題点として挙げています。そして、『二天一流兵法序論』において《**みな偏好《へんこう》せずして、時《とき》にその中《ちゅう》を執《と》らんと欲《ほっ》す。しこうして、中《ちゅう》は天下《てんか》の正道《せいどう》なり。わが道《みち》、この規《き》なり**》といった兵法二天一流の精神が如何なる認識であるのかを論じているのです。この、**偏向《へんこう》しない〈中立《ちゅうりつ》の位《くらい》〉こそが、我が兵法二**

天一流の精神です。

さて、「風の巻」は次のように構成されています。

第一条「他流に、大きなる太刀を持《もつ》事」（二刀論・大太刀批判）
第二条「他流におゐて、つよみ《強》の太刀と云《いう》事」（強弱論）
第三条「他流に、短き太刀を用《もちい》る事」（二刀論・小太刀批判）
第四条「他流に、太刀《たち》数《かず》多き事」（五方の構と五つの表）
第五条「他流に、太刀の構を用《もちい》る事」（有構無構）
第六条「他流に、目付《めつけ》と云《いう》事」（観見二つの目）
第七条「他流に、足づかひ《遣》有《ある》事」（陰陽二つの足）
第八条「他の兵法に、はやき《速》を用《もちい》る事」（拍子論）
第九条「他流に、奥《おく》・表《おもて》と云《いう》事」（指導論・奥義論）

と、このように『五輪書』は展開されています。すなわち、第一条で長大なる太刀に偏《かたよ》ることを批判し、さらに第二条で、長大な太刀に頼ることによって伴われるパワー重視の誤った認識を否定します。そのうえで、長大な太刀に頼ることを否定したのと同様に、次の第三条で、逆に小太刀に偏向する認識を批判します。そして第四条から第七条まで、〈五法《ごほう》〉＝［五方の構］と［五つの表《おもて》］〈有構無《うこうむ》構《こう》〉〈観見《かんけん》二つの目〉〈陰陽《いんよう》二つの足〉という二刀一流剣術の一大特長たる認識を述べています。これらは、みな二刀一流剣術の基本であるので、当然すでに「水の巻」で述べてあるのですが、そこでは技法的側面からでしか論じられていません。よって、この「二天一流兵学各論」たる「風の巻」において、二刀一流剣術の基本となるそれらの認識・考え方を俎上《そじょう》にのぼすことによって、二刀一流剣術の基礎としての確かな認識を構築せしめんとしているのです。そして、最後から二番目の第八条において、宮本武蔵玄信が《いづれの巻にも拍子の事を専書記也《もっぱらかきしるす》》（「地の巻」第八条「兵法の拍子の事」）というまでに重視している〈拍子〉についての考え方を展開しています。

このように前巻までに説いた教えの数々を、他流批判を交えて改めて具体的に論じた後に、最後の第九条において「指導論」「奥義論」ともいうべき武蔵の考えを述べています。そして、この第九条がまた次の「空《くう》の巻」に思想的に繋がっていくわけです。

今みてきましたように、この「風の巻」は、第一条から最後の第九条まで見事に繋がり、論が展開されているのですが、本書では、あえて条目を並び替え、章立てすることにしました。本来、原典のままの順番でも充分なのですが、これも、原典『五輪書』をより体系的・論理的に読めるようにしたいためです。

本書では、第一章「二刀論（長短論）」（第一・三条）、第二章「兵法勝負における技法の原理」（第二・八条）、第三章「二刀一流兵法の特長」（第四～七条）、第四章「指導論（奥義論）」（第九条）という四つの章に分け、編集し直しております。

さて、これから「風の巻」を通して宮本武蔵玄信が主張する兵法二天一流の考え方を考察していきます。ここに説かれた九箇条は、いずれも奥深い論説で、興味が尽きません。**宮本武蔵玄信の認識は、**

非常に弁証法に満ち溢《あふ》れています。その〝弁証法的な考え方〟を自《みず》らのものにしていってください。

第一章　二刀論（長短論）

一．他流に、大きなる太刀を持つ事（第一条）

他流派に、長大な太刀に偏向《へんこう》する流儀がある。これは、我が兵法の観点から見れば〝弱い流派〟であると見なすものである。

その理由として、それら他の兵法は「いかなる場合にも敵に勝つ」という兵法本来の道理を知らずして、太刀の長さを頼みとして、敵の太刀が届かぬ間合《まあい》から勝ちを得ようとする考えから、長大な太刀を偏《かたよ》って好むものである。世間では「一寸、手勝《てまさ》り」と言って、少しでも得物《えもの》が長ければ有利であるかのように認識しているが、これは兵法を知らぬ者がいう言葉である。このように、**兵法の道理を会得せずして、太刀の長さでもって遠い間合から勝とうとするのは心の弱さからくるものであり、よって〝弱い兵法〟であると断ずる**のである。

実戦において、もし敵との間合が近く、組み合うような場合であれば、太刀が長いほど打ちにくく、太刀筋の通りが少なくて振ることができず、よって、かえって大太刀が荷物となって、小脇差や素手《すで》の者に不覚をとってしまうものである。

長い太刀を偏好《へんこう》する者にとっては、それなりに言い訳はあろうが、何と言おうと、それは独りよがりの屁理屈というものである。実世界の〈実《まこと》の道《みち》〉より実戦という現実を直視すれば、まったくもって長い太刀を好む理由に正当性を見出すことができないのだ。なぜならば、長い太刀を持たずに短い太刀のみにては、必ず負けるとでもいうのであろうか。また、戦う場所によって、上下・両脇などが詰まっている場合や、あるいは、脇差のみ帯びている座敷において、長い太刀を偏好する、その心が「大太刀が振り難《がた》いために負けるのではないか？」「脇差のみしか持っておらぬので勝ち目はないのではないか？」というような、兵法の理から外れた懐疑心や不信感を生み、それが怯《ひる》みとなって不覚を招くことにもなる。また、人によって長大な太刀を振ることなどできぬ力の弱い者もいるし、身長が低いために長太刀を差すことができない者もいるのだ。よって、このように流儀として長大な太刀に限定するものではない。

しかしながら、昔より「大は小を兼ねる」と言うごとく、訳もなく無闇に長い太刀を否定しているものではない。**長い太刀に執着する、偏向《へんこう》した認識を批判している**のだ。〈大分の兵法〉にしても、大太刀は大軍、小太刀は小勢である。小勢では大軍に対し、合戦《かっせん》に絶対勝ち目はないとでもいうのであろうか？　**少数の兵で勝つことこそ、兵法の兵法たる所以《ゆえん》である。**昔から、寡兵《かへい》でもって大軍を破った例は多いものである。

我が兵法二天一流において、このような偏《かたよ》った狭い認識を嫌うものである。このことを、よくよく吟味することである。

（参　考）

一、此《この》一流、「二刀」と名付《なづく》る事（「地の巻」第五条・原典抄出）

（前略）太刀はひろき所にてふり、脇差はせばき所にてふる事、先道《まず》の本意《ほい》也。此《この》一流におゐて、長きにても勝《かち》、短きにても勝《かつ》。故《ゆえ》によつて太刀の寸をさだめず、何《いずれ》にても勝《かつ》事を得る心、一流の道也。

（後略）

（解　説）

第一章は**「二刀論（長短論）」**として、この第一条「他流に、大きなる太刀を持事《もつ》」および第三条「他流に、短き太刀を用《もちい》る事」の二箇条をまとめました。これらは、「地の巻」第五条「此《この》一流、二刀と名付《なづく》る事」における**《此《この》一流におゐて、長きにても勝《かち》、短きにても勝《かつ》》**という理念を、太刀・小太刀それぞれに分けて詳しく論じたものです。

まず、この**「他流に、大きなる太刀を持事《もつ》」**は、大太刀批判として、長大な太刀に執着し偏好《へんこう》する流派を《弱き流《ながれ》》《弱き兵法》であると厳しく批判しています。

たしかに一般論としては、より長い太刀を持った方が有利であることは間違いのないことです。しかしながら、そこを度外《どはず》れに過大評価して、太刀が長ければ長いほど、それだけ有利なのだ・強いのだと認識して、太刀の長さに頼りきり、はては小太刀の有効性までも否定する、その平面的で偏《かたよ》った認識こそを、宮本武蔵玄信は否定し、批判しているわけです。

《或《あるい》は、其場《その》により、上・した《下》・わき《脇》などのつまり《詰》たる所、或《あるい》は脇差ばかりの座にても、長きをこの《好》む心、兵法のうたがひ《疑》とてあしき《悪》心也。人により小力なるもの《者》もあり。其身《その》により、長《なが》かたな《刀》さす事ならざる身も有《あり》》

という宮本武蔵玄信の論理展開は見事です。

宮本武蔵玄信は、別に長い太刀を嫌っているわけではありません。宮本武蔵玄信は〝大太刀のみに偏好《へんこう》する心〟を嫌っているのです。

その証拠として、たしかに宮本武蔵玄信自身も長い太刀を愛用しており、また、かの有名な巌流島の決闘においても、巌流小次郎の長剣・物干竿に対抗するために、それより長い全長四尺一寸六分の櫂《かい》の木刀を、自《みずか》ら作って用いているのです。

このように大太刀を否定してはいないものの、兵法における拍子を最重要視していた宮本武蔵玄信は、兵法の勝負において太刀の長さに頼るべきではなく、敵の〈拍子《ひょうし》の間《ま》〉を捉えて勝つことが本質であると認識していたのです。

兵法二天一流においては**《長きにても勝《かち》、短きにても勝《かつ》。故《ゆえ》によつて太刀の寸をさだめず、何《いずれ》にても勝《かつ》事を得る》鍛錬を通して、あらゆる拍子を会得する**ことが肝要なのです。

二、他流に、短き太刀を用いる事（第三条）

短い太刀を用いる小太刀《こだち》術《じゅつ》のみで勝とうと思うのは〈実《まこと》の道《みち》〉ではない。**昔より「太刀《たち》・刀《かたな》」といって、長い太刀と短い太刀とを区別して名付けて、太刀に二刀あることを表している**のである。

世の中で、力の強い者は長大な太刀をも軽々と振ることができるものなので、無理に小太刀に対して固執《こしゅう》してはならぬのだ。なぜならば、強力者《ごうりきもの》はその腕力を活かして、むしろ長い得物《えもの》である鑓《やり》・薙刀《なぎなた》を持った方が理に適《かな》うというものであろう。

小太刀《こだち》でもって、敵の斬り掛かる太刀の隙《すき》をねらって斬ろうとか、飛び入ろうとか、つかもうなどと思うのは、偏《かたよ》った心からくるもので間違っている。それに、隙をねらうということ自体が、万事にわたって後手《ごて》を招くこととなり、戦局がもつれ、兵法においてもっとも嫌う事態となる。

また、小太刀で敵中《てきちゅう》に入り込もうとか捕らえようとするのは、大勢の敵の中にあっては通用しないものである。小太刀術を心得た者は、大勢の敵をも小太刀にて切り払い、自由自在に敵中を飛び回り、撹乱《かくらん》でき得ると考えていようが、これでは、すべて「受け太刀」という守勢にまわされて、自《みずか》ら気ぜわしい気持ちに陥《おちい》ってしまうことになり、兵法の確かなる道から、まったく外れてしまっている。

同じことならば、**我が身を強くまっすぐに保ち、敵を追い回し、敵を飛び跳ねさせ、敵が慌てふためくように仕掛けて、確実なる勝利を我が手中《しゅちゅう》に収めることこそが兵法の第一義である**のだ。

これは〈大分の兵法〉においても同様の道理である。**同じ戦《いくさ》をするならば、大軍を率いて敵を一気に攻め込み、即座に攻め潰すことが兵法の要諦《ようてい》である。**

世間において、人が通常行っている諸々の事柄についても、普段から受けたり、躱《かわ》したり、くぐり抜けたりする姑息《こそく》なことばかりをし覚えてしまうと、これが癖となり、習慣となってしまって後手《ごて》ばかりを踏み、他人に振り回されてばかりになってしまうものだ。

〈兵法の道〉とは、まっすぐで正しい道なれば、兵法を正しく用いて敵を追い回し、人を従わせる精神が肝要なのだ。このことを、よくよく吟味することである。

（参　考）

一、此《この》一流、「二刀」と名付《なづく》る事（「地の巻」第五条・原典抄出）

〈二刀〉と云出《いいだ》す所、武士は将卒ともにぢき《直》に二刀を腰に付《つく》る役也。昔は太刀・刀と云《いい》、今は刀・脇差と云《いう》。（中略）此《この》二つの利をしら《知》しめんために、「二刀一流」と云《いう》也。（後略）

一、兵法に、武具の利を知《しる》と云《いう》事（「地の巻」第七条・原典抄出）

（前略）脇差は座のせば《狭》き所、敵の身ぎ《際》はへよ《寄》りて、其《その》利おほ《多》し。太刀は、いづれの所にても、大形《おおかた》出合《いであい》、利あり。（後略）

（解　説）

宮本武蔵玄信は、小太刀術《こだちじゅつ》ばかりに固執し、常に敵の隙《すき》を衝《つ》くことばかりを鍛錬すると、これが兵法の悪い手癖《てぐせ》となってしまい、すべてにわたって後手《ごて》を踏むこととなるため、〝先手必勝〟を第一義とする兵法本来のあり方として、このような後手《ごて》にまわる受け身の態度・姿勢は絶対にとってはならないと批判しています。そして、兵法における技法や戦術・戦法をしっかりと体得し、自分の体勢を崩すことなく、逆に敵の体勢を崩し、自分の思いのままに戦闘を展開することこそが肝要なのだと主張しています。

このように、ここでは大太刀批判と同じく、小太刀に固執し偏向《へんこう》する認識を批判するとともに、後《ご》手《て》にまわる受け身の意識・姿勢を強く非難しているのです。

《短き太刀斗《ばかり》にてかたん《勝》と思ふ所〈実《まこと》の道《みち》〉にあらず。昔より太刀《たち》・刀《かたな》といひて、長きと短きと云《いう》事《こと》を顕《あらわ》し置《おく》也》

という本条文の冒頭の出だしは見事です。**太刀に、刀《かたな》・脇差《わきざし》という〈二刀〉があるのであれば、小太刀術のみに偏向することは誤りである**と端的に述べているのです。そのうえ、《脇差は座のせばき《狭》所、敵の身へより《寄》て、其《その》利おほし《多》。太刀は、いづれの所にても、大形出合《おおかたいであい》、利あり》（「地の巻」第七条）とあるように、太刀が一般論としてあらゆる戦闘に適しているのに対し、小太刀は得物《えもの》が短いという特殊性により、場所が狭い所にその使用が限定されるわけです。

そして次の《世の中に強力《ごうりき》なるもの《者》は、大きなる太刀をもかろく《軽》振《ふる》なれば、無理に短きを好む所にあらず。其故《そのゆえ》は、長きを用《もちい》て、鑓《やり》・長刀《なぎなた》をも持《もつ》物也》という論理展開も見事です。たしかに腕力に優れている者に対して、流儀として小太刀ばかりを強制することは理に適《かな》っていません。宮本武蔵玄信が言うとおり、強力者には鑓・薙刀などの長い武器の方が適しているわけです。そしてこれは、先に見た第一条の大太刀批判における《人により小力なるもの《者》もあり。其《その》身により、長《ながき》かたな《刀》さす《差》事ならざる身も有《あり》》という主張と対《つい》を成すものです。

この第三条「**他流に、短き太刀を用《もちい》る事**」は、前の第一条と併せて総合的・立体的に読み解く必要があります。

兵法二天一流では、二刀を鍛錬することによって太刀・小太刀の理を体得し、先《せん》を取る術《すべ》を身に付けていくのです。よって、〈三つの先《せん》〉を戦術の基本とし、稽古を通して各種戦法を体得していくのです。

さて、小太刀を持つ《左の手に、さして心なし》（『兵法三十五箇条』第一条「此《この》道、二刀と名付《なづくる》事」）とする兵法二天一流は、小太刀に固執することを否定していますが、小太刀術そのものを不要としていたわけではないことは、前に触れた第一条を読んで理解されることと思います。そして現に、宮本武蔵玄信は、よく小太刀術でもって対戦しています。宮本武蔵玄信は、小太刀にて敵の身際《みぎわ》に入り込み、敵を組み押さえたりして多くの対戦相手を制しています。これなど、前の第一条における《長き太刀もた《持》ずして、短き太刀にては、必《かならず》ま《負》くべき事か》という主張を自《みずか》ら実践して証明してみせているわけです。

このように太刀・小太刀ともに得意とした宮本武蔵玄信が求めたものは、太刀のみ、小太刀のみに固執することを否定して、**太刀・小太刀双方の利点を会得して、あらゆる状況においても勝利する道**であったのです。そして、その鍛錬方法として創案されたのが、他ならぬ二刀一流剣術であったのです。

第二章　兵法勝負における技法の原理

一．他流において、「強みの太刀」という事（第二条）

太刀を駆使するにおいて、「強い太刀」「弱い太刀」という認識や区別があってはならない。強く斬ろうという気持ちで振った太刀は、正確さが失われ、粗雑な太刀筋となるものだ。粗雑で力に頼りきった太刀筋では、とても勝てるものではない。

また、「強き太刀」というものを学び、実戦で敵を斬る際において、そのとおりに無理に強く斬ろうとすれば、かえって逆に斬れないものである。これは、試し斬りをする際においても同様で、「強く斬ろう」と思う心は良くないものである。誰しも、敵と斬り合う際に「弱く斬ろう」などと考えている者はいないであろう。ひたすら「敵を斬り殺そう」と思う時は、強く斬ろうという心もなく、もちろん弱く斬ろうという心でもなく、ただ「敵が死ぬように」と思うだけである。

もし「強みの太刀」という力に任せた太刀筋で、敵の太刀を強く張るならば、その力《りき》みにより敵の太刀を張り損《そこ》ねて体勢が崩れ、必ず悪い結果をもたらすものである。また、仮に張れたとしても、敵の太刀に強く当たれば、自分の太刀も折れ砕《くだ》けてしまうであろう。したがって「強みの太刀」などという、**ことさら腕力に任せて力一杯に太刀を振ることなど、あってはならぬ**のである。

〈大分の兵法〉の観点からしても、**強力な軍勢を持ち、合戦において強引に勝とうと思えば、敵も同様に精鋭を率いて、強引に戦いに臨むことであろう。それでは敵味方いずれも強力な軍勢を増強し合うばかりとなる**のだが、これは〈一分の兵法〉における「強みの太刀」を求める心と同じことである。

〈大分・一分の兵法〉によらず、**何事においても勝つということは、すべて道理に従って勝ちを収めなければ、このような無理を重ねることとなり、真の勝利を得ることはできない**であろう。

我が兵法二天一流の道においては、少しも兵法の道理から外れた無理なことをせず、兵法の智力を磨いて、いかなることにも勝利を得るということを鍛錬するものなのだ。よくよく工夫することである。

（参　考）

一．此《この》一流、「二刀」と名付《なづく》る事（「地の巻」第五条・原典抄出）

（前略）人毎《ごと》に初《はじめ》てとる時は、太刀おもくて振廻《ふりまわ》しがたき物なれども、万初《よろずはじめ》てとり付《つくる》時は、弓もひきがたし、長刀《なぎなた》も振《ふり》がたし。いづれも其《その》道具〳〵になれては、弓も力つよ《強》くなり、太刀もふり《振》つけぬれば、〈道の力〉を得て、振りよくなる也。（後略）

（解　説）

第二章は**「兵法勝負における技法の原理」**として、「強弱《きょうじゃく》」と「遅速《ちそく》」の問題を論じた宮本武蔵玄信の主張を考察していきます。

まず、この**「他流におゐて、つよ《強》みの太刀と云《いう》事」**は、原典では第一条「他流に、大きなる太刀を持《もっ》事」を受けて、第二条として述べてあります。これは宮本武蔵玄信の**「強弱論」**であり、長大な太刀を持つ流派が、太刀が長大であるが故《ゆえ》に重量のある太刀を用いざるを得なくなり、よって、その重量に負けない腕力・パワーを身に付ける方向へと流れることに対する批判であるのです。

ここで批判している「強《つよ》み」とは〝腕力・パワーに頼った作為的行為によって生み出された強さ〟のことです。

「水の巻」の中にも「強く振る」とか「強く打つ」などという表現がありますが、それは、ここで批判している「強み」とは違い、**《道《みち》の力《ちから》》**（「地の巻」第五条）によって生じた**〝技による強さ〟**のことで、パワーを否定した**〝《拍子》に乗ることによって生まれる強さ〟**なのです。

一方、ここで批判している「強み」とは〝腕力とかの筋力に頼って振る、作為的行為によるパワー〟であり、それでは無理な力《りき》みが生じ、居付《いっ》きが生じます。

兵法二天一流では、この居付きを嫌い、このような居付いた手筋を《死ぬる手》と言って、非常に嫌います。

この「居付き」の根本原因が力《りき》みにあり、力《りき》みのある居付いた《死ぬる手》で太刀を振ると、予備動作が目立って敵から我が動きを察知されやすくなってしまいます。よってパワー主義者は、この予備動作における隙《すき》を無くすために、今度は太刀のスピードを上げることによってカバーしようと、なお一層、力強く太刀を振るはめになるという、堂々巡りの悪循環を繰り返すことになるわけです。

《大分の兵法にしても、つよ《強》き人数を持《もち》、合戦《かっせん》におゐてつよ《強》くかた《勝》んと思へば、敵も強き人数を持《もち》、戦もつよ《強》くせんと思ふ。それは、いづれも同じ事也》

というのは、そのことをも指しており、同時に、兵法の理を無視した軍備増強の過当競争批判でもあるのです。これも、自分の体力や力量に自信を持ちすぎた者や、国力が栄え傲慢《ごうまん》となった大国がよく陥《おちい》るところの悪しき認識です。このような「強さ」のみに頼っては、いずれ技を失い、国力が疲弊していくという将来的な弊害を生じることにもなるのです。

兵法二天一流は、このような**無理な力業《ちからわざ》を完全に否定し、徹底的な剣の鍛錬によって会得した技法と戦法で勝つ《兵法の智力》を体得する**ことにあります。そして、**二刀一流剣術において鍛錬する〈太《た》**

るのです。

刀の道《ちみち》〉とは、《強みの太刀》を否定して、力《りき》みをとって脱力し、太刀の重みを活かして斬る刀法であ

日本刀は、反りのある湾刀《わんとう》であるので、刀自身の重量に任せて落下させれば、自然と刃筋が立つようにできています。よって、**パワーを用いた無理な振り下ろしではなく、重力に従った自然落下を利用して斬るのが〈太刀《たち》の道《みち》〉であるのです。日本刀の重量を活かして重力加速度に乗った斬撃こそが、真の〝強さ〟の秘訣であるのです。**そしてこれがまた、我が兵法二天一流において、パワーとともに、スピードをも否定する所以《ゆえん》であるのです。

二、他の兵法に、速きを用いる事（第八条）

兵法に速さを求め頼るのは〈実《まこと》の道《みち》〉ではない。「速い」ということは、**諸々《もろもろ》の事象における〈拍子《ひょうし》の間《ま》〉に合わないことをもって、「速い」「遅い」などという現象と認識が生じるの**だ。よって何事も、その道に精通し、達人の域に到達すれば、決して速くは見えないものである。

例えば、飛脚という者は一日に四十里・五十里（約一六〇～二〇〇キロメートル）もの距離を進むものであるが、これも朝から晩まで速く走っているわけではない。ところが、まだ未熟な者は一日中走ってはいるものの、その割には捗《はかど》っていないものである。

舞踊の道では、上手な者がうたう謡《うたい》に下手な者がついて謡《うた》うと遅れがちになって、急ごうとするものである。

また、鼓《つづみ》・太鼓《たいこ》で、謡曲《ようきょく》の「老松《おいまつ》」を打つ場合、静かな曲であるにもかかわらず、下手な者は、このような曲にも遅れたり先《さき》んじたりするものである。反対に「高砂《たかさご》」は速い調子の曲であるが、しかし、速ければ良いというものではない。**「速きは倒《こ》ける」と言って〈拍子《ひょうし》の間《ま》〉に合わないものである。もちろん、遅いというのも良くない**。これも上手な者の打つ曲は、ゆるゆると見えながらも、間が抜けていないものである。

何事においても熟練した者のする事は、忙しくは見えないものである。これらの例をもって、拍子における遅速《ちそく》の理を理解してもらいたい。

特に兵法の道において、速いということは良くない。なぜならば、例えば沼・深田などの場所によっては、身体・足ともに速く動かせない所もある。そうであれば、太刀はいよいよ速く斬ることはできない。速く斬ろうとしても、太刀は扇・小刀《こがたな》のように使うものではなく、チョクッと小手先《こてさき》で速く切っても、少しも斬れないものである。よくよく分別すべきである。

〈大分の兵法〉においても、速く急ぐことは良くないのだ。**[枕を押さえる]**(「火の巻」第三条)という心得があれば、少しも遅れるということはないのである。

また、敵が無闇に急いでいる場合などには、〈背《そむ》く〉といって、逆に落ち着いて静かになり、敵の拍子に巻き込まれないことが肝要である。この心得を工夫して、鍛錬を怠《おこた》ることがないようにすべきである。

（参　考）

一．此《この》一流、「二刀」と名付《なづく》る事（「地の巻」第五条・原典抄出）

（前略）〈太刀《たち》の道《みち》〉と云《いう》事、はやく速《ふる》振にはあらず。第二「水の巻」にてしる知べし。（後略）

一．兵法の拍子の事（「地の巻」第八条・原典抄出）

（前略）兵法の拍子におゐて様々有《ある》事也。先《まず》、〈あふ合拍子〉をしつ知て、〈ちがふ違拍子〉をわきまへ、大小・遅速の拍子の中にも、〈あたる当拍子〉をしり知、〈間《ま》の拍子〉を知り、〈背《そむ》く拍子〉をしる知事、兵法の専《せん》也。此《この》〈そむく背拍子〉わきまへ得ずしては、兵法たしかならざる事也。（後略）

一．〈太刀の道〉と云《いう》事（「水の巻」第七条・原典抄出）

（前略）太刀をはやく速振らんとするによつて、太刀の道さかい逆てふり振がたし。太刀はふり振よき程に静《しずか》にふる振心也。（後略）

（解　説）

この「**他の兵法に、はやき速を用《もちい》る事**」は、宮本武蔵玄信が兵法においてもっとも重要であると認識し、『五輪書』全巻に流れる最重要事項である**〈拍子《ひょうし》〉**の正体を、「遅速《ちそく》」の問題を通して論じたものです。宮本武蔵玄信がもっとも重視した問題でありますので、原典では、最後から二番目に当たる第八条に位置付けられてあります。かつ、第七条「他流に、足づか《遣》ひある事」を受けての内容ともなっております。

しかし本書では、「他流におゐて、強みの太刀と云《いう》事」（第二条）における「強弱論」と関連させて、**「遅速《ちそく》論」**として四箇条目に持ってきています。

さて、「水の巻」を読んでいきますと、《はやく打つ》と述べている箇所が頻繁に出てきます。しかしこれも、先に考察した第二条の「強弱論」と同じ論理で説かれているわけです。

すなわち、宮本武蔵玄信の言う**「速い」「遅い」というのは〈拍子《ひょうし》の間《ま》〉に合っていないことによって起こるものであり、すなわち〈拍子《ひょうし》〉によって相対的に生じるものである**のです。

ここのところの解説は、前著『宮本武蔵　実戦・二天一流兵法』（四一七～四二一頁）に解りやすい例をあげて説明しておりますので、ご参照いただきたいのですが、およそ遅速の判断を要するものは、すべて〈拍子の間〉を知らぬ間に規準とし、判断しています。とりわけ兵法においては、一瞬一瞬の勝機《しょうき》を見極めることが肝要で、よって、自《みずか》ら〈拍子の間〉を見抜き、それを活かすことが求められるわけです。

これに対し、〈拍子〉というものを等閑視《とうかんし》して無闇にスピードに頼り、速く太刀を振ることこそ最上だと考える認識を、宮本武蔵玄信は批判しているわけです。

大太刀を用いる流派は、自然と太刀が重くなるためにパワーを増強する方向に走り、太刀のスピードを上げることに専念することになります。また、小太刀の流派も同様に、短い太刀であるが故に小《こ》手先《てさき》の手技《てわざ》によるスピードでもって勝つことを追い求めることとなっていきます。

ここを今一度〈拍子の間〉の観点から整理しますと、稽古・鍛錬の中で「速く斬れ」と指導している中身は〈拍子の間〉によるものではなく、単なるスピードを求めるものであって、宮本武蔵玄信はこれを強く否定します。兵法二天一流の稽古では、〈拍子の間〉を捉えることによって、その敵との拍子の相対的な関係において、「速い」とか「遅い」とかいう自分に有利で敵にとって不利な拍子でもって勝つことを第一義としているのです。つまり現象として解りやすく言えば、拍子によっては遅い方が有利な場合もある、ということです。

〈拍子の間〉とは、いろいろなニュアンスがありますが、剣術の立ち合いにおいては、いわゆる〝隙《すき》〟という攻撃における絶好の機会として現象します。

兵法二天一流では、拍子を重視する観点から《早くきらん》とする心を否定し、《拍子の間》を捉えることを主眼とします。そして、単に捉えるだけでなく、戦術として積極的に作り出す必要があります。これが、「地の巻」第八条においても宮本武蔵玄信が強調した兵法における戦術的遅速の正体、すなわち《背《そむ》く拍子》という拍子であるのです。

第三章　二刀一流兵法の特長

一、他流に、太刀数《たちかず》多き事（第四条）

太刀筋を多くこしらえ型《かた》となし、人に伝授するということは、兵法の道を売り物に仕立てて、「太刀数を多く知っている」と初心者に感服させるねらいがあってのことである。これは、兵法の本質に照らして、あってはならぬことである。なぜならば、**人を斬る方法として様々《さまざま》な太刀筋があると認識していることが、そもそもの誤りである**のだ。

世の中において、人を斬るのに異なる方法があるものではない。刀法を知る・知らぬにかかわらず、女・子供であろうとも、打ち・叩《たた》き斬《き》るということに、そうそう多くの方法はないものである。もし、斬るという手以外にあるとすれば、突き・薙《な》ぎ以外に方法はないものである。**剣術において、まず〝斬る〟ということが刀法の基本であり、その方法に数多くの種類があるものではない。**

しかしながら、戦いにおける場所や状況に応じて、上・脇などが詰まっている所などでは、太刀がそれにつかえないように扱う必要があることから、我が兵法二刀一流では〈**五法**《ごほう》〉と称する［**五方**《ごほう》**の構**《かまえ》］と［**五つの表**《おもて》］という、五種の構と太刀筋があるものである。それより他に付け加えて、ことさらに手をねじ、身をひねって、飛んだり、体を開いたりして敵を斬ることは〈実《まこと》の道《みち》〉ではない。敵を斬るのに、手をねじり、身をひねり、飛んだり、体《たい》を開いたりしても斬ることはできず、まったくもって役に立たないものである。

我が兵法においては、身心ともにまっすぐに保ち、敵をひずませ、歪《ゆが》ませて、敵の心がねじ曲がって平静さを失ったところに乗《じょう》じて勝つことこそが肝心なのである。よくよく吟味することである。

（参　考）

一、［五方《ごほう》の構《かまえ》］の事（「水の巻」第六条・原典抄出）

［五方《ごほう》の構《かまえ》］は、上段・中段・下段・右のわき《脇》にかまゆる《構》事・左のわき《脇》にかまゆる《構》事、是五方《これごほう》也。構、五つにわかつ《分》といへども、皆《みな》人をきらん《斬》為《ため》也。構、五つより外はなし。いづれの構なりとも、かまゆ《構》るとおもは《思》ず、きる《斬》事なりとおもふ《思》べし。（後略）

一、〈太刀の道〉と云《いう》事（「水の巻」第七条・原典抄出）

（前略）我《わが》兵法の［五《いっ》つのおもて《表》］をつかい《遣》覚《おぼゆ》れば、太刀の道、定《さだま》りてふり《振》よき所也。能々《よくよく》鍛錬すべし。

「水の巻」跋文《ばつぶん》（原典抄出）

（前略）兵法、太刀を取《とり》て、人に勝《かつ》所を覚ゆるは、先《まず》［五《いつ》つのおもて《表》］を以《もっ》て［五方《ごほう》の構《かまえ》］をしり、〈太刀の道〉を覚へて惣体自由《そうたいヤハラカ》になり、心のきゝ出《いで》て道の拍子をしり、おのれと太刀も手さえ《冴》て、身も足も心の儘《まま》にほどけたる時に随《したが》ひ、一人にかち《勝》、二人にかち《勝》、兵法の善悪《よしあし》をしる程になり、此《この》一書の内を、一ヶ条〳〵と稽古して、敵とたゝかひ《戦》、次第〳〵に道の利を得て、不絶《たえず》心に懸《かけ》、いそぐ《急》心なくして、折々手にふれては徳を覚へ、いづれの人とも打合《うちあい》、其心《そのこころ》をしつ《知》て、千里の道もひと《一》足宛《ずつ》運ぶなり。（後略）

（解　説）

第三章では**「二刀一流兵法の特長」**として、〈五法《ごほう》〉〈有構無構《うこうむこう》〉〈観見《かんけん》二つの目〉〈陰陽《いんよう》二つの足〉の理を他流批判を通して説く、第四条から第七条までを考察します。

まず、この第四条**「他流に、太刀《たち》数《かず》多き事」**は、**二刀一流剣術の基礎となる［五方《ごほう》の構《かまえ》］という構と［五《いつ》つの表《おもて》］という基本型を構成した考え方の成り立ち**を説いています。

他流派の剣術を見てみますと、数多くの構をこしらえ、しかも、ほんのちょっとした拳《こぶし》の高さの違いなどだけで構の名称が違ったり、また、その構から繰り出す太刀筋を何通りもの型《かた》として構成し、「表《おもて》」「奥《おく》」とか「初伝《しょでん》」「中伝《ちゅうでん》」「奥伝《おくでん》」などという階梯《かいてい》を設けたりしています。それにより、型が数十本・数百本の多きに到《いた》ることになるわけです。

このように数多くの太刀筋があると、武技の本質を知らない初心者であれば、型を身に付けさえすれば勝てると思いがちであるので、型の多い流派ほど頼もしく見えるし、また尊敬もされるようになるわけです。

しかし宮本武蔵玄信は、これを《道をうり《売》物に仕立て、太刀数おほく《多》しり《知》たると、初心のもの《者》に深く思はせんため成《なる》べし。兵法にきらふ《嫌》心也》と否定します。なぜならば、このように型の本数が度《ど》外《はず》れに多くなると、《命をばかりの打《うち》あい《合》》（「火の巻」前文）に勝つという兵法の本質から外れ、型を憶えることのみに終始することになり、本当の意味での拍子の重要性を認識することができなくなってしまうからです。また、型一辺倒《かたいっぺんとう》の稽古では、兵法に肝心の〈背《そむ》く拍子〉を会得することができません。

武道・武術における型《かた》の技化とは、あくまでも勝負において、その型で培《つちか》った技を駆使するためのものです。しかし、このように型の本数が多いとなると、あまりの型の多さに〝**勝負に使用するための技**〟という目的から外れ、型を身に付けるためだけの技化、すなわち、型の手順において見事にできるかどうかというだけのものとなり、型を実戦に適用して自由自在に駆使するための応用力が備わりにくくなります。そして、いわゆる「型に居付く」こととなり、型は見事だが実戦に向かないという「型名人」に陥《おちい》ってしまうことになるのです。

兵法（剣術）における勝負の本質は〈命をばかりの打ち合い〉にあります。

よって、**生命を懸けた勝負を本質とする兵法において、その勝負は、武技の駆使に加え、戦術・戦**

法を駆使して戦うこととなり、したがって、その鍛錬は、勝負に必要な最小限度の技を抽出し、その技を徹底的に技化して、それを戦術・戦法に応じて駆使することさえも技化することにこそあるのです。

この**勝負に必要な最低限度の技として抽出したものが「型《かた》」であり、よって、その型は勝負において必要最低限の本数であるべき**なのです。

流祖が創った兵法二天一流における型《かた》は［表《おもて》］といい、［中段］［上段］［下段］［左脇構］［右脇構］の五本のみです。しかも、**型の名称が構の名称とそのまま一致する**ことに刮目《かつもく》する必要があります。『五輪書』の前に書かれた『兵法書付《へいほうかきつけ》』（寛永十五年）において、それらの型は［円極《えんぎょく》］［義断《ぎだん》］［鷙《し》撃《げき》］［迂直《うちょく》］［水形《すいけい》］という名称が付いていました。この方が一般の型らしい名称であるのですが、『五輪書』において構と型の名称を一致させたことには深い理由があります。それは、構と型の名称を同じにして、《先《まず》、［五つのおもて《表》］を以《もっ》て［五方の構］をし《知》る》（「水の巻」跋文《ばつぶん》）武蔵独特の教授法でもって、構や型に囚《とら》われない認識を、剣術の稽古による身体を通して培《つちか》っていくようにしているのです。そしてまた、これは次に説明する〈有構無構《うこうむこう》〉の思想にも繋がっているのです。

二．他流に、太刀の構を用いる事（第五条）

太刀の構《かまえ》に専心するのは、兵法の道理から外れているものである。世の中において、「構」すなわち、城郭《じょうかく》や砦《とりで》などのような備《そな》えを万端《ばんたん》に準備し構築したりするのは、外敵《がいてき》がいない時点に備えを講じる、いわば防衛手段であるといえるものだ。

それはまた、例えば法例《ほうれい》（条約《じょうやく》）なども、戦《いくさ》のない時は「昔からの慣例《かんれい》である」とか「今の法例によると」などというように、法例を立て・条約を締結し、それを尊重し遵守して、それによって平和を保とうとするのも「構」と同じことである。しかしながら、いったん戦《いくさ》となり勝負を決するとなると、取り決めた法例（条約）などの「構」は、あってなきがごとくとなる。戦《いくさ》ともなれば、ただただ敵が不利になるように、と企《たくら》むのみと化すものである。

すべからく**「構」というものは、揺るぎなき態勢を保持する備えといえる**のである。例えば、城を構えたり、陣を構えたりすることなどは、敵から仕掛けられても強く動じないためであり、平常時における用心としての備えであるのだ。

兵法における勝負の道においては、何事においても先手先手と心掛けることが第一義である。それに対して、**構えるという心は、いわば先手を待つ心である**といえよう。よくよく工夫するべきである。

兵法における勝負の道とは、敵の構を動かし、敵の思いも寄らぬことを仕掛け、本書「火の巻」に示した**［うろめかす］**（第十七条）・**［むかつかせる］**（第十三条）・**［脅《おびや》かす］**（第十四条）・**［まぎれる］**（第十九条）といった戦術・戦法でもって、敵が混乱した拍子に付け込んで勝つことであるので、「構」といった後手《ごて》の心を嫌うのである。

したがって、我が**兵法二刀一流の道においては、〈有構無構《うこうむこう》〉**といって、**〈構有りて構無し《かまえありてかまえなし》〉**を

教えとするのである。

〈大分の兵法〉においても、敵戦力の多寡《たか》を探り、その戦場となる場所に応じ、味方の戦力の状態を把握して、味方が有利となるように軍勢を立てて緒戦に臨むことが、合戦《かっせん》においてもっとも重要な要件である。

敵から先《せん》を仕掛けられた場合と、こちらから敵に仕掛けた場合とでは、その得失《とくしつ》は倍も違うものである。

太刀をしっかり構えて、敵の太刀をよく受け、よく張ろうと心得ているのは、例えば、せっかく鑓《やり》・薙刀《なぎなた》を持っていながら、柵越しにそれを振っているのと同じである。敵を倒す心構えは、その柵を引き抜いて、柵木《さくぎ》を鑓・薙刀として使うような気迫・気構えでありたいものだ。よくよく、この意味を吟味することである。

〈参　考〉

一．〈有構無構《うこうむこう》〉のおしへ《教》の事（「水の巻」第十三条・原典抄出）

〈有構無構《うこうむこう》〉と云《いう》は、太刀をかまゆる《構》と云《いう》事、あるべき事にあらず。され共《ども》、五方に置《おく》事あれば、構ともなるべし。

太刀は、敵の縁《えん》により、所により、けいき《景気》にしたがひ《従》、いづれの方《かた》に置《おき》たりとも、其《その》敵きり《斬》よきやうに持《もつ》心也。（中略）然《しかる》によつて〈構はあり《有》て構はなき《無》〉と云《いう》利也。（後略）

（解　説）

この**〈有構無構《うこうむこう》〉の教えが、〈五法《ごほう》〉たる［五方《ごほう》の構］と［五つの表《おもて》］を背後から支える兵法二天一流の精神である**といえます。

宮本武蔵玄信は、前の第四条で構《かまえ》と型《かた》の太刀筋を多くこしらえることについて批判しましたが、そのことを受けて、ここでは構にこだわる認識を批判し、否定しています。

剣術の立ち合いにおいて、構をとるというのは、勝負の始まりとして非常に重要な要素であり、我が兵法二天一流をはじめとする武道・武術各流派、それぞれに流派の構を尊重し、習得する第一の基礎として、これを学びます。しかし、この構そのものにこだわりを持ち、構に囚《とら》われることを兵法二天一流では**〈構《かまえ》有《あ》りて構《かまえ》無《な》し〉**として否定しているわけです。

なぜならば、剣術の勝負だけを見てみますと、たしかにまず構をとって間合を詰めたり、敵の出方によって様々《さまざま》に構を変化させたりして、構は勝負にとって重要な要素であることは間違いありません。しかし目を転じて、広く世の中の実相《じっそう》を観《み》てみますと、「構」なるものは敵と戦う前に講じる防衛措置であったり、自国の利益を有利に守るための条約であったりとした、戦闘前の防衛行為であることが理解できます。**構は攻撃を仕掛けられないように、かつまた、攻撃を仕掛けられても防御することができるための備えである**のです。よって、**構そのものは戦闘における攻撃面ではなく、防御面を司《つかさど》っている**わけであるのです。

このような構の性格が判明しますと、先手必勝を第一義とし、後手《ごて》を嫌う兵法の道理からしては、構そのものだけを重視し、それにこだわることは《先手を待《まっ》心》をつくることとなり、《後手の心》を生じることとなり、それを宮本武蔵玄信は否定しているわけです。

〈構《かまえ》有《あ》りて構《かまえ》無《な》し〉というように、武蔵は構を完全否定しているわけではありません。**構とは、まず防御の体勢をとって、しかる後に攻撃へと転じるところに主眼があり、《兵法勝負の道におゐては、何事も先手先手《せんてせんて》と心懸《こころがく》る》ことを構の重視とともに喚起《かんき》するために〈有構無構《うこうむこう》〉の教えがあるのです。**

「太刀をしっかり構えて、敵の太刀をよく受け、よく張ろうと心得ているのは、例えば、せっかく鑓《やり》・薙刀《なぎなた》を持っていながら、柵越しにそれを振っているのと同じである。敵を倒す心構えは、その柵を引き抜いて、柵木《さくぎ》を鑓・薙刀として使うような気迫・気構えでありたいものだ」（原文《太刀を能《よく》かま《構》へ、敵の太刀を能《よく》うけ《受》、よくはる《張》とおぼゆる《覚》は、鑓・長刀《なぎなた》を持《もち》て、さく《柵》にふり《振》たると同じ。敵を打《うつ》時は、又《また》さく《柵》木をぬき《抜》て鑓・長刀《なぎなた》につかふ《使》ほどの心也》）

このたとえは、得物《えもの》にこだわらず自由に様々《さまざま》な物を武器とし得る〈有構無構《うこうむこう》〉の精神を表しています。

《世の中にかまへ《構》のあらん事は、敵のなき時の事なるべし。其《その》子細は、昔よりの例・今の世の法などとして、法例をたつる《立》事は勝負の道には有《ある》べからず。其《その》相手のあしき《悪》やうにたくむ《企》事なり》

この冒頭の教えも、現代に充分通用するものです。そしてここは、この部分だけを取り出して、だから兵法は悪いものなのだと決めつけないことが肝心です。なぜならば、現実社会を客観的に見てみますと、これはたしかに現実的に行われていることだからです。そこを認識して、それに対処すること、**自《みずか》らが不覚をとらずに生き抜くための認識と実践を培《つちか》うこと、これこそが兵法の真骨頂《しんこっちょう》であると**もいえるのです。

兵法二天一流においては、〈有構無構《うこうむこう》〉の教えに基づいて〈五法〉たる［五方の構］と［五つの表］を遣《つか》い覚え、〈三つの先〉による先手必勝の技と精神を鍛錬するのです。

三．他流に、目付《めつけ》という事（第六条）

「目付《めつけ》」という教えにて、流派により太刀に目を付けるのもあり、または手に目を付ける流派もある。あるいは顔に目を付け、足などに目付《めつけ》する流派もある。しかしこのように、ことさら敵のある部位に目を付けようとしては、その部分を見ることだけに執着し、全体を見切れぬために、かえって心に迷いが生じ「兵法《へいほう》の病《やまい》」というものになるのだ。

なぜならば、例えば蹴鞠《けまり》に習熟している人は、終始《しゅうし》目を離さず鞠を見ているわけではないのであるが、顔の側面すれすれに鞠を通す「鬢《びん》すり」という技を蹴り、鞠を背に負う「負《お》い鞠」というような技をしながらも蹴り、体を回転させながらも蹴ることができるものだが、それは**〝ものに慣れる〟ということによって、目で確かめる必要がなくなる**からである。また、「放下《ほうか》」という曲芸をする者などの技も〝その道に慣れる〟ことによって、扉を鼻の上に立て、刀を幾振りも手玉にとることができる。これらの技も、すべて熟視しているわけではないのであるが**〝絶えず**

普段から手慣《てな》れる〟という過程をとおして、自然と見ることはなしに見えているものである。

兵法の道においても、その時々の敵との戦いに慣れ、敵の心の軽重《けいちょう》を量《はか》り、熟達すれば、太刀の遠近・遅速までもすべて見通すことができるものである。**兵法の目付《めつけ》とは、総じて、相手の胸《むね》の内《うち》を見抜く「心眼《しんがん》」である**のだといえよう。

〈大分の兵法〉にいたっても、心眼《しんがん》によって、その敵軍の形勢に目付《めつけ》するものだ。

我が兵法二刀一流の**〈観見《かんけん》二つの目〉**によって、〈観《かん》の目〉を強くして敵の心理を見抜き、戦う場所の状況を見極め、大きな視野に立って、その戦いの**〈景気を見る（知る）〉**（「火の巻」第五条）ことによって、その折々の敵の強弱を知り、確実に勝利を得ることを第一義とすることである。

〈大分・一分の兵法〉共に、小さく目付《めつけ》することはない。前に記したごとく、**細かく小さな事ばかりに視点を向けることによって、かえって大事なことを取り忘れ、迷う心が生じて、確実な勝利を逃がしてしまうものである。**この道理をよくよく吟味して鍛錬することである。

（参　考）

一、兵法の目付《めつけ》と云《いう》事（「水の巻」第三条・原典抄出）

目の付《つけ》やうは、大きに広く付《つく》る目也。

〈観見《かんけん》〉二つの事、〈観《かん》の目〉つよく《強》、〈見《けん》の目〉よはく《弱》、遠き所を近く見、ちかき《近》所を遠く見る事、

兵法の専《せん》也。（中略）

かやうの事、いそが《忙》しき時、俄《にわか》にはわきまへがたし。此《この》書付を覚え、常住此目付《じょうじゅうこのめつけ》になりて、何事にも目付《めつけ》のか《変》はらざる所、能々《よくよく》吟味あるべきもの也。

（解　説）

ここでは「水の巻」第三条「兵法の目付と云《いう》事」で説いた、**二刀一流剣術の目付《めつけ》たる〈観見《かんけん》二つの目〉の重要性**を述べています。

宮本武蔵玄信は、他流派において、ことさらに太刀や手や顔や足に目付せよと指導している流派があるが、それでは《兵法のやまひ《病》》となるのだと批判して、以下、自論を展開していくのですが、一方で、実際に剣術を学ぶ際においても、やはり初心の段階ではどこに目を付けて良いかとまどってしまいます。

よって兵法二天一流では、『兵法三十五箇条』第六条にある《大躰《だいたい》顔に付》けることを基本とします。この《大躰《だいたい》》がミソであり、顔を中心としますが、初心の段階から**〈観見《かんけん》二つの目〉を強く意識して、〈観《かん》の目〉強く、〈見《けん》の目〉弱くを心掛けて、広く大きく全体を見る**よう鍛錬します。これは「水の巻」第三条に書かれているとおりです。

この〈観見《かんけん》二つの目〉なども、いわば〝達人の目付《めつけ》〟であり、初心者が最初からできるわけがないのですが、それを承知で最初から学び実践するよう心掛けることが肝要です。

ここで**初心のうちから重要なのは、この『五輪書』の教えをしっかり刻み込むように読んで覚えながら、敵の顔を中心にしっかりと敵の全体を見ることを心掛けて鍛錬すること**です。〈観《かん》の目〉が強くなるためには、まず〈見《けん》の目〉が強くなければなりません。そうすると敵の顔ばかりに集中して全体を見通すことができなくなったり、全体を見ようとすると集中力をなくして〈見の目〉が弱くなったりしてしまいます。しかし、それで良いのです。このような失敗を繰り返しながらも『五輪書』の教えを忠実に体得しようと努力を重ねるうちに、段々と・徐々に徐々にできるようになっていき、それとともに『五輪書』に書かれてあることが、しっかりと刻み込まれてきて自分のものになっていきます。**このような相互浸透を繰り返していくうちに、〈観《かん》の目〉ができてきて段々と強くなり、相対的に〈見《けん》の目〉が弱く感じるようになってくるのです。**

主観的に説明すると、あれほど初心の段階でまなじり裂けるがごとくにらんでいた眼差《まなざ》しが、段々と上達し達人となるにつれて、穏《おだ》やかであると同時に恐ろしく、しかも奥深さを秘めた眼差しへと変わっていくわけです。達人の眼差しの代表例として近・現代の武道家を挙げると、極真空手の創始者・大山倍達《おおやまますたつ》や、さらには合気道の開祖・植芝盛平《うえしばもりへい》の晩年の写真を見れば、それが理解できると思います。

これが、宮本武蔵玄信の言う《〈観《かん》の目〉つよく《強》、〈見《けん》の目〉よはく《弱》》という意味であり、〈見《けん》の目〉は弱くていいんだとばかりに〝見る〟ことを怠《おこた》っていては、いつまでたっても〈観見《かんけん》二つの目〉はできません。

他流派において、勝負における目の付け所として、形式的に目付《めつけ》の箇所を指定し、それに執着して癖となってしまうような、そういう教え方・指導体系を宮本武蔵玄信は批判し、否定しているのです。このような目付は、兵法二天一流の観点から見れば、さしずめ「観の目弱く、見の目強く」とでも言えましょう。

〈観見《かんけん》二つの目〉とは、いわば**現象の本質を見抜く「心眼《しんがん》」**のことです。逆に説けば、**「心眼」の正体とは〈観見二つの目〉を技化したものであると**いえるのです。

兵法二天一流においては、敵の全身とその周《まわ》りの状況全体を〈見《けん》の目〉で観察し、そして〈観《かん》の目〉によって敵の心理を判断し、その戦法を見抜き、先手を取って勝つことを第一義に鍛錬するのです。

四、他流に、足遣《あしづか》いある事（第七条）

他流派では足の踏みように、「浮き足」「飛び足」「跳ねる足」「踏み詰める足」「からす足」など、様々《さまざま》な「早足《さっそく》」なるものを設けているが、これらは皆、我が二刀一流兵法の観点から見れば〝早足《さっそく》〟ならぬ〝不足《ふそく》〟、すなわち不適当なものとみなすものである。

「浮き足」を嫌うそのわけは、戦いに入ると必ず、自《おの》ずから浮き足立つものであるからである。よって逆に、しっかりと確かに大地を踏む心得が必要である。

また、「飛び足」を好まないのは、「飛び足」なるものは、飛ぶ際にその起こりが見え、飛ぶことによって居付《いっ》いた状態になるものである。何度も飛ぶということは実戦においてあり得ぬゆえに、「飛び足」というのは良くないのである。

また、「跳ねる足」の場合、跳ねるという心得で戦《いくさ》に臨《のぞ》めば、戦いがはかどらぬものである。

「踏み詰める足」は「待《たい》の足」といって、特に嫌う足遣《あしづか》いである。

その他に、「からす足」などというような様々《さまざま》な「早足《さっそく》」なるものがあるものだが、しかし戦いにおいて、沼や深田、あるいは山・川・石原・細道などでも、敵と斬り合うことがあるゆえに、場所により飛び跳ねることもできず、このような「早足《さっそく》」を踏むことができぬ場合が多いものである。

よって、**我が兵法において、足遣《あしづか》いに変わることはない。通常の道を歩むような足遣いである。**

そして、敵の拍子に従い、急ぐ時・静かな時においても**身体の状態に合わせて、過不足《かぶそく》なく、足に乱れなきように歩む**のである。

〈大分の兵法〉においても、足運びは、攻撃の機会を的確に捉えるうえにおいて非常に重要である。それは、敵の作戦をわきまえず無闇に早く攻撃を仕掛けると、拍子が狂って勝ちにくくなるものである。また逆に、出足が遅れるようでは、敵が混乱して崩れている絶好の機会を見逃して勝機を取り逃がし、早期決着を付け得なくするものである。混乱して崩れている機会を見逃さず、少しも敵に余裕を与えないようにして勝つことが肝要なのだ。よくよく鍛錬あるべきである。

（参　考）

一、足づか《遣》ひの事（「水の巻」第五条・原典抄出）

（前略）足づか《遣》ひは、ことによりて大小・遅速はありとも、常にあゆ《歩》むがごとし。足に、飛足《とびあし》・浮《うき》足《あし》・ふみ《踏》すゆ《据》る足とて、是《この》三つ、きらふ《嫌》足也。此《この》道の大事にいわく、〈陰陽《いんよう》の足〉と云《いう》、是《これ》肝心也。〈陰陽の足〉とは、片足ばかりをうごか《動》さぬもの也。（後略）

（解　説）

兵法二天一流では、**《我《わが》兵法におゐて、足に替《かわ》る事なし。常の道をあゆ《歩》むがごとし》**を旨《むね》とし、その教えとして**〈陰陽《いんよう》二つの足〉**を心得としています。

そこでこの**「他流に、足づか《遣》い有《ある》事」**では、他流派において実戦に有利だとして教えている足遣《あしづか》い、すなわち「早足《さっそく》」なるものを例に挙げて批判し、我が兵法二天一流において、なぜ〈陰陽二つの足〉という〝常の歩み〟であるのかを解説しているわけです。

しかし、「水の巻」の解説の中で説明したとおり、この宮本武蔵玄信が主張する〝常の歩み〟は、**兵法の鍛錬によって武道体として量質転化し、できあがったところの常の歩み**であることに注意しなければなりません。

他流派における「浮き足」「飛び足」「跳ぬる足」「踏み詰むる足」「からす足」などの足遣《あしづか》いは、実戦に役立つようにと、ことさら作為《さくい》を用いて不自然な足取りを「早足《さっそく》」と称して、これならば速く進むことができるのだと指導しているわけですが、宮本武蔵玄信は、このような足遣いでは、道場では役立つかもしれないが、起伏《きふく》の激しい野外における実戦では役に立たず、かえって不覚をとってしまうものだと主張しているのです。

よって、**兵法二天一流では〈陰陽二つの足〉と称して、人間体における通常の歩みの形を武道体として技化していきます。**つまり、**歩き方は通常普通に歩いている形そのものなのですが、武技たる〈陰陽二つの足〉は、その質がまったく違う**わけです。したがって、《常の道をあゆむ《歩》がごとし》といっても、武技化する過程においては、右左・右左という歩みとしては同じでも、通常の人間体時とは比較にならぬきつさ・厳しさを要求されることになります。

『五輪書』において流祖・宮本武蔵玄信が説く〝常〟とは、すべて武技化された武道体における〝常〟であることを忘れてはならず、その量質転化された〝常の身〟〝常の足〟となるべく鍛錬することが肝要であるのです。

それにしましても、宮本武蔵玄信が冒頭で《色々《いろいろ》さつそく《早足》をふむ《踏》事あり。是《これ》皆、我《わが》兵法より見ては、不足《ふそく》におもふ《思》所也《ところ》》と、他流派の「早足《さっそく》」に対して、我が兵法二天一流ではそれを「早足《さっそく》」ならぬ「不足《ふそく》」と見なすものですよ、と述べているのにおかしみを覚えます。宮本武蔵玄信は、意外と冗談の通じるシャレっ気《け》もあった、ということを見逃してはならないでしょう。

第四章　指導論（奥義《おうぎ》論）

一、他流に、「奥《おく》」「表《おもて》」という事（第九条）

兵法を学び、修得し、実戦するに及んで、いったい何を「表《おもて》」といい、何を「奥《おく》」というのであろうか。芸能の世界において、その内容によっては「極意《ごくい》」「秘伝《ひでん》」などという奥義《おうぎ》の技もあろうが、**敵と〝生命を懸けて打ち合う際における技法・戦法〟を学ぶ〈兵法《へいほう》〉に限っては、「表」の技にて戦い「奥」の秘技でもって斬るということなどない**ものである。

我が兵法の教え方としては、初めて剣の道を学ぶ者に対して、その者の技量に応じて早く会得《えとく》できそうな所からさせ習わせ、得心《とくしん》しやすい剣理から先に教えていき、理解しがたい剣理については、その者の理解力が進んできた頃合《ころあ》いを見計《みはか》らって、その体得段階に応じて深い剣理を徐々に教えるように心掛けている。しかしながら、およそ敵と打ち合う際における対処法として、その技法・戦法を教えているのであるから「極意」「秘伝」といった奥義《おうぎ》などないものである。

されば世の中において、山の奥を尋ねてなお奥へ進まんとしても、かえってまた麓《ふもと》の入口へと出てしまうものである（注・円明流『兵道鏡《へいどうきょう》』「直通之位《じきつうのくらい》之事」の条中**《中々《なかなか》に人里近くなりにけり　余《あまり》に山の奥を尋《たずね》て》**という道歌《どうか》あり）。いずれの道においても、奥義《おうぎ》を用いて有効なこともあれば、初伝《しょでん》の技で事足《ことた》る場合もある。この〈兵法《へいほう》〉という〝戦いの道理・原則〟において、何を「奥」と称して隠し、何を「表」として公開するような別《わ》け隔《へだ》てがあろうか。

したがって、我が兵法二天一流の道を伝授するに際し、「誓紙《せいし》・罰文《ばつもん》」などを提出させることも好むものではない。兵法の道を学ぶ者の智力をうかがって、**〈直道《じきどう》〉**の歩みを指し示し、**兵法を学ぶうちに知らずに身に付く様々《さまざま》なる固執《こしゅう》・悪癖《あくへき》を認識させて、自分自身の手でもって捨て去り、自《おの》ずから武士の法の〈実《まこと》の道《みち》〉に悟入《ごにゅう》して、妄執《もうしゅう》のない心境に成さしめるのが、我が二天一流兵法の教えの道である。**よくよく鍛錬すべきである。

（参　考）

一．此《この》兵法の書、五巻に仕立《したつ》る事（「地の巻」第五条・原典抄出）

（前略）〈空《くう》〉と云出《いい》すよりしては、何をか「奥《おく》」と云《いい》、何をか「口《くち》」といはん。（後略）

（解　説）

この最後の第九条**「他流に、奥・表と云《いう》事」**は、**第四章「指導論（奥義《おうぎ》論）」**という一章として独立させました。

まず、現代の兵法二天一流も同様なのですが、古武道における伝授体系として「表《おもて》」「奥《おく》」とか「初《しょ》伝《でん》」「中伝《ちゅうでん》」「奥伝《おくでん》」、さらに「極意《ごくい》」「秘伝《ひでん》」として型を体系化し、教授しているのですが、流祖・宮本武蔵玄信は、これを否定しています。

たしかに日本における「兵法《へいほう（ひょうほう）》」なるものは、流祖も認めているように「十能《じゅうのう》・七芸《しちげい》」の一つとして、芸能の一種であると認識されていました。そして、芸能の中には能楽《のうがく》や歌道《かどう》などのように「極意」「秘伝」というものがあり、その奥義《おうぎ》を伝授されることが尊重されてもいました。しかし、〝戦いの原理・原則〟である〈兵法《へいほう》〉において、他の芸能にあるような奥義の伝授などあること自体がおかしいのです。

なぜなら、**能楽・歌道などは、単にその技能を身に付ければそれで良しとする**ものなのですが、こと《命をばかりの打《うち》あい《合》》（「火の巻」前文）を本質とする〈兵法《へいほう》〉に限っては、そのようには参りません。たとえ「極意」「秘伝」というような奥義の技を伝授されたとしても、そもそも、その伝授された**武技は〝戦闘に使う〟ためにある**わけです。そこで実際の戦いとなった場合、これは〈生命懸けの勝負〉であり、こちらがその奥義である技を用いようとしたとしても、敵の方は当然その技を封じ込めようと画策《かくさく》し、また逆手の技を仕掛けようとするなどの駆け引きが展開し、そうそう「極意」「秘伝」などといった技が駆使できるはずもないのです。そこに武技を超えた虚々実々の戦略・戦術が必要となり、『五輪書』において、「水の巻」のみならず「火の巻」においての戦術・戦法を学ぶ必要が生じるわけです。

したがって、**武技を身に付けただけで兵法の勝負に必ず勝てるわけではない**ために、ことさら武技を「極意」だの「秘伝」だのと言って祭り上げることをせず、**真剣勝負に必要な最小限度の技を徹底**

的に鍛錬して身に付け、戦略・戦術を学び、心技体がそれらと一体化するよう〈技化〉することこそが肝要であるのです。

兵法において「極意」「秘伝」があること自体、その流派が単なる〝芸能〟として技能を身に付けて終了！　という体系になっているのを証明しているのであり、具体的には「型武道《かたぶどう》」として現出し、よって、これでは兵法本来の目的を果たし得ないのです。そして、これは皮肉にも、現代における我々兵法二天一流においても当てはまる批判であるのです（ただし、現代において、この「風の巻」にて示された当初そのままの兵法二天一流の稽古方法を真似《まね》して行っても、現代人の柔《やわ》な身体では決して上達することなく失敗するであろうことを、念のため申し添えておきます）。

それでは、流祖・宮本武蔵玄信による当時の兵法二天一流の指導はどのようなものだったのでしょうか？

それは**〈三先五法《さんせんごほう》〉の徹底的な技化**に尽きます。まず初心においては「五方の構」からの「五つの表《おもて》」による太刀筋を教え、その表（型）によって基本的な刀法を習得させます。それから対手《たいて》にいろいろな太刀筋、さまざまな拍子でもって斬って来させます。その中で〝死ぬこと〟を学び、「五つの表」の太刀筋を通して「水の巻」における打撃《だげき》法・入身《いりみ》法・刺撃《しげき》法や「火の巻」における先《せん》の取り方を主とした戦法を体得していき、《口伝《くでん》》たる〈直通《じきつう》の位〉〈巌《いわお》の身〉の境地に到《いた》らしめるのです。

このような指導方法の基本的な考え方が、

《我《わが》兵法のおし《教》へやうは、初而《はじめて》道を学《まなぶ》人には、其《その》わざ《技》のなりよき所をさせなら《習》はせ、合点《がてん》のはや《早》くゆく理を先におしへ《教》、心の及《および》がたき事をば、其《その》人の心をほどく《解》る所を見わけて、次第〳〵に深き所の理を後におしゆる《教》心也》

という、習う者の理解力・修得力に合わせて、それぞれの上達度合に見合った教授方法であったのです。

しかも宮本武蔵玄信は、兵法を広く《武士の法》《武士の道》として捉えていました。よって、当時の四民のリーダーたる武士を養成するための兵法として、

《此《この》道を学《まなぶ》人の智力をうかゞひ、直《じき》なる道《みち》をおしへ《教》、兵法の五道《ごどう》・六道《ろくどう》のあしき《悪》所をすて《捨》させ、おのづから武士の法の実《まこと》の道《みち》に入り、うたがひ《疑》なき心になす事、我《わが》兵法のおしへ《教》の道也》

と、「武《ぶ》」を学ぶことによって陥《おちい》りやすい、自己を顕示する心・好戦的な心・傲慢《ごうまん》な心・横柄《おうへい》な心・猜疑《さいぎ》的な心・冷酷な心などといった、兵法の偏《かたよ》った学びによって罹《かか》る「兵法《へいほう》の病《やまい》」をも駆逐《くちく》することを目標として掲《かか》げています。このことも深く私たちの心に刻んでおく必要があるでしょう。

兵法二天一流によって学ぶことは、単なる剣の技術でもなければ、戦い方のテクニックでもありません。それは、二刀一流剣術の技法・戦法を、身体を通して徹底的に鍛錬しながら、弁証法的な偏《かたよ》らぬ論理能力と、広く大きな心をも技化していくことにあるのです。

跋《ばっ》文《ぶん》

以上、他流派の兵法の特質を九箇条に「風《ふう》の巻《まき》」として、あらかた書き述べたものである。本来ならば、それぞれにおける流派名や、それが「初伝《しょでん》」から「奥伝《おくでん》」にいたる、どの階梯《かいてい》にあたる特質なのか、はっきり明記すべきであろうが、故意《こい》に「何流の何の大事」などという名称を表記せずにしておいた。その訳は、それぞれの流派の見解や、さまざまな道における主張があろうとも、それはまた、それを学ぶ個人個人によって解釈が違うものである故《ゆえ》に、同じ流儀であっても、派によって多少見解が変わってゆくものであるので、後々《のちのち》のその流派のことを思って、具体的な流派名や型の名称・太刀筋といったような流儀の体系などを載せることを差し控えることにしたのである。

よって、このように他流派における教義の特質として九点に整理して述べてみたのだが、世の中の道における人としての筋の通った道理から見れば、太刀の長さに偏《かたよ》り、短きを良しとし、強弱にこだわったり、粗暴かと思えば一方では細やかに過ぎるなどということも、皆すべて偏向《へんこう》した認識からくるところであれば、ことさらに他流派における「初伝《しょでん》」だの「奥伝《おくでん》」だのと書き表さずとも、ここから本質をつかみさえすれば、すべて自《おの》ずから理解できることであろう。

我が兵法二刀一流において、太刀筋に奥義なし。構にも極意なし。武の本質を認識して太刀を

手にして体得する、この一事を、ただただ心をこめて鍛錬して武徳《ぶとく》をわきまえること、これこそが〈兵法《へいほう》〉として肝心なのである。

〈解　説〉

この「**風《ふう》の巻**」**跋文《ばつぶん》**を読めば、宮本武蔵玄信が他流派を排斥《はいせき》するような狭い料簡《りょうけん》でなかったことが理解されることと思います。むしろ、《同じ流《ながれ》にも少々心の替《かわ》るものなれば、後々迄《のちのちまで》の為《ため》に、ながれ《流》筋ども書《かき》のせず《載》》と、具体的に流派名等をここで記載しておれば、後世《こうせい》において、その流儀の認識が変わっていた場合、かえって誤解を招こうから、あえて流派名などを書き記していないのだと、他流派に対する充分な配慮を施《ほどこ》してさえいるのです。

これはまた、流祖・宮本武蔵玄信の跡を継ぐ兵法二天一流の後継者に対する配慮でもあるのです。なぜならば、「風の巻」に書かれた本質、すなわち**弁証法的な認識・考え方**を捉えきれなかった場合、もし仮に流派名が記載されてあったとしたら、その者は、深い吟味・検討も成さずに、ただ単にその他流派に対して軽蔑《けいべつ》・蔑視《べっし》する認識を持つ可能性があるからです。このような認識の持ちようこそ、宮本武蔵玄信がもっとも忌《い》む唾棄《だき》すべき認識であり、かつ、そのような偏《かたよ》った認識でその他流派の者と勝負することとなった場合、その侮《あなど》りが災《わざわ》いしてかえって不覚をとる事態ともなりかねません。

宮本武蔵玄信がこの「風の巻」で批判し、否定してきたのは他流派自体ではなく、他流派における〝誤った認識〟にあるのです。そこを、自《みずか》らの兵法二天一流の後継者が認識を誤っては、まったく意味を成さなくなってしまいます。

もちろん宮本武蔵玄信は、己《おの》が兵法二天一流こそ最高・最強だと信じていました。だからこそ『五輪書』も書き表せたのです。この武蔵の思想・認識は、新陰流を興《おこ》した、かの剣聖・上泉《かみいずみ》伊勢守《いせのかみ》信綱《のぶつな》の「予《よ》は諸流を廃せずして諸流を認めず」（新陰流目録）に近《ちか》しいものであったのです。

そして、この**「風の巻」における真の目的が、他流派における誤った認識を批判し、否定することによって、兵法二天一流の考え方を改めて再認識させることにある**ことを忘れてはなりません。

よって、この「風の巻」を読むうえでもっとも重要なことは、この**他流批判を通して、弁証法的な兵法二天一流の考え方を認識し、自《みずか》らの認識を弁証法的な見方・考え方ができるように鍛錬していく**ことが肝要であるのです。

そのうえでもって、このように流祖が三百五十年以上も前に示し残された認識を、さらに発展させ深めてゆかねばなりません。なぜならば、ここに示された論理は、科学的武道論たる〈勝負論〉〈上達論〉の見地から検討し整理すれば、流祖・宮本武蔵玄信の真に言わんとすることが、さらにはっきりと見えてきますし、また、「強弱論（第二条）」「拍子論（第八条）」「指導論（第九条）」などは、流祖自《みずか》らが、論理としての原基的認識を提示されたに止《とど》めている段階に過ぎないからです。

よって、我が兵法二天一流を継承していく者たちは、その論理・認識を正しく継承し、さらに発展することに努めることが肝要であり、それが真の務めであるといえるのです。

空の巻（二天一流兵法哲学）

二刀一流兵法《にとういちりゅうへいほう》の〈道《みち》〉を**「空《くう》の巻《まき》」**として書き表す。**〈空《くう》〉**という概念は、何も存在していない事物や、認識できない事象を〈空〉と見立てるのである。もちろん、この〈空〉たる**〝何も存在していない事物や、認識できない事象〟**というものは無いのであるが、その概念に立った上で、世の中に存在する事物・事象を認識することにより、逆にその〈空〉たる存在を知ること、これが、我が兵法における**〈空《くう》〉**、すなわち**〝有るところを知りて、無きところを知る〟**もう一つの〈空〉観たるものである。

世間における卑俗な見識においては、物の道理を弁《わきま》えない所を「空」であると誤解しているが、これは〈実《まこと》の空《くう》〉ではなく、すべて〝迷いの心〟にすぎない。この兵法の道においても、武士としての道を歩むのに、武士の法を認識していないのでは、これは〈空〉の境地に到達したとはいえない。いろいろな迷いがあって、やむを得ず諦《あきら》めるような虚《むな》しい気持ちを「空」などと称している者がいるが、これも〈実《まこと》の空《くう》〉ではないのである。

では、武士としての〈実《まこと》の空《くう》〉とは如何《いか》なるものであるのか？

それは、武士たる者として、兵法の道を確かに覚え、その他の武芸をよく鍛錬し、武士としての職務全般に精通し、心に何の迷いもなく、昼夜を問わず、その職責をまっとうし、**〈心意《しんい》二つの心〉**を磨《みが》き、**〈観見《かんけん》二つの目〉**を研《と》いで、心に少しの曇りもない、迷いの雲のない晴れ渡った空のような境地こそを**〈実《まこと》の空《くう》〉**というのである。

何事においても**〈実《まこと》の道《みち》〉**を認識していない間は、仏法の教理にせよ、世間一般の道理にせよ、それぞれにおいて己《おのれ》の道こそ真理であると思い込み、これだけが良いのだと決めつけるものであるのだが、**〈心《こころ》の直道《じきどう》〉**すなわち、ありのままなる素直な心でもって〈世《よ》の大規矩《おおかね》〉すなわち、森《しん》羅万象《らばんしょう》を構成している大いなる法則に照らし合わせてみると、個人個人それぞれの主観によるひいきや、それぞれの見識の誤りによって〈実《まこと》の道《みち》〉に背《そむ》いているものである。

その道理をよくわきまえて、素直でまっすぐな精神を根本として**〈実《まこと》の心《こころ》〉**を道《みち》となし、〈兵《へい》法《ほう》〉の概念を広く捉えて実践し、正しく明らかに、大局を判断しきって、〈空《くう》〉すなわち、**森羅万象を悟りきる**ことを道《みち》として、やがてその**〈空《くう》の道《みち》〉**を歩むことにより、**我が〈実《まこと》の心《こころ》〉が、すなわち〈空《くう》〉そのものである**ことを感得することである。

〈空《くう》〉は善《ぜん》有りて悪《あく》無し。〈智《ち》〉は有《ゆう》なり、〈利《り》〉は有《ゆう》なり、〈道《みち》〉は有《ゆう》なり、心は〈空《くう》〉なり。

（＝〈空《くう》〉には、善があって悪はない。〈智《ち》〉を有し、〈利《り》〉を有し、〈道《みち》〉を有して、心は〈空《くう》〉の境地に到るのである。）

（参　考）

一・此《この》兵法の書、五巻に仕立《したつ》る事（「地の巻」第四条・原典抄出）

（前略）第五「空《くう》の巻」。此《この》巻、「空」と書顕《かきあらわ》す事、〈空《くう》〉と云《いい》出すよりしては、何をか「奥《おく》」と云《いい》、何をか「口《くち》」といいはん。道理を得ては道理をはなれ、兵法の道におのれと自由ありて、おのれと奇特《きどく》を得、時にあひ《合》ては、ひやうし《拍子》を知り、おのづから打《うち》、おのづからあた《当》る、是《これ》みな〈空《くう》の道《みち》〉也。おのれと実《まこと》の道《みち》に入《いる》事を「空の巻」として書きとゞむるものなり。

（解　説）

この**「空《くう》の巻《まき》」**の副題を**「二天一流兵法哲学」**としましたが、正確には「哲学」ではなく「思想」が正しいものです。「空の巻」は、流祖・宮本武蔵玄信の思想が書き述べられてあります。しかし、この**〈空《くう》〉**観は、もちろん観念論でありますが、『五輪書』全巻に通底する思想でありますので、そういう意味で「哲学」という大きなサブ・タイトルを付けました。いわば、**『五輪書』に流れる一貫した哲学**という意味での「哲学」であることを、まずは断っておきます。

さて、この「空の巻」の解釈については、前著『宮本武蔵　実戦・二天一流兵法』第3編第5章『五輪書』空の巻を読む」（四五二～四六三頁）をあたっていただくことにして、本書では、また別の観点から「空の巻」を見ていきたいと思います。

まず、これは前著にても指摘しておりますが、**宮本武蔵玄信の〈空〉観は、何も存在していない事物や、認識できない事象を指す〈空〉と、存在する事物・事象を認識することによって、逆にその〈空〉、すなわち何も存在していない事物や、認識できない事象を知ることにより、世界のすべて、森羅万象あらゆるものを認識するところの〈空〉**と、この二つの〈空〉観を有しています。すなわち、いわゆる「無《む》」と同義である〈空〉と、世界のすべてを認識した境地を〈空〉とする二つの意味があり、「空の巻」では主に後者の〈空〉を論じ、前者と統一して説いています。一方、『五輪書』にしばしば出てくる《空なる事》とか《空の拍子》などは前者の〈空〉の概念で使われています。

このように〈空〉にも二義あるごとく、「二天一流」と「二刀一流」、「大分の兵法」と「一分の兵法」、「大刀」と「小刀」、「心意二つの心」「観見二つの目」「陰陽二つの足」など、必ず**一つのものを二義に捉え、またそれを一つに統一して観る**点に、宮本武蔵玄信の思想の特徴があります。「二天一流」という流派名も、このような二義を、あるいは対立する二つの事象を統一するという意味で名付けられたのかもしれません。

また、この「空の巻」では、《実《まこと》の空《くう》》《実《まこと》の道《みち》》《実《まこと》の心《こころ》》と、「実《まこと》」を冠した「空」「道」「心」が出てきます。この巻は非常に抽象的な表現で記されていますので、解りにくいと思いますが、この「空」「道」「心」の三つの概念は、それぞれ違う概念でありながら、それぞれにおいて「実《まこと》」を感得することにより、この「空」「道」「心」は自分の中で一体となるわけです。そしてこれが〈実《まこと》の空《くう》〉であり、〈実《まこと》の道《みち》〉でもあり、かつまた〈実《まこと》の心《こころ》〉でもあるのです。

つまり、これらには実体はなく、たとえば兵法であるなら兵法を我が道として選んで真摯《しんし》に探求し、その本質をつかみ得て「ああ、これこそが〈道〉そのものなのだ」と、自分の心の底から、その歩みこそが〈道〉であるのだと悟った心が**〈実《まこと》の心《こころ》〉**であり、その歩みを**〈実《まこと》の道《みち》〉**というのです。そして、この《少しもくもり《曇》なく、まよひ《迷》の雲の晴《はれ》たる》心で、森羅万象の本質をつかみ得た境地を**〈実《まこと》の空《くう》〉**というのです。

よって、宮本武蔵玄信は言います。

《空《くう》を道とし、道《みち》を空と見る所也》

これは、後者の〈空〉観、すなわち**「森羅万象《しんらばんしょう》を悟るのだ」ということを〈道〉として鍛錬せよ、その道が〈実《まこと》の道《みち》〉となれば、我が〈実《まこと》の心《こころ》〉に合致し〈実《まこと》の空《くう》〉の境地に到《いた》るのだ**と言っているのです。

よって、この〈実《まこと》の空《くう》〉とは、己《おの》が心が前者の〈空〉に到《いた》ったところの境地であることが解ります。これが宮本武蔵玄信の**〈実《まこと》の空《くう》〉**なのです。すなわち、**二つの〈空《くう》〉を統一した境地**のことであるのです。

では、この《空《くう》を道とし、道《みち》を空と見る所》の歩みは、どう歩けば良いのか？　その答えが『五輪書』序文において流祖・新免武蔵藤原玄信が自《みずか》ら認《したた》めた流祖自身の生涯の歩みであるわけです。兵法二天一流を学び鍛錬する者、『五輪書』を繙《ひもと》きそれに学ぶ者は、そこを学ばねばなりません。

これによって、**『五輪書』はまた最初の「序文」へと循環する**わけです。そしてまた、この『五輪書』における循環が、すなわち実体としての鍛錬にしても同様であるのだと悟りきらねばなりません。最後に掲げられた**《空有善無悪《くうはぜんありてあくなし》。智《ち》は有也《ゆうなり》。利《り》は有也《ゆうなり》。道《みち》は有也《ゆうなり》。心《こころ》は空也《くうなり》》**、これは、前著でも説いたように、宮本武蔵玄信が最後に遺《のこ》した究極のメッセージであり、仏教における〝真言《しんごん》〟であるといえます。『般若心経』における「羯諦羯諦《ギャテイギャテイ》、波羅羯諦《ハラギャティ》、波羅僧羯諦《ハラソウギャティ》、菩提娑婆訶《ボジソワカ》」にあたります。よって、この現代語訳においても、まず原典の読みのまま再掲し、その後、括弧書きして訳した次第です。

この道は《心の直道《じきどう》よりして、世の大かね《規矩》にあ《合》った《実《まこと》の道《みち》》です。〈実《まこと》の道《みち》〉は、森羅万象に通底する大法則に合致した道でなければなりません。それが宮本武蔵玄信の説く〈道《みち》〉なのです。

そして、この道は〈智《ち》〉と〈利《り》〉を有しています。『五輪書』の各巻にちりばめられている《智》と《利》です。この〈智〉と〈利〉を有した〈実《まこと》の道《みち》〉であるからこそ、《心《こころ》は空《くう》》であり、《空有善無悪《くうはぜんありてあくなし》》であるのです。

《空有善無悪《くうはぜんありてあくなし》。智《ち》は有也《ゆうなり》。利《り》は有也《ゆうなり》。道《みち》は有也《ゆうなり》。心《こころ》は空也《くうなり》》

これは、流祖・新免武蔵藤原玄信が最後に遺《のこ》した『五輪書』のエッセンスであるのです。

「空《くう》の巻」は、このような宮本武蔵玄信の到達した境地を述べたものですが、これはただ自《みずか》らの境地を吐露《とろ》しただけに留《とど》まりません。この境地が、すなわち実体の剣技に繋がっていくのです。

〈実《まこと》の空《くう》〉を感得すれば、《〈空《くう》〉と云出《いいだ》すよりしては、何をか「奥《おく》」と云《いい》、何をか「口《くち》」といはん。道理を得ては道理をはなれ、兵法の道におのれと自由ありて、おのれと奇特《きどく》を得、時にあ《合》ひては、ひや《拍》うし《子》を知り、おのづから打《うち》、おのづからあ《当》たる、是《これ》みな〈空《くう》の道《みち》〉也。おのれと実《まこと》の道《みち》に入《いる》》（「地の巻」第四条）ようになります。

この**《道理を得ては道理をはなれ、兵法の道におのれと自由ありて、おのれと奇特《きどく》を得、時にあ《合》ひては、ひやうし《拍子》を知り、おのづから打《うち》、おのづからあ《当》たる》**とは、何か？　これは、長年にわたる二刀一流剣術の鍛錬を経て、剣技の量質転化を重ねることによって、極意たる〈直通《じきつう》の位〉と〈巌《いわお》の身〉

が相互浸透して、身心一体化した境地です。

兵法を我が道として鍛錬し、智力を磨き、戦術・戦法の実利を会得する。その智力や兵法の利が〝技〟として量質転化し、技化された時、頭であしよう・こうしようと思わずとも《おのづから打《うち》、おのづからあたる《当》》、この境地を**〈万理一空《ばんりいっくう》〉**というのです。

そうなれば、ただ今、我々が行っている一つ一つの稽古、日々の鍛錬が〈空《くう》〉への道であり、〈実《まこと》の空《くう》〉〈万理一空《ばんりいっくう》〉への一歩を刻んでいる確かなる道であることを確信し、私たちに自信と希望を与えてくれます。「空の巻」の真義《しんぎ》が解れば、**この一瞬一瞬の技・一技一技の鍛錬が〝〈空〉への道〟である**ことを認識することができるのです。

『五輪書』を読むと、最初は《能々《よくよく》鍛錬すべし》《能々《よくよく》吟味すべし》《能々《よくよく》工夫すべし》、この三つしか印象に残らないと思います。しかしながら同時に、その言葉がしっかりと心に刻み込まれたことと思います。まずはそれで良いのです。そして、解らないながらも『五輪書』を繙《ひもと》き全巻を通読する。「空の巻」まで読み終わったら、《空《くう》を道とし、道《みち》を空と見る》のが流祖の生涯の歩みであったな、と思い返して「序文」に戻る。そして再び、格調高い「序文」によって流祖の生涯に思いを馳《は》せながら『五輪書』を繙《ひもと》いてゆく……。

そしてまた、兵法二天一流の稽古を通して、心に刻まれた《鍛錬》《吟味》《工夫》の意味をより鮮明な像と成しながら、稽古に該当する各巻・各条目を味読に味読を重ねて熟読玩味を続けてゆく……。

『五輪書』は「地・水・火・風・空」の〝五輪〟で〝一輪〟、すなわち一つに繋がったものであり、繰

り返しの味読を通して鍛錬を重ねながら、論理と実践ともに循環し発展していくものなのです。

　これが兵法二天一流の真の鍛錬であり、真の『五輪書』の読み方なのです。

〝剣を用いての生命を懸けた勝負〟を本質とする〈剣術〉は、たしかに〝殺人〟と切り離すことはできません。しかし、単なる剣術ではない〈兵法〉たる我が兵法二天一流は、兵法である故に、決して殺人の方法のみを究めるものではありません。それは**人として生きる道を極める〈実《まこと》の道《みち》〉**であり、**殺人を阻止・抑制することを使命とする〝人を活かす剣〟**であるのです。

〈付録1〉「兵法二天一流三兵書」原典条目一覧表

本表は原典である『五輪書』『五方之太刀道序』『兵法三十五箇条』の各条目を原典の順番どおりに一覧表にしたものです。原典の各条目が本書のどの章に該当するのかが分かるように「本書該当章」及び「頁」を付しております。原典と本書を対比して読まれる際に参考にしていただければ幸いです。

（例：「地・§1―1」という表記は、本書における「地の巻（二天一流兵学総論）第1章「一・〈兵法の道〉という事」を指す。）

また『兵法三十五箇条』には、『五輪書』の該当する巻名を参考に付けています。

一・『五輪書』（寛永二十年～正保二年）

No.	『五輪書』条目項目	本書該当章	頁
	地之巻	二天一流兵学総論	49～102
	序文	序文	51
	前文	前文	53
1	一・兵法の道と云事	地・§1―1	57
2	一・兵法の道、大工にたとへたる事	地・§1―2	62

5	一、他流に、太刀の構を用る事	風・§3—2	290
6	一、他流に、目付と云事	風・§3—3	295
7	一、他流に、足つかひ有事	風・§3—4	299
8	一、他の兵法に、はやきを用る事	風・§2—2	281
9	一、他流に、奥表と云事	風・§4—1	303
	跋文	跋文	308

空之巻	二天一流兵法哲学	311〜320

二、『五方之太刀道序』（寛永十九年頃）　　二天一流兵法序論　　19〜34

三、『兵法三十五箇条』（寛永十八年）

No.	『兵法三十五箇条』条目	本書該当章	『五輪書』該当巻・条	頁
	序文			
1	一、此道、二刀と名付事		地の巻　第5条	
2	一、兵法の道、見立処の事	水・§1—8		124
3	一、太刀取様之事		水の巻　第4条	

4	一．身のかゝりの事			水の巻　第2条
5	一．足ぶみの事			水の巻　第5条
6	一．目付之事			水の巻　第3条
7	一．間積りの事	水・§1―6	119	
8	一．心持之事			水の巻　第1条
9	一．兵法、上中下の位を知る事	水・§1―7	122	
10	一．いとかねと云事	火・§3―2	203	
11	一．太刀之道の事			水の巻　第7条
12	一．打とあたると云事			水の巻　第22条
13	一．三つの先と云事			火の巻　第2条
14	一．渡をこすと云事			火の巻　第4条
15	一．太刀にかはる身の事			水の巻　第21条
16	一．二ツの足と云事			水の巻　第5条
17	一．剣をふむと云事			火の巻　第6条
18	一．陰をおさゆると云事			火の巻　第11条
19	一．影を動かすと云事			火の巻　第10条
20	一．弦をはづすと云事	火・§6―1	227	

21	一・小櫛のおしへの事	火・§7—1		235
22	一・拍子の間を知ると云事		水の巻第14・15・16・17条	
23	一・枕のおさへと云事		火の巻　第3条	
24	一・景気を知ると云事		火の巻　第5条	
25	一・敵に成ると云事		火の巻　第8条	
26	一・残心・放心の事		火の巻　第22条	
27	一・縁のあたりと云事		水の巻　第18条	
28	一・しつかうのつきと云事		水の巻　第24条	
29	一・しうこうの身と云事		水の巻　第23条	
30	一・たけくらべと云事		水の巻　第25条	
31	一・扉のおしへと云事	水・§4—1		158
32	一・将卒のおしへの事		火の巻　第25条	
33	一・うかうむかうと云事		水の巻　第13条	
34	一・いはをの身と云事	火・§11—2	火の巻　第27条	257
35	一・期をしる事	水・§8—3	水の巻　第36条	179
36	一・万理一空の事		空の巻	
	跋文			

〈付録2〉二刀一流『兵法書付』条目一覧表

『兵法書付』とは、島原の乱が鎮圧された年の寛永十五年十一月に著された相伝書です。来熊以前に著された兵法伝書として、今後、研究する上で非常に重要であり、かつ、宮本武蔵が青年時代に著した円明流『兵道鏡』と『兵法三十五箇条』の間に位置する兵法書として、流祖の兵法認識の変遷を知る上で貴重な内容を有しています。

本一覧表は、魚住孝至著『宮本武蔵　日本人の道』（ぺりかん社）を参考に作成しました。

『兵法書付』（寛永十五年）

No.	『兵法書付』条目	『三十五箇条』該当条	『五輪書』該当巻・条
	序文		
1	心持やうの事	第8条	水の巻　第1条
2	目付の事	第6条	水の巻　第3条
3	身なりの事	第4条	水の巻　第2条
4	太刀取やうの事	第3条	水の巻　第4条
5	足ぶみの事	第5条	水の巻　第5条
6	太刀構五つの事		

	第一、円極太刀筋の事		水の巻　第8条
	第二、義断		水の巻　第9条
	第三、鷲撃		水の巻　第10条
	第四、迂直		水の巻　第11条
	第五、水形		水の巻　第12条
7	当ルと云ト打ト云事	第12条	水の巻　第22条
8	手にあたることは八ツあり		
9	足に当ルこと六ツあり		
10	若シ請ル時は		水の巻　第28条
11	入身の位の事		水の巻　第23〜27条
12	敵を打拍子の事	第22条	水の巻　第14〜20条
13	先のかけやうの事	第13条	火の巻　第2条
14	声をかくると云事		火の巻　第18条
	跋文		

〈付録3〉円明流『兵道鏡』（三十六箇条本）条目一覧表

流祖・宮本武蔵が青年時代に創始された円明流の秘伝書『兵道鏡』三十六箇条本の条目も、参考として挙げておきます。〈付録3〉から〈付録1〉へと遡って条目を一覧することによって、円明流から二刀一流、さらに兵法二天一流へと大成されていく変遷が俯瞰できることと思います。

本一覧表は、森田栄著『日本剣道史第九号　宮本武蔵守義軽と兵道鏡』を参考に作成しました。

『兵道鏡』三十六箇条本（慶長年間）

No.	『兵道鏡』条目	『兵法書付』該当条	『五輪書』『兵法三十五箇条』	頁
	巻上			
1	一．心持之事　付．座之次第	第1条	水・火の巻　各第1条	
2	一．目付之事	第2条	水の巻　第3条	
3	一．太刀取様之事	第4条	水の巻　第4条	
4	一．積太刀合之事		三十五箇条　第7条	
5	一．身之懸之事	第3条	水の巻　第2条	
6	一．足遣之事	第5条	水の巻　第5条	
	太刀之名　表			

7	前八之位之事	［水　§1—8］	127
8	一. 指合切之事		
9	二. 転変はづす位之事		
10	三. 同　打落さる、位之事		
11	四. 陰位之事　付. 喝咄	付→水の巻　第31条	
12	五. 陽位之事　付. ぬく心持		
13	六. 同　はづす位之事		
14	七. 定可当之事		
	勝味位		
15	一. 先懸位之事	火の巻　第2条	
16	一. 切先返之事		
17	一. 切先はづす位の事		
18	一. 乗位之事		
19	一. 春心持之事	水の巻　第29・30条	
20	一. 足打位之事	第9条	
21	一. すりあしの事		
22	一. 手打位之事	第8条	

巻上　跋文

巻下

奥

裏　前六

23　一．眼見色現之事

24　二．耳聞声出之事

25　三．鼻入香顕之事

26　四．舌当味分之事

27　五．心思触行之事

28　六．意悟法学之事

29　一．真之位之事

30　二．有無之二剣之事

31　三．手離剣打様之事　（火の巻　第26条）

32　四．多敵の位之事　水の巻　第33条

33　五．実手取之事

34　六．是極一刀之事　水の巻　第35条

35　七．相太刀あわざる太刀　　水の巻　第34条

付．太刀ぬき合様之事

36　八．直道位之事　　水の巻　第36条

巻下　跋文

あとがき

筆者が『五輪書』を通して深く学んだことは、何か一つ、これを我が〈道《みち》〉と定めたら、一途《いちず》に励んで努力を惜しまないこと。挫折しそうになっても、辛抱《しんぼう》・我慢《がまん》を重ねてあきらめないこと。どんなに難しいものであっても、繰り返し繰り返し、何度も反復することによって、しっかりと己《おの》が〈技《わざ》〉として仕上げること。これらは、私たち現代日本人がもっともないがしろにしているものではないでしょうか。宮本武蔵玄信という偉人を知り、『五輪書』を読む前の私がまさにそうでした。努力・辛抱・我慢・継続……『五輪書』によって教えられた学びが励みとなって今の私がいる、とつくづく思います。

宮本武蔵玄信は兵法者ですので、兵法を己《おの》が〈道《みち》〉として一途《いちず》に歩み、その極め得たものを兵法二天一流として大成しました。その兵法一途に歩んで得た剣理《けんり》を〈大分・一分の兵法〉として体系化したのが『五輪書』なのです。

宮本武蔵玄信は「空《くう》の巻《まき》」にて、兵法を学ぶべき武士はすべからく兵法一途に励むことが〈実《まこと》の道《みち》〉を得ることに繋がるのだと説いています。それと共に「地《ち》の巻《まき》」第六条「兵法、二つの字の利を知る事」においては、人間として様々《さまざま》な道があるが、それぞれ道は違えども〈道《みち》〉として広く知れば、その本質に相通ずるものがある。よって人は皆、それぞれ定めた〈道〉をよく研《みが》き究《きわ》めることが肝要であるとも説いています。

筆者は宮本武蔵玄信を〝生涯の師〟として直接に流祖を研究し、兵法二天一流を極めることを己《おの》が〈道《みち》〉と定めて歩んでいます。流祖・宮本武蔵玄信が歩んだ剣の道は如何《いか》なる〈道〉であったのか、その道を歩むのが我が〈道〉であるのです。

よって『五輪書』を現代語訳するにあたって、何よりも宮本武蔵玄信が創始された兵法二天一流の伝承者として、流祖・宮本武蔵玄信がしっかりと伝えたかったものが読者にご理解いただけるように注意を払い、その上で、さらに宮本武蔵玄信の意図する意味が解《わか》るための解説を施しました。本書を読まれてみて、現代語訳と解説が重複しているように思われた点があろうかと思いますが、これも『五輪書』の内容をよくご理解していただくために、同じ内容でありながら角度を変えて諄々《じゅんじゅん》と繰り返し説いたものであると意を汲んでいただければ幸いです。

本書は〝兵法二天一流伝承者による兵法二天一流の立場からの現代語訳と解説〟でありますが、先程も紹介しましたとおり、『五輪書』に説かれている剣理《けんり》は〈実《まこと》の道《みち》〉でありますので〈世界の理〉（『二天記』）に通底しています。よって、兵法・剣術に限らず、『五輪書』をお読みになる方々がそれぞれ何かを〈道〉として一途《いちず》に励んでおられるなら、必ずその〝〈道〉の書〟として『五輪書』を読むことができ、何ものかを学び得ることができると確信しております。また、まだ自分の〈道〉を見出しておられない方におかれては、この『五輪書』を亀鑑《かがみ》として、己《おの》が歩むべきしっかりとした一筋の〈道〉を一日も早く定められんことを心より願っております。これが自分の人生をより豊かに生きる道であるのですから……。

さて「はしがき」において、本書は「原文の風格を損《そこ》なうことなく」「思い切った意訳」を試みていると紹介しましたが、読者にご理解いただけるように、この「あとがき」にて一例を紹介することにいたします。

原典『五輪書』風《ふう》の巻第九条「他流に、奥《おく》・表《おもて》と云事《いう》」の最後に次の一文があります。

《おのづから武士の法の実《まこと》の道《みち》に入り、うたがひなき心になす事、我《わが》兵法のおしへの道也》

これを神子《かみこ》侃《ただし》氏は次のように訳されています。

「自然と武士の道の真のあり方を悟らせて、動揺することのない精神とすることが、わが兵法を人に伝える道である」（徳間文庫版『五輪書』二〇六頁）

次に大河内《おおこうち》昭爾《しょうじ》氏の現代語訳を見てみましょう。

「自然と武士の道の真実のあり方を学ばせて、疑いのない心にすることが、わが兵法の教えの道である」（ニュートンプレス版『五輪書』一八三頁）

そこを本書は次のように訳しています。

「自《おの》ずから武士の法の〈実《まこと》の道《みち》〉に悟入《ごにゅう》して、妄執《もうしゅう》のない心境に成さしめるのが、我が二天一流兵法の教えの道である」（本書三〇四頁）

この訳の重み・深み、格調高さの違いがお解りいただけますでしょうか。

また、本書の「序文」的位置付けを持つ『二天一流兵法序論』すなわち『五方之太刀道序』については、本書の底本とした魚住孝至校注『定本　五輪書』にも原文紹介・書き下し及び現代語訳が施《ほどこ》されています。本書『新編・真訳　五輪書』にて紹介したのは、我が細川家伝統兵法二天一流（山東派系）の読み方でありますが、『定本　五輪書』で紹介されているのは野田派二天一流系の書き下し文です。本書と読み比べられるのも面白いかと思います。さりながら、魚住孝至氏の訳はあまりにも直訳すぎて、かえって解りづらい点があろうかと思います。

『二天一流兵法序論』（『五方之太刀道序』）の冒頭を例に見てみましょう。

《兵法《へいほう》の道《みち》たる、たまたま敵《てき》と相撃《あいう》つ利《り》を己《おのれ》に得《う》。すなわち、三軍《さんぐん》の場《ば》にもまた移《うつ》すべし》（但し、これは「山東派系」の書き下し文です）

この現代語訳を『定本　五輪書』では次のようにしています。

「兵法は『道』であるので、敵と出会って打ち合い（剣術）をして、（勝つ）道理を会得するならば、三軍の（合戦の）場にもまた通用する」（一三〇頁）

この訳は野田派二天一流系の書き下し文を直訳したものですが、このように直訳しただけでは意味が解るようで解らない、そんなもどかしさを読んで感じることと思います。

これを本書では、次のように訳しています。

「兵法の道について説く。我《われ》は剣術における数多くの実戦を経て、幸いにして必ず敵に勝つ道理、すなわち〈一分《いちぶん》の兵法《へいほう》〉を極めることができた。この道理をまた三軍の場、すなわち〈大分《だいぶん》の兵法《へいほう》〉の理に移し替えてみるのである」（本書二一五頁）

相当に意訳しているのがお解りになることと思います。しかし、このような訳を施《ほどこ》すことによって、初めて流祖・宮本武蔵玄信の言わんとすることが理解されるものと確信しております。この意訳こそが〝真訳〟であると自負しております。なぜならば、**弁証法的な二重構造を有しているのが流祖・宮本武蔵玄信の認識であり、文章である**からです。

本書『新編・真訳　五輪書―兵法二天一流真諦―』は、『五輪書』をはじめとする「兵法二天一流三兵書」を、まさしく「兵法書」として兵法二天一流の立場から編纂し直したものです。本書を繰り返し熟読されて『五輪書』に認《したた》められた〝二天一流兵法の理〟を学び取っていただきたく思います。そして、その〝剣理〟及び〝兵法の理〟をご理解いただけたら、ぜひ原典『五輪書』を繙《ひもと》かれ、本書以上に原典に親しまれんことを願ってやみません。

最後に、『五方之太刀道序』を流儀の相伝書とし、「勢法《せいほう》二《に》刀合口《とうあいくち》」という独特の組太刀《くみだち》（型）を伝承している細川家伝統兵法二天一流の第十代継承者・稗島政信《ひえじままさのぶ》伊心《いしん》師範、並びに後見人・小森田澄男《こもりだすみお》師範から御指導賜りましたことを心より篤く御礼申し上げます。

また、私淑ではありますが『武道の理論』『武道とは何か』『武道への道』『武道講義』（いずれも三一書房）などの著書にて〈武道の理論〉を学ばせていただいた武道哲学及び武道科学の大成者であらせられる恩師・南郷継正《なんごうつぐまさ》先生に衷心からなる御礼を申し上げます。現在刊行中の『南郷継正　武道哲学著作・講義全集』（全十二巻・現代社）も〝我が教科書〟として、ひたすら学び続けております。

次に魚住孝至先生の『定本　五輪書』（新人物往来社）には心から感動しました。そして、非常に刺激を受けました。その感動と刺激があったからこそ、本書ができたのだといっても過言ではありません。『定本　五輪書』は、我が兵法二天一流玄信会のテキストとして活用させていただいています。この場をお借りして、心より御礼申し上げます。

その他、『宮本武蔵守義軽と兵道鏡』『圓明流宮本武蔵守義軽と兵道鏡』（日本剣道史編纂所）の森《もり》田栄《たさかえ》先生、『宮本武蔵研究論文集』（歴研）・『宮本武蔵研究第二集　武州傳來記《ぶしゅうでんらいき》』（星雲社）の福田《ふくだ》正秀《まさひで》先生、『宮本武蔵を哲学する』（南窓社）の赤羽根龍夫《あかばねたつお》先生等々、多くの先達のご研究を参考にさせていただいています。これら多くの先達のご研究に心から感謝申し上げる次第です。そして、最愛の妻・宮田真珠子《ますこ》の温かい理解と支援がなければ本書は出来上がらなかっただろうと思います。これからも変わらぬ愛情とともに、心からの感謝の気持ちを捧げます。

流祖・新免武蔵藤原玄信没後三百六十二年
平成十九年五月十九日

兵法二天一流第十一代継承者
兵法二天一流玄信会主宰師範
宮田和宏政心《まさむね》

編・訳者プロフィール

宮田 和宏（みやた かずひろ）

兵法二天一流第11代継承者・兵法二天一流玄信会主宰師範
宮本武蔵研究家
昭和37年９月９日　福岡県太宰府市に生まれる。高校時代『五輪書』を読み、宮本武蔵玄信に傾倒。以来、人生の師と仰ぎ、宮本武蔵玄信の実像を研究する傍ら、その一環として無双直伝英信流居合兵法・神道夢想流杖術を学ぶ
昭和60年３月３日　細川家伝統兵法二天一流第10代・稗島政信伊心師範並びに後見人・小森田澄男師範に入門
平成４年４月７日　兵法二天一流玄信会を発足
平成７年５月19日　流祖・新免武蔵藤原玄信没後350年の命日に、稗島政信伊心師範より免許皆伝書『兵法二天一流一刀之巻二刀之巻』及び流儀継承の証『五法之太刀道序』を相伝し、兵法二天一流第11代を継承する
流儀継承における諱は「政心《まさむね》」
著書『宮本武蔵　実戦・二天一流兵法―「二天一流兵法書」に学ぶ―』（文芸社）
執筆協力『宮本武蔵伝説』『完全版　宮本武蔵』（宝島社）
ビデオ・ＤＶＤ『兵法二天一流極意指南　天下無双人・武蔵になる　勢法二刀合口編』（ＢＡＢジャパン）

※兵法二天一流玄信会に入会を希望される方には、案内書（Ａ４判４枚）・会則・入会届をお送りいたします。返信用封筒に90円切手を添付同封のうえ、下記の宛先にご請求ください。

〒818-0121
福岡県太宰府市青山二丁目２番５-403号　　　宮田和宏

新編真訳 五輪書 兵法二天一流真諦

2007年11月15日　初版第1刷発行
2025年4月20日　初版第7刷発行

原　著　宮本 武蔵
編・訳　宮田 和宏
発行者　瓜谷 綱延
発行所　株式会社文芸社
〒160-0022　東京都新宿区新宿1－10－1
電話　03-5369-3060（代表）
03-5369-2299（販売）

印刷所　株式会社平河工業社

ISBN978-4-286-03723-3